# 我国基本公共服务均等化过程中地方政府履责研究

李雯雯　尚虎平　著

吉林大学出版社
长春

**图书在版编目（CIP）数据**

我国基本公共服务均等化过程中地方政府履责研究 / 李雯雯，尚虎平著．-- 长春 ：吉林大学出版社，2022.1

ISBN 978-7-5692-9126-1

Ⅰ．①我… Ⅱ．①李… ②尚… Ⅲ．①地方政府－公共服务－研究－中国 Ⅳ．①D625

中国版本图书馆 CIP 数据核字（2021）第 210829 号

书　　名　我国基本公共服务均等化过程中地方政府履责研究
　　　　　WO GUO JIBEN GONGGONG FUWU JUNDENGHUA GUOCHENG ZHONG DIFANG ZHENGFU LÜZE YANJIU
作　　者　李雯雯　尚虎平　著
策划编辑　李潇潇
责任编辑　杨　平
责任校对　郭湘怡
装帧设计　博克思文化
出版发行　吉林大学出版社
社　　址　长春市人民大街 4059 号
邮政编码　130021
发行电话　0431-89580028/29/21
网　　址　http://www.jlup.com.cn
电子邮箱　jdcbs@jlu.edu.cn
印　　刷　三河市华东印刷有限公司
开　　本　787mm × 1092mm　1/16
印　　张　16.5
字　　数　281 千字
版　　次　2022 年 1 月第 1 版
印　　次　2022 年 1 月第 1 次
书　　号　ISBN 978-7-5692-9126-1
定　　价　68.00 元

---

# 前 言

责任是现代政府应该履行的“天职”，建设责任型政府是现代国家治国理政的基本要求，我国宪法规定国家的一切权力属于人民，政府在获得权力和资源的同时，必须要肩负起人民寄托的责任。古今中外的社会改革实践均表明，政府正确定位责任、合理履行责任是社会健康发展的前提，同样，基本公共服务均等化的有效供给也依赖于政府责任定位的准确性与履责的合理性。党的十九大报告指出，中国特色社会主义进入新时代，我国社会主要矛盾已经转化为人民日益增长的美好生活需要和不平衡不充分的发展之间的矛盾。如何能够满足人民日益增长的美好生活需要，保证全体人民在共建共享发展中有更多的获得感？党的十九届四中全会报告指出，要完善公共服务体系，推进基本公共服务均等化、可及性。在中央的推动下，我国基本公共服务均等化总体水平显著提升，人民对各级政府的满意程度也呈现高位。从哈佛大学2016年的调查报告结果来看，中国民众对中央政府、省政府、市县政府、乡镇政府的满意度分别为93.1%、81.7%、73.9%和70.2%。相比于以往年份均有了不同程度的提升，提升的主要原因在于民众认可各级政府在基本公共服务各领域所做出的努力，但同时也应当看到，相比于对中央政府极高的满意度，各级地方政府在社会治理，尤其是基本公共服务领域还存在拓展和提升的空间。

本书以基本公共服务的权、责、效为核心，以理论探讨—权责厘清—指标构建—实证测评—政策建议为基本逻辑展开，具体从以下几个方面进行了探索：地方政府在民生方面的履责经历了哪几个阶段？地方政府在哪些领域享有权力的同时负有责任？这些权力与责任可以细化为哪些评估指标？实证评估结果显示我国地方政府在哪些方面存在履责问题？地方政府提升在基本公共服务供给中的履责效果还需要从哪些方面着手？回答这些问题的过程，也就是本书展开的过程。

第一，民生始终是我国党和政府的头等大事，“让人民过上幸福美好的生活”是我国政府不懈追求的目标。本书将新中国成立70多年来地方政府在基本公共服务领域的履责依照核心主题的差异划分为三个阶段，即改革开放前的起步阶段、市场经济初期的探索阶段、科学发展的完善和规范阶段。在三个不同阶段中，我国各地各层级政府在基本公共服务领域的履责成效显著，地方政府在基本公共服务（均等化）工作中的政策环境、价值取向、政策目标、制定模式和执行模式等都呈现出较为明显的变化。

第二，就事物的演进逻辑而言，要想在未来解决一个问题，首先需要厘清这个问题背后的发展规律，知其然才能知其所以然。本书沿着“问题进入政府—政府中的行动—政府处理问题—项目回到政府”这一规律，构建了地方政府以制定政策、筹划资源、实施实现、评估与监督为环节的履责模型，在这一模型之下，确定了地方政府的责任所在，为地方政府在基本公共服务均等化供给中的责任定位确定理论基础，这同时也是本研究的逻辑起点。

第三，基本公共服务均等化履责模型的构建犹如大树的树干，要使大树真正开花结果，还需要大树的“枝繁叶茂”，这就要进一步细化履责指标。本书尝试构建了一个由三级指标构成的地方政府基本公共服务均等化责任评估体系。本书首先构建了一个宽泛的指标池，为了消除指标池中的“噪声”，我们采用了隶属度筛选、公因子方差筛选、关联度筛选、变差系数筛选等方法来对指标池进行筛选，将指标体系的精确不断提高。为了验证指标体系的合理性，本书以科学统计方法为依据，对指标的信效度进行了检验，进一步剔除了不符合信效度标准的指标。

第四，评估指标的构建为地方政府在基本公共服务均等化履责方面提供了测评依据，但评估对象的选择不能信马由缰，只有具备典型性和代表性的评估对象才能以抽样逻辑来展现出我国地方政府在基本公共服务均等化过程中的履责现状。我们在研究中抽取了我国东、中、西部6个省级政府、18个市级政府、36个县级政府作为研究样本，并从地方政府履责质量及其均衡性两个方面进行了统计分析，在履责质量上，我们开发了“履责质量指数”来直观反映我国地方政府履责现状；在均衡性上，我们开发了“履责质量均衡度”用来判断地方政府整体履责状况处于“普遍优秀”还是“被平均”。同时，本书对可能影响地方政府基本公共服务均等化履责的因素进行了检验，为地方政府优化基本公共服务均等化的履责路径提供了思路。

第五，发现当下问题，摸清当前现状，解决当前问题并持续改进是社会科学研究的归依。通过评估，我们发现，在履责环节上，地方政府制定政策责任和实施实现责任整体表现均衡，如何科学地吸纳民意、为民众在“量足”的前提下提供“质优”的基本公共服务成为了当前我国地方政府关注的重点；在筹划资源方面，我们发现不同区域不同层次的地方政府对资源，尤其是优质资源的吸储能力差异巨大，如何进一步完善公共财政体制，补足中、西部地区和低层级政府的资源缺口是下一阶段亟待解决的问题；在评估和监督责任环节，我国地方政府履责的整体势头良好。总体来看，尽管我国现阶段地方政府基本公共服务均等化履责质量在各个环节存在差异，但各地各级政府在这项重大民生工程中的积极履责表现明显加速了共同富裕，增进了社会公平正义。为了让改革发展成果进一步惠及全体人民，让人民在公平的政策环境下享受大致均等的基本公共服务，未来首先需要建立科学的绩效评价体系，完善监督机制，关注履责评估结果的运用；其次要增加投入，解决“基层财政哭爹喊娘”的财权和事权不匹配的问题；再次要着眼于地方政府的自我成长，强化地方政府内部组织协调能力，强化自身能力建设；最后要大胆创新多元主体参与共建共享机制，提升地方政府基本公共服务均等化履责的资源配置效率，多管齐下推进我国基本公共服务均等化事业走向繁荣。

本书虽然抽样评估出了我国地方政府在基本公共服务均等化提供过程中的履责现状，但这也仅仅是初步探索，还存在不少需要改进的地方。首先，政府责任是一个涉及面极广的领域，仅靠几十个关键指标难以把握它的方方面面；其次，受到时间、经费所限，调研难以覆盖到每一个省份，更遑论每一个城市和县区，因此评估结果可能会夸大了政府的履责能力，也可能低估了政府的履责潜力和已经为之付出的各种努力；最后，由于作者的水平有限，本书还存在各种细节上的疏漏。未来我们一定会在自己的学习和工作中，继续改进疏漏、淬炼能力，力争写出好作品。

本书从初稿到不断完善的过程中参考了很多前人的优秀成果，包括高小平、王浦劬、朱光磊、陈振明、徐勇、金太军、姜晓萍、蓝志勇等著名学者的论著和论文，他们的观点为本研究提供了诸多灵感和启迪，如果不是站在前人的肩膀上，本研究能否顺利完成都是个未知数。另外，虽然我们已经在书中对引用的前人成果做了标注，但依然存在挂一漏万的可能性，如果因为我们的粗陋而导致未予标注，请您特别谅解。

本书的从无到有，期间经历了种种不易，如果没有众多前辈、师长、朋友的帮忙，这本书的内容就可能难以顺利出版。对于他们的指正、建议和鼓励，我们表示深深的感激。虽然在这里致谢并不能为他们增加收益，但是还是要特别感谢这些前辈、师长和朋友。

我们特别感激金太军教授、孙涛教授、张康之教授、刘旭涛教授、万国威副教授在本书的完成过程中的帮助，您的帮助是本书完成过程中取之不竭的精神动力。我要特别感谢吉林大学出版社的李潇潇编辑，您不厌其烦帮我校对大大小小的错误，不仅帮助我完善了书稿，还教会了我大量的知识，使我收获良多。

李雯雯

2021 年 8 月 30 日

# 目 录

# 导 论

马克思主义认为无产阶级是人类解放的真正力量，其在《法兰西内战》中始终强调工人阶级及其工作人员要对人民“负责任”，就是要用“真正的责任制来代替虚伪的责任制”，来实现实然意义上无产阶级解放人类的过程性目标。作为无产阶级利益的代言人，建立责任政府是马克思主义的题中之义，为人民减少生活的“苦难”，为社会生活创造更加“善”的环境，最终实现人民真正的当家作主是无产阶级政府的责任所在，也是政府政权的合法性来源。世界范围内，各个国家地域、资源、文化、制度、社会经济条件等各不相同，但从基础教育到医疗卫生、从劳动就业到社会保障，民众对学有所教、劳有所得的渴求，对老有所养、病有所医的追求，对困有所帮、住有所居的要求，对文体有获、残有所助的需求，最终都落脚到对提升基本公共服务水平的诉求上。政府作为基本公共服务的责任与道义主体，理应对公民的合理诉求做出积极回应。如果说中央政府运筹帷幄，引领着国家基本公共服务阶段性的发展方向，把握着基本公共服务发展的重点内容，那么地方政府则肩负着各项基本公共服务的落地责任，公民的幸福感与获得感都与地方政府的行政行为息息相关。

## 第一节 研究背景与意义

随着我国政府的施政理念从管理型政府向服务型政府转变，政府的运行方式和治理模式也发生了重大变化，在此前提下，探索地方政府在基本公共服务均等化中的履责现状和未来走向，其实质是在新的历史条件和新的社会矛盾下重新审视基本公共服务均等化过程中的地方政府责任，继而助力我国 2035 年基本实现基本公共服务均等化的宏伟目标。

## 一、研究背景

我国政府历来高度重视民生工作，在逐步建立和完善基本公共服务体系的同时，中央和地方政府制定了一系列基本公共服务方面的方针政策，政府履责能力不断增强。但随着人民的物质文化需要的日益增长，对政府的履责能力的要求也水涨船高，本研究就是在人民的“需”与政府的“给”之间互动的背景下展开的。

第一，随着经济社会的高速发展，基本公共服务供给已经成为政府工作的常态内容。“现代的人是在政府资助的医院里出生的，在公立学校接受教育，他与外面的联系是通过邮局或半公立性质的电话系统进行的，他受公安、消防、卫生部门的保护，最终又在医院里离开人世，直至被埋葬在公共墓地。总之，不管人们在意识形态上多么守旧，现代人的日常生活总是同政府提供上述服务的决策联系在一起，这种联系是割舍不断、挣不脱的。”① 我国作为社会主义国家，为了满足人民的常态化需求，也必然要不断调整和升级民生领域的工作内容和结构，推进基本公共服务回应常态化和供给常态化。就回应常态化而言，中央、省、市、县等各级政府每年固定以政府工作报告的形式列出本年度民生工作成果以及下一年度努力的方向以回应民生诉求。就供给常态化而言，从新中国成立初期提出“统筹兼顾，适当安排”到当下建立“国家基本公共服务标准”，民生工作始终是各级政府工作的核心内容。

第二，政府基本公共服务保障力度随着经济社会发展不断提高。20 世纪 60 年代以来，西方发达国家通过优化政府组织结构、强化政府公共职能，有效提升了城乡基本公共服务水平，加快了城镇化发展进程，缩小了地区和城乡差距，西方国家尤其是欧洲福利国家的公共服务一度成为全球政府的风向标。改革开放以来，我国以远高于世界平均增速的经济增长率不断创造着“中国奇迹”，谱写着“中国故事”（如图 0-1 所示），2010 年我国 GDP 总量超过日本，成为世界第二大经济体。2018 年我国国内生产总值超过 90 万亿元，GDP 占据了全球的六分之一。我国作为一个社会主义大国，集中精力发展生产的根本目的是满足人们日益增长的物质文化需要，经济发展如果不能为基本公共服务均等化供给提供强大的物质保障，人民群众如果没有“获得感”，不能真正成为社会

① ［美］理查德·D. 宾厄姆：《美国地方政府的管理：实践中的公共行政》，北京大学出版社，1997，第 3 页。

高速发展和进步的受益者，那么经济领域的增速就成了无源之水、无本之木。

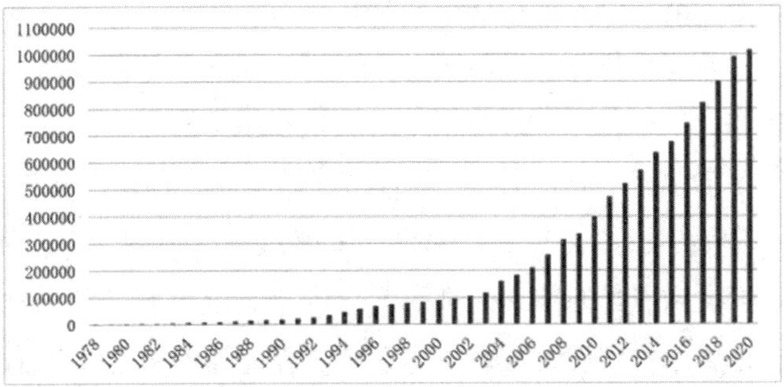

**图 0-1 1978 年以后我国的 GDP 增长情况 单位（亿元）**

数据来源：中华人民共和国统计局网站 http：//www. stats. gov. cn/。

因此随着社会经济水平的显著提升，我国政府逐渐加大对基本公共服务的投入，以教育领域为例，1998 年国家财政性教育支出为 2032 亿元，这一数字到了 2019 年就猛增至 34913 亿元，约为 1998 年支出的 17 倍；同样增长的还有社会保障和就业支出领域，2010 年，国家在社会保障和就业支出领域投入 9081 亿元，2020 年这一数字达到 32581 亿元，是前者的 3.5 倍。财政投入“量”的不断提高对我国基本公共服务均等化总体制度框架的形成起到显著的推动作用。

第三，全国基本公共服务供给力度和水平普遍提升，但与此形成鲜明对比的是，我国各层级各地区政府基本公共服务履责水平异质性较强。基本公共服务均等化在“质”的优化方面还需要加强，各层级之间，地区之间享受到的基本公共服务都存在巨大差距，与基本公共服务非均等并存的，是民众对这些贯穿一生的基本生存与发展需求愈加强烈的诉求。

从政府层级角度，顶层设计的落实与否主要取决于各级地方政府，没有地方政府的执行与落实，任何政策都将成为一纸空文。但在现实政治生活中，中央与地方政府之间的博弈使得地方政府的政策落实与中央政府的政策指令之间存在一定差距。周黎安指出，在中国多层级、多地区的政府间关系中，中央政府与地方政府有着不同的目标函数和利益诉求。中央更关心经济的走势、全局的利益平衡和全社会的民生福利状况，而地方政府更关心辖区内财政资源的多少、经济发展状况以及公众的就业和民生情况，较少关注其经济决策的外溢效应以及其他地区的公众福利。① 因此，地方政府政策落实的情况直接决定了当

① 周黎安：《转型中的地方政府——官员激励与治理》，格致出版社，2017，第 13 页。

地民生的发展状况。

我国地方政府履责的差异不仅仅体现在政府层级上，地区差异也是目前横亘在实现基本公共服务均等化目标路上的阻碍。以人均拥有公共图书馆藏书量为例，从中国教育类部分基本公共服务的统计结果来看，中国省级行政区划的人均拥有公共图书馆藏书量，上海、天津和宁夏最高，河南、安徽和河北最低；每百万人普通高等学校数，北京、天津和上海最高，河南、广东和四川最低。从以上结果可以大致看出东部地区高等教育的享有度更高，义务教育的普及状况相对更好，地方政府的履责成效更加显著。因此如何补足“木桶效应”中的短板，强化弱势地区地方政府履责能力，是目前我国地方政府基本公共服务均等化亟待解决的问题。

第四，针对“总体向好，异质性强”的基本公共服务履责概况，需要开发一套科学的指标进行进一步测量，以进一步厘清目前的优势以及存在的不足，正如一个班级经过全体师生的共同努力总平均分节节攀高，但教育的目的归根到底是人，是实现个体的全面发展，因此不能停留在已有的功劳簿上，而是要通过科学的测量（考试）进一步分析成绩构成，发现哪些学生在哪些学科上需要有针对性的提升。要实现全国范围内基本公共服务均等化，就必须有的放矢地提升各地各层级政府履责能力，任何一个地区，一个层级的政府履责能力都不应该被“平均”，提升基本公共服务均等化履责能力也不能“坐而论道”，必须“起而行之”，只有探索一套适合国情的科学的测量体系，才能为构筑新时代中国特色责任政府提供智力支持；只有以科学的方法测量各地区各层级地方政府履责情况，才能在未来阶段继承优良，有针对性地改进不足。

## 二、研究意义

政府责任作为责任在政治学领域的延伸概念，是维系和巩固公民与政府间关系的核心变量。基本公共服务作为民众最基本最核心的诉求，政府在这一领域的履责情况直接影响政府政权的合法性和治理的有效性。因此当下深度探究地方政府在基本公共服务均等化领域的履责情况，具有极其重要的理论意义和实践意义。

### （一）理论意义

（1）人民日益增长的美好生活需要和不平衡不充分的发展之间的矛盾要求地方政府必须厘清基本公共服务均等化的责任内容。改革开放以来，经济快速增长带来了社会需求的深刻变化，党的十九大报告中对我国社会面临的主要矛盾做了新的界定，我国社会主要矛盾出现历史性的新变化也标志着我国进入中国特色社会主义新的历史阶段，决定了政府必须高度重视社会弱者的生存与发展，重视人民群众的政治与经济权益。在新的历史条件下，地方政府在基本公共服务均等化工作上中责任履行情况，是人民群众“获得感”的主要来源。厘清地方政府在基本公共服务均等化工作中的履责问题，让人民群众分享改革发展成果，是解决“不平衡不充分”问题的关键途径，是社会主义公平正义的本质要求，也是构建社会主义和谐社会的题中之义。

（2）推进国家治理体系和治理能力现代化的总目标要求地方政府明确基本公共服务均等化责任履行的过程与标准。作为完善和发展中国特色社会主义的总目标，廓清地方政府在具体实施中的责任和分工，有的放矢进行责任配置，是国家制度执行能力提升的集中体现。改革开放以来，党和国家将工作的重心从阶级斗争转移到经济建设上来，亟须推进政治体制改革来适应新时代的新变化。党的十八大提出全面深化改革，着力优化政府职能，进一步推动了国家治理的规范化、程序化、法制化、科学化。党的十八届三中全会首次将治理体系和治理能力现代化提升到国家战略决策的层面。自此，构建“职责明确、依法行政的政府治理体系”成为党和政府深化行政体制改革的目标。要实现这一目标，从地方政府角度，就要明确基本公共服务的过程和标准，同时及时总结各地各级地方政府基本公共服务改革创新经验并及时加以推广。

（3）新时代坚持和发展全面推进依法治国的基本方略要求地方政府理顺基本公共服务均等化责任履行的逻辑。依法治国的重点在于依法行政，政府作为国家最直接的代理人和发言人，要建设法治政府，就要确保政府成为受约束的政府和规范的政府。建设法治政府就是要求各级政府的决策、执行、监督和评估都纳入法制化轨道，政府各项权力都在法制轨道上运行，将权力关进制度的笼子。因此，厘清地方政府基本公共服务均等化责任的履行方式，从而规范各级政府依法依规行政，不越位不缺位不错位，进而推动基本公共服务救济法、基本公共服务绩效管理法等相关法律规范的建立，是推进依法治国的重要内涵。具体来说，只有廓清地方政府在基本公共服务均等化中的责任，在政府职能、工作权限等方面放弃大包大揽，才能让行政权力在制度运行中有据可循，在实际操作中精确化和规范化。

（4）从研究视角和研究方法上，对基本公共服务均等化过程中地方政府履责问题的研究可以有效弥补学术界目前研究的不足。如果将我国学术界目前对基本公共服务均等化研究喻为一棵大树，目前研究中对与基本公共服务均等化实现机制相关的研究则犹如这一研究领域的树干。实现基本公共服务均等化，既是政府的目标，更是民众的诉求，如何实现政府目标、提升人民群众“获得感”成为学界研究的重点。学者从转移支付、公共财政、建设服务型政府等方面积极探索实现基本公共服务均等化的实现机制，使得这一研究领域“枝繁”。另一方面，以细化基本公共服务均等化研究内容为方向，从义务教育、流动人口、体育公共服务、城乡基本公共服务等方面入手，使得这一研究领域“叶茂”。可见目前的研究大多从基本公共服务均等化的体制机制运行和分项领域入手。本书在已有研究的基础上，意图创新性地从“地方政府”入手，研究如何能使“根深”，即从政府履责的角度细化基本公共服务责任指标，厘清影响各级地方政府在公共服务均等化供给的因素，揭示地方政府在基本公共服务均等化供给的实际工作中的规律和困难，对未来我国在公共服务领域的政策制定提供有针对性的建议。

（二）实践意义

（1）厘清基本公共服务均等化过程中地方政府履责问题，是我国在全球化背景下与发达国家进行先进公共服务管理经验对话的重要议题。目前我国政府面临着与西方发达国家政府同样的改革背景，即身处大变革大发展大调整的浪潮之中，同时面临世界性政府改革的机遇与挑战，更重要的是，随着改革开放的深入，迫切要求政府转变职能，打造定位准确、责任明晰的服务型政府，形成新的管理模式。要达成这一目的，从研究角度首先需要学界更新观念，转变对各类基本公共服务工作“各自为政”的研究视角，将“基本公共服务均等化”与政府责任紧密结合，梳理出在基本公共服务领域中政府应当肩负的责任并汇成体系。从政府实践角度要建立一个与市场经济体制发展相适应的政府管理体制，在现有科层制的基础上，创新各级政府公共服务供给方式，建立责任明确、灵活高效的政府管理体制。在市场经济环境下，我国政府只有不断探索政府体制机制改革方式，才能以更加积极的姿态紧密跟踪发达市场经济国家的政府管理和改革经验，最终发挥“后发优势”，实现“弯道超车”。

（2）厘清基本公共服务均等化过程中地方政府履责问题，是国家政治稳定和社会发展的前提和基础。马克思指出，在任何国家，政府作为国家社会公共利益的管理者和国家意志的执行者，必须履行的两项基本职能即政治统治和社会管理。而公共服务作为政府社会管理职能的重要组成部分，在巩固国家政权、满足居民日益增长的物质和精神文化需求等方面发挥着日益重要的作用。正如恩格斯所言，“政治统治到处都是以执行某种社会管理职能为基础，而且政治统治只有在它执行了它的这种社会职能时才能持续下去”。能否优质高效地提供公共产品及公共服务，不仅是政府实行有效社会管理的前提，也是一国政治稳定和社会发展的基础。而在所有公共服务中，基本公共服务更具有基础性，是人民群众生产生活甚至生存所必不可少的条件。若基本公共服务提供不到位，便可能引发重大的社会问题，使得社会管理出现危机。就此而言，若基本公共服务提供不充分、不均等，便会产生“基础不牢，地动山摇”的后果。因此，提出基本公共服务均等化的命题，不仅是深化改革的必然要求，也是我国政府应对新时代社会管理新局面的要求，是解决我国新时代社会主要矛盾的一把“钥匙”，对实现民族复兴和建设新时代中国特色社会主义起着关键的作用。

(3) 厘清基本公共服务均等化过程中地方政府履责问题，是解决社会现实矛盾的“钥匙”。近些年来，我国在经济、社会等方面取得的巨大成就在世界范围内有目共睹，以“厉害了我的国”为代表的民族自信心高涨，但是2020年5月，李克强总理在记者会上说：“中国是一个人口众多的发展中国家，我们人均年收入是3万元人民币，但是有6亿人每个月的收入为1000元左右，1000元在一个中等城市可能租房都困难，现在又碰到疫情，疫情过后民生为要。就业是最大的民生。”这说明党和政府已经敏锐地意识到了我国目前社会主要矛盾深刻地反映了我国的最基本、最真实的国情，即作为世界上最大的发展中国家，我国中西部地区和农村地区政府公共服务水平偏低，民众收入偏少。“民生是最大的政治”，政府能否肩负起民生的职责关乎我国社会的稳定与否，关乎政权的稳固与否。在目前全球经济陷入衰退的关键节点，我国作为世界各国重要的贸易伙伴，受到的冲击不可谓不大。在全球超过90%经济体同步萎缩的动荡形势下，政府在基本公共服务均等化方面的投入成为缓解现实社会矛盾的一剂良药。

(4) 厘清基本公共服务均等化过程中地方政府履责问题，建立地方政府基本公共服务均等化责任的指标体系，可以丰富基本公共服务均等化研究的理论和实证研究。本书意图构建一个以基本公共服务均等化环节为依托的地方政府责任指标体系。具体来说，就是以基本公共服务均等化中的各类保障为研究样本，抽取出这项工作中各类政府责任，厘清各级政府履行职责的“公约数”。

党和政府目前着力构建职责明确的政府治理体系，已经为优化各级地方政府职能提供了“定心丸”和“指南针”，但具体应该如何实施，即各级政府都应该承担哪些责任，目前哪些责任是地方政府履行较好的，哪些是还没有到位的，其背后的原因是什么，未来应该如何有针对性的改进，都属于亟待解决的“最后一公里”的问题。没有这些问题的解决，党中央对政府“职责明确”的改革要求犹如海市蜃楼，可见不可即，因此建立地方政府基本公共服务均等化责任配置的指标体系，从而对各级政府的履责质量进行测度，是目前改革进程的细微之处，也是地方政府对党中央战略规划的落实之举。

## 第二节　研究现状与文献综述

文献综述也称研究综述，是指在全面掌握、分析某一学术问题（或研究领域）相关文献的基础上，对该学术问题（或研究领域）在一定时期内已有研究成果、存在问题进行分析、归纳、整理和评述而形成的论文。文献综述一般要对研究现状进行客观的叙述和评论，以便预测发展、研究的趋势或寻求新的研究突破点。[①] 通过撰写文献综述，可以对目前地方政府在基本公共服务方面职责相关的研究方法、思路或者观点进行比较和分析，明确进展，厘清不足，并寻找新的研究视角。

### 一、国外研究现状

托马斯·皮凯蒂在其著作《21世纪资本论》中提出，西方自20世纪80年代以来，再度出现两极分化，原来已经基本解决的贫富差距问题又进一步强化。莱斯特·瑟罗（1998）在《资本主义的未来》一书中也公开承认，两极差别的拉大是资本主义走向未来所遇到的最大困境，是至今尚未找到解决方案的难题。让公民平等地享受到基本公共服务是各个国家的美好愿望，也是各国政府追求的目标。国外虽然没有“基本公共服务均等化”这一概念，但是对于“公共服务”“基本公共服务”以及政府在公共服务中的责任和分工的相关理论和实践成果是非常丰富的。国外文献主要从以下几个方面展开研究。

---

① 王琪：《撰写文献综述的意义、步骤与常见问题》，《学位与研究生教育》2010年第11期，第49页。

### （一）对基本公共服务过程中政府履责基础问题的探索

国外关于政府在基本公共服务领域履责的基础问题研究包括基本公共服务供给的责任主体、基本公共服务供给的体制机制等。

#### 1. 对公共服务属于政府基本职能的研究

从学术界著名学者到世界各大权威组织，都对基本公共服务是政府的责任所在这一观点达成了基本的共识。美国经济学家斯蒂格利茨（1997）将政府的基本职能界定为建立法律框架、提供公共物品、收入再分配、稳定经济和资源再配置。本特利（1908）从公共利益的角度分析政府政策与公共利益的一致性，认为公共利益是各方利益冲突和妥协的结果，如果政府行为表达了这个妥协结果，它就是合法的，反之即不合法。亨廷顿（1989）认为政府的公共服务职能是政府合法性的基础，其合法性来自政府制度的中立性，政府制度越是中立，它就越不代表某一特定社会集团的利益，它的行为就越合法。为社会提供基本的公共服务目的在于保障社会的正常运转，无论何种阶层、何种利益集团都可以享受到正常的基本公共服务。从世界组织的结论来看，1997 年世界发展报告认为，政府的职能是提供公共产品与公共服务，包括“提供纯粹的公共物品”，即基本公共产品，如国防、法律与秩序、财产所有权、公共医疗卫生、宏观经济管理、环境保护、基础教育、社会福利和社会保险等；还要提供混合公共产品，如基础设施和公共事业发展等。世界银行在 1997 年的报告中指出，每个政府都应完成好五项基础性任务：建设法律基础；保持非扭曲的政策环境，包括宏观经济的稳定，投资于基本的社会服务和基础设施，保护承受力差的阶层，保护环境。除了这些基础性工作之外，政府不必是唯一的提供者。经济合作组织和发展组织编制、联合国统计司公布的《政府职能分类》将政府的公共服务职能分为 10 个方面，包括公共秩序和安全、国防、经济事务、住房和社会福利设施、环境保护、娱乐、医疗保健、宗教、文化、教育及社会保护等一般公共服务。

#### 2. 对基本公共服务供给体制机制的研究

随着基本公共服务提供理论与实践的不断发展变化，政府在基本公共服务领域的供给机制也在不断优化，从政府作为基本公共服务唯一或主要的供给者，到基本公共服务的市场供给和社会自主供给，是西方基本公共服务供给机制及模式发展变化的一条基本轨迹①。

（1）政府成为基本公共服务供给的唯一主体。从政治学角度，政府作为基本公共服务主要或唯一的供给者的思想来源于社会契约论思想。英国法律史学家梅因（1996）在其《古代法》中表示，“社会进步的运动到此处为止，是一个从身份到契约的运动”。亚里士多德提出，人是天生的政治动物，一种自然倾向于群居的动物，舍此无法独自生活，因此，国家是天然存在的。但国家的权力从何而来，为何会有权力协调社会资源、制约公民意愿，17 世纪政治学家霍布斯给出了答案：“主权者不论是君主还是一个议会，其职责都取决于人们赋予主权时所要达到的目的，那便是为人民求得安全。所谓的安全还不单纯是指保全性命，而且也包括每个人通过合法劳动、在不危害国家的条件下可以获得的生活上的一切其他满足。”基本公共服务的概念在 17 世纪还没有出现，但是霍布斯给出的“生活上的一切其他满足”已经是基本公共服务最真实朴素的表达，蕴含了这一理念的精髓。即政府的权力来源于民众，政府根据社会契约建立一个高效权威引导下的政治社会。早期政治学家的观点基本明确了政府有担负起“生活上的一切其他满足”的责任，这成为政府合法性的基础和权力的来源。

在现代法治社会，社会契约论最直接的意涵在于人民通过法律授权给政府，政府依法行使人民所赋予的权力，保障政府各个职能部门行使权力，履行职责，确保社会的正常运转。“一项契约的本质形式不在于我向你承诺做某事，而在于我同意你将因此而获得要求我为你做某事的合法权利。”（Williams，1957）社会契约意味着政府必须行使公共权力，维护公共利益，在管理社会、服务社会、满足公众基本需求的方面负有不可推卸的责任。19 世纪中后期到 20 世纪 70 年代，福利国家的盛行与政府对“从摇篮到坟墓”的大包大揽更让人们相信传统的公共物品与市场是一种无法相融的二元分离模式。1881 年 2 月 15 日，德国皇帝威廉二世在给国会的一封信中提出，应该用社会保险来保护德国工人，使他们免受因工伤和年老而造成的收入损失。同年 11 月，健康保险被添加到德国改革建议清单中，到 1889 年，德国社会保险的完整结构已经建立起来。福利国家政策随后在 1908 年至 1911 年之间进入英国，在 20 世纪 30 年代中期进入美国，并在二战后不久进入法国。20 世纪 80 年代以后，福利国家的

---

① 陈振明：《公共服务提供机制专题研究引言》，《东南学术》2008 年第 1 期，第 78 页。

基本公共服务供应以这样或那样的方式吸收了最发达工业国家五分之一到三分之一的国内生产总值（Shimon E. Spiro，1983）。尽管时至今日福利国家因为过重的财政负担和低于市场的效率饱受诟病，但是也不乏学者对其在基本公共服务供给方面发挥的重要作用加以研究。Simone Rambotti（2020）研究了 2000 至 2015 年期间，福利国家政策在健康分配方面的作用，他的研究表明在州补充营养援助计划（SNAP）的参与度上，每增加一个标准差就可以挽救大约 31 600 人的生命。与欧盟国家类似，西班牙地方政府以人口规模为标准，提供包括当地警察、消防、垃圾收集等在内的基本公共服务，而教育、保健等更高层次方面的服务则由区域政府统筹配置。如果说资本主义国家的政府“包揽”基本公共服务是一种在福利国家理论指导下的选择，而在身处社会主义体制下的中国，政府对基本公共服务的职责则是一种顺势而为的选择，研究表明 2008 年的北京市政府组织全科医生、社区护士和公共卫生专家组成的小组为社会免费提供了 15 种基本公共服务（Y. Zhao，et al.，2011）。

（2）基本公共服务的多元供给体制。20 世纪 80 年代以来，公民的政治参与意识逐步提升，带来了市民社会的崛起，黑格尔认为市民社会最重要的作用是减轻需求系统的离心倾向，使人们在一个共同的目标上团结在一起，并缓和利己主义倾向（cf. Cohen and Arato，1992）。葛兰西则认为市民社会的作用是发展组织，最终接管国家。市民社会强调非正式网络，与志愿团体和机构一道成为有别于政府组织的，更具有活力和创造力的因素。市民社会的崛起留给基本公共服务的市场供给和社会供给的空间逐渐扩展，除了政府管控之外，包括市场供给、第三部门供给、自愿供给、社区供给等多元化的供给方式开始出现并逐渐繁荣。单一的公共服务提供模式有所转变，市场化和社会化的供给模式凭借其减轻政府负担、增加社会的回应性和互动性的优势成为发达国家的主流模式，并被发展中国家争相学习和效仿。

20 世纪 90 年代，西班牙政府修订了《市政服务法案》，鼓励包括地方政府公司、公私合营企业、与其他地方政府合作的协会、公共实体和非营利组织等 PPP 方式提供公共服务（Lourdes Torres，et al.，2003）。众多学者研究了公共服务的多方提供模式所产生的经济效益和社会效益，并认为与较大的政府实体签订合同可能给提供服务的政府单位（及其客户）以及购买服务的政府单位带来净收益，同时还能对生产部门施加一定的竞争压力，以消除管理上的低效。例如，理查德（2015）认为公共服务的供给要在政府作为责任主体的基础上积极引进社会组织的参与。具体到实践上，政府可以向相关社会组织投入资金使社会组织取代政府的部分职能，从而使得社会组织发挥出自己的作用。泰国当局为了解决社会老年人的基本养老问题，探索了当局与私人部门合作的“混合模式”（Chaimongkhon Supromin and Sirirat Choonhakhlai，2017）。中国作为世界上最大的发展中国家，政府采购公共服务始于21世纪初。2004年，上海成立了3个“民办非企业单位”并获得资助，雇用社会工作者，打击吸毒，从事社区矫正和社区青年工作。2006年，上海浦东新区开始为农民工子女的慈善援助和教育提供资金。8个市政府部门和13个社会组织签署了价值6000万元的采购合同（Yang Tuan，et al.，2015）。

（二）对基本公共服务过程中政府权力分置的探索

德国社会学家韦伯于1911年发表了《论官僚制》一文，提出了理想的行政组织理论。其目的在于使政府组织体制理性化，使政府更好地管理日益庞大的组织结构与人员结构，建立科学的管理体系，以履行政府日益扩大的公共职能。所谓政府组织体制理性化，就是要建立一套各司其职、各负其责的科学管理体系，当代官僚体制的运行表明，政府的不同层级构成不同的公共行政主体。一般而言，中央政府负责全国性公共产品的提供，如国防、外交、货币、全国铁路、国道等全国性的公共事务；地方政府则负责地方性公共产品的提供，如地方铁路、地方公路、地方基础设施、地方医疗与教育等地方性公共事务。西方许多学者探讨了中央和各级地方政府在公共事务上的分权体制，不少学者对政府间分权进行过概念的界定和理论的构建。

概念界定上，史黛丝·怀特（Stacey White）的定义具有代表性，她认为，权力下放“是指将中央政府提供某种公共服务的责任分派给其在地方上的各个分支机构，但不涉及权力的转移”。查尔斯·蒂伯特（Charles Tiebout）提出，地方政府在提供公共服务以满足地方居民的偏好方面比中央政府更有优势。理论构建方面，美国经济学家奥茨（Oates）于20世纪60年代提出了奥茨定理：“公共服务职责应尽可能下放到能够使成本与利益内部化的最小地理辖区内”。该定理为强调政府间分权的财政联邦制提供了坚实的理论基础。成本与利益（或受益）的内部化，系指某项公共服务的受益范围和成本（税收）分摊都限于一个辖区内部，其他辖区并不能从中受益，也不为之分摊成本。公共服务的分权观点相信，对于一项公共产品来说，由地方政府在其辖区内进行个性化提供，会比中央政府在全国范围内进行统一提供更能达到帕累托最优状态。因此，与公共服务的集权化提供相比，分权化提供更能“根据各个辖区的环境和居民偏好来提供适当数量的公共产品”。以奥斯特罗姆夫妇（2000）为首的西方公共管理学家提出的“多中心理论”也是对权力的分置颇有影响力的重要理论，“‘多中心’意味着有许多在形式上相互独立的决策中心”，“公共服务在多样化和交叠的管辖体制下能够得到最有效的供给，它能使服务生产为特定的活动在最有效的层次上运作”。（McGinnis，2000）多中心理论比上一阶段的理论更进一步的地方在于政府与市场和社会等第三方组织的关系不仅仅停留在指挥—服从，配合—互补的阶段，而是有意识地转变为“合作、协议和伙伴”等关系，相互尊重和学习。

正如硬币的正反面，也有学者对权力分置的概念和理论的适用范围提出了质疑，认为权力的分置或者权力中心的多元化未必适用于所有的公共服务领域。安德鲁（2019）调查了1996—2015年30个欧洲国家在教育、卫生和社会保护领域下，政府放权给社会组织，结果发现教育和社会保障支出分权提高了公共服务的可感知质量，而卫生支出分权则损害了公共服务质量。梅根（2016）对巴西政府购买医疗公共服务进行了研究，发现尽管政府沿着市场竞争的思路聘用了专业的医疗队伍，意图改善整体医疗服务水平，但是并未取得预期效果。原因在于多元参与主体难以协调，导致整体管理难度提升。这说明强调合作的多中心理论在实践中仍有商榷的余地，诸如此类的研究为西方政府在基本公共服务供给中的责任和职能划分拓展了空间。进一步的，甚至有学者对公共服务供给中权力的分置提出了反对意见，一些学者也在不断强调在公共服务供给中政府应该倾向于集权，承担更多的责任。理查德·马斯格雷夫坚持认为，高层及政府在集权化的再分配、财政平衡和提供道德产品等方面具有十分重要的作用。持有这一观点的学者认为，公共物品供给并不存在“一分就灵”的“咒语”：在相信分权能够促进公共物品供给这个传统智慧之前，应该仔细考量保证其得以成立的种种严格条件。分权对公共物品供给的效应是一把双刃剑，分权并不一定能够带来经济繁荣（Blanchard and Shleifer，2001），华莱士·奥茨（Wallace E. Oates）发现，无论是联邦制还是单一制，从理论角度来看，由于伴随着经济发展而带来的知识、流动性和财富的增加，中央政府在提供公共服务时发挥着不可替代的作用。在单一制条件下，下级政府官员主要由上级政府任免，这一制度设计最大程度上可以保障政府体系的稳定性和服从性。

（三）对基本公共服务过程中政府履责影响因素的探索

从理论探究上，西方文献主要从社会体制和价值观念、国家经济发展水平等方面关注不同的因素对政府在（基本）公共产品与公共服务领域履责成效的影响。社会公共福利作为基本公共产品和服务的组成部分，艾斯平-安德森按照其去商品化的程度将国家分为自由主义、保守主义以及社会民主主义（Esping-Andersen，1990）。美国、英国等国家属于自由主义范畴，市场在资源配置中起到主导作用，以政府为主导的社会福利等基本公共服务内容被控制在最低水准；德国、法国、意大利等保守主义欧洲大陆国家相比于自由主义国家，政府在以社会福利为代表的基本公共服务供给的责任承担上表现得更加积极主动；而以瑞典、挪威等为代表的社会民主主义国家中，政府在资源的配置中扮演了主导角色，在政府主导责任的驱动下，此类国家的福利水平最为人称道，由此可见，不同社会体制和价值观念对政府履责的程度和成效影响深远。

国家和社会经济发展程度对政府在基本公共服务供给水平方面的影响可从西方文献对发达国家和发展中国家的分析窥见一斑。近年来，西方国家的社会福利逐步完善，政府有足够的施政能力和财力解决关乎公民生存底线（如干净的水、基础医疗条件等）的公共服务问题，因此在基本公共服务的对象和内容研究方面，国外文献的研究对象基本集中在许多发展中国家，相比于发达国家，发展中国家地方政府在基本公共服务领域还存在极大的提升空间，很多对于发达国家触手可及的基本公共服务对于发展中国家的公民而言更像是一种城市特权或阶级特权，而非基本的公民权利。政府提供关乎生存底线的公共服务既是政府的职责，也是在私营部门、志愿组织等第三方组织缺失的情况下政府在职责范围内的“迫不得已”，南苏丹共和国近期的卫生战略计划就是构建一套由国家为主导的综合卫生设施网络。布莱恩·迪尔（2010）研究了坦桑尼亚首都达累斯萨拉姆的基本公共服务供应情况，当地官员指出大多数居民区面临的问题——比如缺水、缺少医疗服务或道路交通设施——都属于政府的优先事项。正如雅各布·米尔曼（1979）所言，尽管马来西亚政府为公民提供了某些基本公共服务，但是国家的低收入群体由于无法支付费用而成了基本公共服务的“绝缘体”；南苏丹国家2011年独立时，卫生部门还几乎空白，70%的人口在居住地5公里以内的地方还无法获得有效的医疗和卫生保障（Peter，et al.，2013）；肯尼亚国家受到父系关系影响，其社会公共服务标准持续下降，导致基本公共服务供给水平处于低位（C. Odhiambo Mbai，2003）。发展中国家落后的经济水平限制了基本公共服务的供给，因为政府不得不在减贫、扶贫工作中付出更多的精力。印度近些年来致力于提升以紧急救护车服务为代表的前端医疗体系水平以帮助更多的人获得快速和高质量的紧急医疗支持（Priyanka Chaman，2012）；沙特阿拉伯实现基本公共服务均等化的关键在于水资源和医疗卫生资源的均等化。

## 二、国内研究现状

通过查阅国内相关文献，发现学术界主要从地方政府基本公共服务责任、履行责任过程中面临的困境、困境成因以及相关的对策和探索等领域阐述地方政府在基本公共服务均等化工作中的责任这一议题。新中国成立以来，尤其是改革开放以来，上述议题均在理论研究方面取得了颇丰的进展，但直达本书议题中心的理论研究并不多，理论研究明显滞后于改革实践。国内主要研究综述如下。

### （一）内容体系探索

习近平在党的十九大报告中要求：“转变政府职能，深化简政放权，创新监管方式，增强政府公信力和执行力，建设人民满意的服务型政府。”① 可见，新时期服务型政府建设的核心要求就是要强化政府公共服务职能，具体来说，就是政府从“家长式”包揽一切到“放权不放责”，以提高政府社会基本公共服务供给的能力和质量。（杨淑萍，2008）

政府是基本公共服务供给和管理的主体，随着我国社会的进步，人们对基本公共服务的需要范围愈加宽泛，对政府提供基本公共服务的标准要求也水涨船高。我国目前对地方政府公共服务责任的研究主要集中在教育、社会保障、公共卫生等民众关注度较高的领域。罗宏斌（2013）通过建立指标并赋权的方式对湖南省地方政府义务教育均等化工作进行了测评。常金栋、李玲（2012）对我国少数民族自治县的义务教育程度进行了测评。政府是义务教育供给的主体，面对东西部差异、城乡差异和州市之间的差异，学者褚宏启（2010）提出“促进城乡教育一体化需要改革教育质量评价制度、教育人事制度、学生培养制度、教育投入制度等方面”，姜晓萍、黄静（2013）则认为实现教育的均等发展关键在制度设施，通过确立公平共享的制度设计理念，构建城乡教育均等化的体制机制。

社会保障制度是对社会保险、补贴、救助等社会制度的合称，主要用于保

---

① 习近平：《决胜全面建成小康社会 夺取新时代中国特色社会主义伟大胜利——在中国共产党第十九次全国代表大会上的报告》，人民出版社，2017，第 39 页。

障人民生活，调节社会分配。我国学者对于社会保障均等化的研究从宏观层面上，主要集中在发展路径、衔接机制、保障支出等方面，从具体实施层面上，主要集中在农民工问题、农村社会保障问题、社会公平问题等方面。北京大学的王思斌教授（2004）从宏观层面提出需要重构我国社会保障制度，弥合其断裂状态。郑功成（2002）提出需要对社会保障中的农民工这一弱势群体的权益格外重视，强化对其权益的保护工作。高利平（2002）从省级政府角度测度了山东省社会保障水平并提出了改善路径。

基本卫生公共服务与广大群众的生活息息相关，因此基本公共卫生服务均等化是实现社会公平正义的必然要求。鉴于我国目前出现的基本卫生公共服务在城乡之间的失衡（管仲军，2010）、省级之间的失衡（杨宜勇、刘永涛，2008）现象，余苏珍（2011）特别强调要强化基层政府供给基本公共卫生服务的经济保障能力。桑凤平认为亟须一部卫生基本法，以法律的形式保障基本公共卫生服务的质量。学界对我国政府在基本公共服务均等化的各个领域中的责任研究不仅仅局限于以上方面，学者普遍认为地方政府的公共服务职能理应覆盖所有民众的基本公共服务需求，而教育、社会保障、医疗等方面是学界研究比较集中的热点，同时也是民众“获得感”来源最为直接的领域。

（二）履责的学理探索

我国学者主要从转变政府职能、健全制度体系、完善监督评估等方面对地方政府履行基本公共服务均等化责任进行了学理上的探索。近些年来，地方政府逐渐树立了科学的政绩观，不再以 GDP 为尊，公共服务供给质量在地方政府绩效考核中所占的比重逐年加大，地方政府从经济主体逐渐向服务主体转化。在经济转型期，地方政府职能应是一个动态的调整过程（余顺坤、武晓龙，2017），一方面，需要转变政府的角色定位。随着基本公共服务提供主体的多元化，政府在这一领域扮演的角色日益复杂，所承担的责任也愈加立体。在以政府为单一提供主体的公共服务时代，政府既是裁判员同时也是运动员，“功过”一肩挑的角色决定了政府理应承担所有的责任；随着政府从基本公共服务提供主体的“一”到“之一”的转变，如何划分政府在购买公共服务中的责任成为学界最为关心的议题。学者们普遍认为“打破垄断”是提升政府公共服务效率，改善服务质量，提高公共财政资金使用效率的核心要义所在。淳于淼泠（2017）等认为增加政府支出或者扩大规模等较为直接的促进方法需要有所转变，转变为与其他市场主体间接的促进、合作、管理与掌舵，合理优化配置公共服务资源，调动各方面积极性，提高基本公共服务的供给水平。彭婧（2017）认同政府购买公共服务具备一定的必要性和可行性，但同时提出了消费者的真实公共服务需求不能被“代言”，因此政府必须履行“获取民众真实需要”的责任。尽管市场竞争机制是一种新的思路，但政府作为基本公共服务均等化工作的主导者，必须明确单独依靠市场竞争机制并不能解决所有的问题，尤其是政府在这一领域的问责问题。叶托、薛琬烨（2018）提出政府需要综合运用控制型、绩效型和关系型三种问责模式来应对政府购买公共服务的诸多责任风险。另一方面，需要理顺不同层级地方政府之间的关系。对于中国M型（事业部型）的政府治理结构（张为杰，2016）而言，地方政府在其上下层级之间发挥着承上启下的作用，服从上级政府领导的同时，也指导着下级政府的工作。作为基本公共服务的主导者、统筹者和协调者，需要理顺不同层级的地方政府之间的关系，明确各自的职责，促进政府在整个公共服务供给体系中统筹和协调的流畅性（周敏，2005）。

制度体系方面，已有文献大多从加快改革转移支付制度角度探索基本公共服务均等化水平提升路径，例如李军鹏（2019）设计了“人均标准财政需求”的转移支付制度，尽管财力的均等是基本公共服务均等的重要前提，但也有学者提出财政分权制度下参与主体的行为选择才是关键因素（岳军，2009），那么在何种条件下地方政府才能够做出偏向公共服务的选择？吉富星等（2019）提出，地方政府需要进行系统的制度改革，包括激励模式和行为模式的重构、教育和医疗等公共服务的投入，人力资本的提升等。

评估与监督是地方政府基本公共服务均等化责任链条的后置环节，具备衡量基本公共服务均等化实现程度的工具属性，康健、姜晓萍（2020）提出从罗尔斯的正义三要素出发，构建以政策环境公平、供给水平发展和人民群众满意的三重评价维度；韩增林、李彬、张坤领（2015）以信息熵原理构建基本公共服务均等化指数，测度各省份城乡基本公共服务均等化程度。符兴（2008）提出公共财政体系是基本公共服务均等化的重要支撑，因此审计监督成为保障基本公共服务均等化体系运行的关键方式。唐忠义、张英（2013）强调公共服务监督机制建设必须与转变政府职能相结合。具体来说就是以政府内部监督为重点，坚持内部监督和外部监督相统一。

### （三）履责的实践探索及研究方法探究

马克思指出，人的思维是否具有客观的真理性，这并不是一个理论的问题，而是一个实践的问题。党的十八大以来，习近平总书记也强调，“我们党之所以能够历经考验磨难无往而不胜，关键就在于不断进行实践创新和理论创新”，理论研究为推动我国基本公共服务均等化的实践创新提供了支撑，我国地方政府在理论创新的基础上对本区域的基本公共服务均等化做了有益的探索，很多学者对这些前沿性的实践创新进行了归纳和总结。如河南省焦作市探索了“焦作模式”，即将经济发展、公共财政、基本公共服务“三元联动”，循环推进，提高基本公共服务均等化的供给效率和创新性、可持续性（石化龙、刘慧娴，2010）。赵崇爱（2019）研究了陕西神木政府在基本医疗公共服务均等化路径中的有益探索，即采用政府购买的模式，将市场化的模式与追求长远的用者付费模式作为发展的动力，提升公共服务的水平和质量。赵临、杨立成（2020）测量了天津分级诊疗前后社区基本公共卫生服务效率的变化。夏国锋、吴理财（2012）研究了深圳市在“完备的公共文化服务体系”中的理论探索和实践推进，为其他地方政府提供了有益借鉴。浙江省以新农村建设为抓手，统筹城乡发展，弱化城乡差距，强化农村基本公共服务供给水平，破解农村民生难题，成为全国范围内农村基本公共服务均等化的“领头雁”（胡豹、顾益康、王丽娟，2009）。孝感以电子监察为平台，推动公共服务监督，创立了“孝感模式”（唐忠义、张英，2013）。可见，我国学者对地方政府在基本公共服务均等化供给工作中的履责模式、路径都进行了较为深入的实证分析。这些实证分析离不开背后科学严谨的方法论的支撑。

我国学者对于基本公共服务及其均等化的研究在方法上也经历了逐步深入的过程。目前已有文献运用不同的研究方法从不同的角度对我国政府在基本公共服务均等化方面的履责情况进行了实证测评和深入分析。杨颖等（2012）综合运用因子分析法和格兰杰因果检验法，验证了基本公共服务水平与经济增长之间的关系，发现提高基本公共服务供给水平能够达到满足人民群众诉求和促进经济增长的双赢局面。武力超（2014）运用主成分法对地级市各项公共服务指标进行浓缩，通过基尼系数对我国各省公共服务均等化水平进行了评估。马君等（2013）运用 SPSS 分析法，构建了一套适用于城市公共服务供给评价的指标体系，并对我国城市公共产品及公共服务地区性差异进行了实证研究。王兴鹏等（2020）运用灰色关联的评价方法对京津冀城市群的环境问题进行了影响因素研究。胡月（2014）等采用了聚类分析的方法，利用协调发展函数对全国各省公共服务资源的配置进行了分析并对目前存在的问题提出了优化路径。

事实上，在基本公共服务均等化的实证研究中，我国学者尝试了不同种类的方法，共同目标在于对我国基本公共服务均等化发展提出有理有据的建议，加快基本公共服务均等化进程。

## 三、简要述评

通过以上对国内外关于政府基本公共服务供给责任的相关研究内容的梳理，可以获得以下结论：

第一，国内外学者和世界各大机构对公共服务的内涵并没有统一的界定，但是对“谁负责”与“对谁负责”基本达成了共识，即地方政府是公共服务尤其是基本公共服务供给的责任主体，同时民众是地方政府提供服务的对象，且这种服务至少要满足民众生活的最低要求。西方社会关于公共服务的理论，如社会契约论、正义论、福利国家理论等研究基础深厚，学者也深受这些代表性成果影响，更多从公平、正义、福利等角度探讨社会公共服务。中国作为发展中国家，和其他发展中国家面临大致相同的困境，即基本公共服务供给地区不均衡、水平不均衡、人群不均衡等。但不同的是，我国作为一个经济水平快速提升的发展中国家，在这一问题上显现出积极学习和借鉴西方文化合理内核，汲取西方学界精华理论和命题的态度，并尝试从不同方面进行经验数据的验证。

第二，从概念上，国外文献并没有基本公共服务和基本公共服务均等化这一专业的对应词汇。这可能的原因是，其一，从概念的外延和内涵上来看，公共服务概念涵盖了基本公共服务的内容。其二，西方国家工业化进程相比于我国要提早大半个世纪，经过几十年的发展，社会福利逐步完善，关乎公民生存底线（如干净的水、基础医疗条件等）的公共服务都已经非常完善或者已经得到较大程度的解决，民众的诉求相比于发展中国家并不强烈，因此文献中对西方国家涉及生存底线的公共服务，即基本公共服务的探讨文献数量并不多，基本公共服务的研究对象集中在许多发展中国家，因为在这些国家，低质量的公共服务无益于减贫事业，无益于国家的经济增长。其三，我国作为社会主义国家，提出这一具有中国特色同时符合中国国情的概念，更加彰显了我国政府是为人民服务的政府。

第三，从关注点上看，西方文献，尤其是以发达国家为研究对象的文献，在公共服务的关注点上，“均等”并不是首位，更多的学者从现状入手，从效率导向的角度试图解决当下存在的问题。究其原因，其一，资本主义国家的本质在于维护资产阶级的根本利益，维系资本主义生产关系，这是由西方国家的国体决定的，也是西方国家与我国的本质差别。其二，西方学者的预设立场大多集中在政府有限干预，在自由市场竞争中提升公共服务供给的效率和水平。这与西方国家长期以来信奉小政府大社会，排斥政府对社会生活的干预密不可分。而我国学者在探讨基本公共服务问题时，以“均等化”为代表的公平导向是首先考虑的问题。这是因为，其一，党和政府在顶层设计中以公平为导向，就必然要求地方政府肩负着社会“公平正义”的价值追求，凸显出我国人民当家作主的社会主义性质，在顶层设计的引领下，我国在理论和学术界以“均等化”为第一要义就不足为奇；其二，随着我国政府治理体系和治理能力的现代化水平提升，我国地方政府不再以 GDP 为尊，民生问题成为考核基层政府和政府部门的重要指标，因此基本公共服务均等化工作的成效也就成为地方政府关注的重点；其三，与西方国家不同，马克思主义公平观对我国学界的影响深远，“一切人，或至少是一个国家的一切公民，或一个社会的一切成员，都应当有平等的政治地位和社会地位”①。在马克思主义的公平观影响下，政府在基本公共服务方面的责任履行上，“均等”就超过了“效率”，成为我国学者首先探讨的问题。

第四，从研究方法上看，中西方的研究方法逐渐多元化。通过对大量文献的研究，笔者发现中西方关于公共服务领域的研究中，量化研究蔚然成风，常见的初级量化研究方法有层次分析法、熵值法、模糊综合评价法等，更高阶的量化研究方法有面板数据分析法、OLS 多元回归分析法，等等。量化研究一定程度上代表了研究方法的进阶，精细的统计数据将助力研究结论更加准确，政策建议有的放矢。但正如硬币的两面，基于数理统计基础的计量模型往往面临理论与经验相悖的窘境。就我国而言，党中央、国务院提出基本公共服务均等化目的就是增强人民的幸福感和获得感，未来的研究应当在丰富研究方法上下功夫，结合质化研究中的田野调查、实地访谈、案例研究等方法，为基本公共服务均等化领域中地方政府履责研究开辟更加宽阔的研究视阈。

## 第三节　研究思路与方法

### 一、研究思路

本书所述之研究是在党和政府着力转变政府职能，推进国家治理体系和治

① 中共中央马克思恩格斯列宁斯大林著作编译局：《马克思恩格斯选集》第三卷，人民出版社，1972，第 143 页。

理能力现代化的背景下进行的，以政府责任为研究视角，运用公平理论、基本公共服务供给理论、责任政府理论等，采取规范分析和实证分析相结合的统计方法，来重新构建和考量地方政府在基本公共服务均等化工作中的履责问题。本书主要围绕以下几项核心内容展开：

第一，厘清政府与地方政府、公共物品与公共服务、基本公共服务及其均等化、责任与政府责任等概念的区别，明晰地方政府在基本公共服务均等化工作中的履责机制，在此基础上构建地方政府在基本公共服务均等化工作中的履责环节和逻辑框架，梳理新中国成立以来地方政府履行基本公共服务均等化责任的历史演进和时代背景，分析研究新时代地方政府在基本公共服务均等化工作中履责必要性和可行性。

第二，通过厘清指标建立的价值导向与价值标准，以决策制定、资源筹划、实施与实现、评估、监督等环节为链式工具，提出地方政府基本公共服务均等化履责评价维度，构建一份由三级指标构成的地方政府基本公共服务均等化责任测评框架。基于统计学原理对测评框架进行测度，从而验证责任指标的有效性。以该指标为依托，对东中西部 6 省、18 市、36 县的地方政府基本公共服务均等化履责情况进行了对比和测评，创造性地运用了履责质量指数测评我国各省份、各地区、各层级地方政府在基本公共服务均等化工作中的履责质量及其均衡性，直观细化地呈现出了我国在地方政府层级和东中西部区域之间基本公共服务均等化责任履行质量和均衡性方面的差异。同时，对地方政府基本公共服务均等化履责的影响因素进行了侦测，助力地方政府根据客观情况不断优化履责路径。

第三，针对我国地方政府目前存在的制定政策中有效收集民众基本公共服务诉求程度低，筹备资源中财力筹备履责质量和均衡性较差，基本公共服务优质供给不足，监督责任与评估责任需要进一步加强和巩固、县级政府和中西部地方政府基本公共服务均等化履责质量和均衡性偏低等困境，从强化管理、增加投入、自我成长、多元治理等多角度入手，构建地方政府基本公共服务均等化履责的高效管理制度、完善地方政府基本公共服务的公共财政体制、提升基层地方政府履责能力、优化地方政府基本公共服务资源组态。

## 二、研究框架

本书的研究框架如图 0–2 所示。

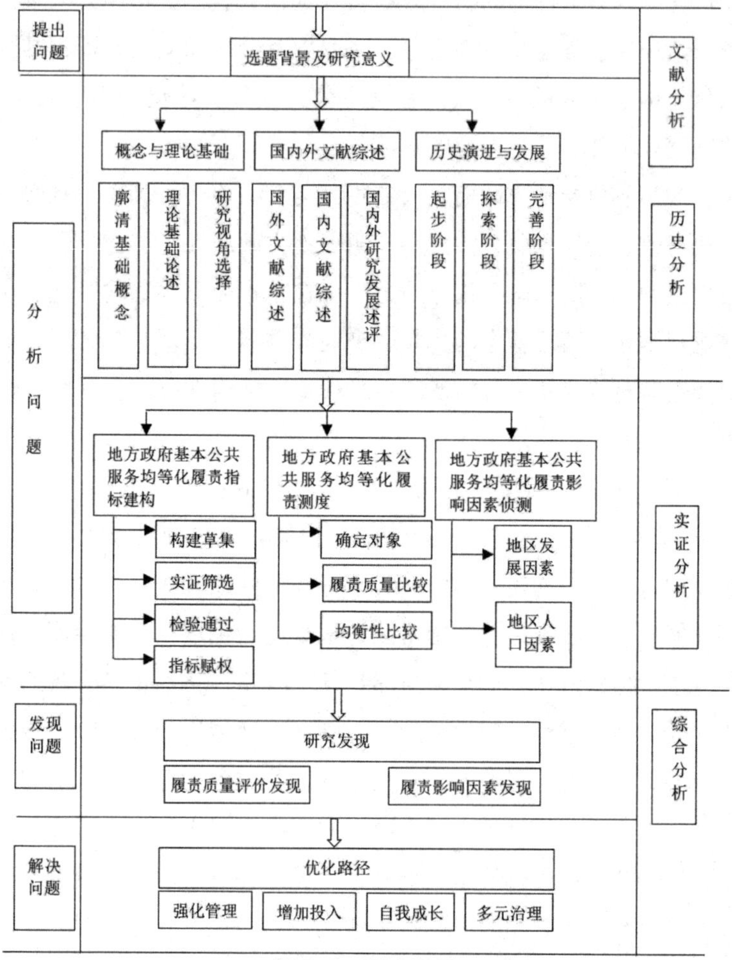


**图 0–2　研究框架**

## 三、研究方法

无论是自然科学还是社会科学，如果研究目的是前方明亮的灯塔，那么研究方法则是驶向灯塔的航船。没有合理的研究方法，研究目的就成了“望山跑马”，可见不可及。整体而言，研究方法可以分为宏观、中观、微观三个层次。

宏观意义上的研究方法是哲学层面的方法论，本研究以马克思主义辩证分析法为指导思想，拟以发展辩证的方式分析政府履责机理和基本公共服务均等化的理论经验，同时吸纳不同理论的“合理内核”来构建当前我国基本公共服务均等化过程中地方政府责任指标体系，厘清地方政府实施基本公共服务均等化的责任环节和内容。

中观意义上的研究方法就是指进行某种研究所要用到的假设、推理和论证的方法。本书在写作过程中运用了定性与定量相结合、理论与实证分析相结合、收集整理资料与实地调研相结合的方法。具体来说文献分析法是在研读经典学术文献的基础上，进行分析、归纳和推演，建构基本公共服务均等化的基本理论，阐明各级政府责任之间的逻辑关系，界定基本公共服务均等化的理论基础，进而梳理研究我国地方政府在推进基本公共服务均等化工作的理论脉络和发展轨迹。文本分析法是通过搜集马克思主义民生理论、马克思主义中国化相关理论、习近平新时代中国特色社会主义思想、政府经济学理论、公共产品理论、公平正义理论、公共选择理论、财政分权等理论的历史文本，研究中国特色基本公共服务均等化理论体系构成、思想理念和发展趋势。通过从政治学、法学、社会学、经济学、社会管理学等不同角度梳理政府责任理论，科学界定政府责任概念，研究中国语境下与基本公共服务相关的政府责任理论与责任构成。比较研究法是通过总结其他国家和地区在地方政府分权方面的特点和主要规律，分析其对我国各地区各层级地方政府履责的借鉴意义。

微观意义上的方法是指获取、分析和处理资料以及数据的技术性路径。本研究意图在理论推理的同时，通过实证的探索性分析来发现现阶段我国地方政府在基本公共服务领域的责任履行、存在问题及其影响因素。“基本公共服务均等化”是在用“中国语言”讲述“中国故事”，因此本研究必须结合国情、结合实际，选择合理的技术路径来解决现阶段存在的现实问题，将落脚点回归到人民群众的“获得感”上来。故而在研究过程中，本论文将实证研究落脚在全国 6 省 18 市 36 县，在我国东中西部分别选取两个典型省份作为省级政府研究对象，在每个省份分别选取 3 个市级政府，每个市级政府下再选择 2 个县级政府，这样就形成了横跨东中西部、纵览省市县，覆盖全国 6 省 18 市 36 县的调研范围。在笔者构建了“我国地方政府基本公共服务均等化责任评估指标池”后，再以问卷的方式对全国 6 省 18 市 36 县的各级政府责任履行情况进行多轮检验并以政府履责质量指数为评价工具对各省、地区、层级的地方政府履责的质量及均衡度进行比较分析，运用经典多元回归的方法对地方政府在基本公共服务均等化方面的履责影响因素进行侦测，意图廓清各地区、各层级地方政府之间责任履行的现状、影响因素和存在问题。

## 第四节　研究的创新与不足

创新是学术研究的根本目的和意义，也是一切学术研究保持鲜活生命力的源动力。在充分肯定研究创新之处的同时，囿于主客观因素的制约，研究的局限与不足始终也是一个无法回避的问题。

### 一、研究的创新点

与相关主题的其他研究相比，本研究可能在以下方面贡献了知识增量：

第一，打破在“中央与地方政府”语境下将地方政府概念一锅烩的惯常做法。地方政府在概念上与中央政府相对应，与世界大多数国家存在3级地方政府不同，在历史沿革和政治习惯的作用下，我国存在5级地方政府，省级政府与县级政府从责任分配到运行方式都有天壤之别，将其纳入“地方政府”的概念中笼统论述是缺乏科学逻辑的。本书的第一个创新点在于将各级地方政府视为紧密联系同时责任各不相同的政府单位，试图厘清地方政府在基本公共服务领域的履责情况。

第二，冲破目前从领域分类角度研究基本公共服务均等化的桎梏。本研究的第二个创新点在于尝试以政治学为理论原点，借鉴行政管理的方法，将政府在制定规划、筹划资源、实施与实现、科学评估、完善监督等方面的责任形成一个逻辑闭环，全面考察地方政府在基本公共服务均等化领域履责质量及其均衡性程度。

第三，建立全面测量政府基本公共服务均等化责任的指标体系。本研究的第三个创新点在于突破以往将各项基本公共服务拆分，分段分类测量的传统做法，从特殊性中抽离出一般性，将基本公共服务视为政府理应承担的整体责任，由此出发，测量政府在这项工作中应尽的具体责任。

第四，在测评过程中创新地应用了地方政府履责质量指数，对传统李克特量表中难免存在主观性问题，通过对指标的操作性处理，最大限度地予以克服，较为精准地呈现出各地区、各层级在基本公共服务均等化领域履责情况。

### 二、研究的不足

本研究的不足之处主要有：

第一，本研究采取定性与定量相结合的研究方法，以筛选指标—测度内容—分析现状为写作思路，因此定量研究部分采取的是探索性分析，所筛选出的指标还有待进一步验证。

第二，本书在数据采集上尽可能覆盖东中西三个省份，意图以此为代表，横向比较我国在东中西地区各级政府在基本公共服务均等化方面责任配置，但由于我国地大物博，即使同一区域内的各省份之间也会存在差异，本研究的做法未必能够具有完全的代表性。

第三，本书在定量部分所筛选出的指标是从基本公共服务 8 个门类中提取和抽象得到的，每个三级指标都可以不断细化为更加具体的政府考核指标，这既是本书的优势，也是研究的不足。

# 第一章 基本公共服务均等化过程中地方政府履责的理论认知

定义是所有研究领域的核心，任何一种定义都会清楚或暗含地界定自己研究领域的概念框架、研究边界和焦点。[①] 分析基本公共服务均等化过程中地方政府履责的核心概念和理论，有助于本研究更准确地刻画出地方政府履责的研究领域和框架。

## 第一节 相关概念梳理与界定

概念是学术研究得以展开的工具，要促进学术研究水平的不断提高，任何学科都必须对它的基本概念有着共识性的理解。[②] 研究地方政府的基本公共服务均等化责任问题，必须明确界定三个关键词：一是政府与地方政府，二是基本公共服务均等化，三是责任。在我国，人民政府是为人民服务的，提供基本公共服务是政府的责任所在，也是政府的合法性来源。而基本公共服务均等化这一概念是伴随着公共产品、公共服务、基本公共服务等概念，结合中国实际和国情逐步提炼和衍生出来，最初是作为公共财政体系建设任务在我国“十一五”规划纲要中提出的。随着国家对各项民生工程的投入不断加大，这一概念逐渐成为学界的热门话题，国内的专家学者从不同视角对此进行了阐述。但对于这一概念的内涵和外延，许多学者基于不同的界定给出了不同的理解。如果说基本公共服务均等化概念是在中国语境下用中国话语讲述中国故事，那么政

---

① 朱仁宏：《创业研究前沿理论探讨——定义、概念框架与研究边界》，《管理科学》2004 年第 4 期，第 72 页。

② 韩兆柱，翟文康：《服务型政府、公共服务型政府、新公共服务的比较研究》，转引自张康之、张乾友：《公共行政的概念》，中国社会科学出版社，2013，第 1 页。

府与责任的概念则是两个来源已久、不断发展、内涵丰富并且涉及生活的方方面面的动态概念体系。回避这些实质性术语，研究势必变成纸上谈兵，甚或不知所云。为了保证研究的一致性，需要首先清楚界定以上关键概念的内涵和外延。

## 一、地方政府

政府在英文中的表达一般是“government”或“administration”，前者意义上的政府是作为社会的统治机构，相比之下，后者意义上的政府含义更为狭窄，仅是作为社会统治机构的分支机构，是与立法机构、司法机构并立的行政机构分支。地方政府在概念上的差异不仅仅停留在英汉互译上，不同结构形式的国家对地方政府的界定也有很大差别。《美利坚百科全书》指出，单一制国家的地方政府是中央政府的分支机构。国家最高权力由中央政府行使，其他各个层级的政府根据国家行政区划设置，中央政府的分支机构形式存在，同中央政府之间存在上下从属关系，因而都属于地方政府的范畴；联邦制国家的地方政府是联邦成员单位政府的分支机构。《简明政治学词典》将地方政府界定为“地方负责行政工作的机关”。美国政治学家查尔斯·奥斯汀·比尔德在其著作《美国政府与政治》中提出美国的政府可分为三个层级：联邦政府、州政府、地方政府，可知美国社会的地方政府是指州政府的下属政府。

从地方制度的安排来说，地方政府可以分为纯属地方行政机关的行政体地方政府，实行地方自治的自治体地方政府，兼具上述两类地方政府特点的混合体地方政府①；按设置目的划分，分为出于一般目的而设的一般性地方政府，为特殊目的而设的特殊性地方政府②；按地方政府在层级结构体系中所居位置，地方政府可以划分为直接受中央政府监控的高层地方政府，直接面向辖域居民，承担管理与服务职责的基层地方政府，介于两者之间的中层地方政府③。

我国各界对地方政府概念和范围的界定存在一定程度的分歧，《辞海》中将“地方政府”解释为“对中央政府而言，地方政府是国家各行政区域的政府，如各省、市、自治区、县政府等。”《中外政治制度大辞典》则提出了狭义和广义的两种解释，从狭义上讲，地方政府是地方行政机关；从广义上讲，地

① 徐勇、高秉雄：《地方政府学》，高等教育出版社，2010，第45页。
② 徐勇、高秉雄：《地方政府学》，高等教育出版社，2010，第51页。
③ 徐勇、高秉雄：《地方政府学》，高等教育出版社，2010，第57页。

方政府则是由地方代议机关与行政机关组成的整体，是指一个“政府单位”。将地方政府界定为“政府单位”的广义提法得到了一些学者的认可，徐勇、高秉雄（2005）在其编写的教材《地方政府学》中认为“地方政府是由中央政府为治理国家一部分地域或部分地域某些社会事务而设置的政府单位”。本书所界定的地方政府为狭义的政府，原因有三：一是依照宪法规定，地方各级人民政府是地方各级国家权力机关的执行机关，是地方各级国家行政机关。二是考虑到我国的社会历史条件，政府的机构组成方式、组织管理方式、人事任命方式等事实要素，地方政府在中国语境下最通常的含义即国家行政机关，是与立法机关、司法机关并立的机构分支。三是民主政府的原则之一就是受控制的责任政府。作为行政机关的政府部门是推进政府体制改革，从全能型政府向服务型政府、责任型政府转变的责任主体，是改革的对象。现代意义上的政府改革需要逐步规范政府权力，明确政府责任，这一意义层面上的政府同样是指作为行政机关的政府。因此无论从法律层面还是现实层面，无论是传统意义层面还是现代意义层面，无论是学理层面还是实践层面，本书将地方政府界定为各地方行政机关符合我国现行法律的规定，符合政府现代意义上的“责任”精神（李燕凌、贺林波，2015）。

## 二、公共服务

本书所研究的对象——基本公共服务均等化的概念不是横空出世的，其内在所蕴含的形态、属性等特征也不是一蹴而就的，而是从公共物品—公共服务—基本公共服务等概念中总结提炼出来的。从这一角度，公共物品和与公共服务是本书研究对象的起点。

从隶属学科来说，公共服务作为横跨法学、经济学、管理学、政治学等学科门类的重要概念，不同领域的学者给出了不同的定义。法国学者莱昂·狄骥从公法出发，“任何因其与社会团结的实现与促进不可分割，而必须由政府来加强、规范和控制的活动就是一项公共服务，只要它具有除非通过政府干预，否则便不能得到保障的特征”[①]。我国学者马庆钰（2005）从法律角度指出，“公共服务是指由法律授权的政府和非政府公共组织以及有关工商企业在纯粹公共物品、混合性公共物品以及特殊私人物品的生产和供给中所承担的职责”；

① 莱昂·狄骥：《公法的变迁——法律与国家》，郑戈、冷静译，辽海出版社、春风文艺出版社，1999，第53页。

大部分中外学者都更加倾向于从经济学角度对其进行界定，国家发改委宏观经济研究院课题组（2005）提出公共服务在经济学中就是公共品。事实上，最早将公共服务等同于公共品的是经济学家大卫·休谟（1739），他提出了著名的“草地排水”案例用以说明“搭便车”心理的产生以及由此产生的政府支出的高昂成本，并指出政府是“在某种程度上免去了人类所有这些缺点的一个组织”。埃莉诺·奥斯特罗姆又进一步完善了公共服务的定义，提出公共服务是指以服务形式存在的公益物品，具有不可分割性、不可衡量性、非排他性等特性①；社会主义市场经济体制下，从管理学角度，国家的职能主要是进行经济调节、市场监管、社会管理和公共服务，因此公共服务是作为现代政府的基本职能之一出现的。不过这种定义仅仅是从职能角度给出了一个模糊的界定。从政治学角度，穆勒（1848）在其著作《政治学原理》中提出政府的职责所在就是要建设公共设施、保障人民的生命财产安全。穆勒在其著作中引出“灯塔”的例子成为后来全世界经济学家论述公共产品与公共服务的经典例证。葛德文（1798）在《政治正义论》中指出某些物品具有“消费的平等性”“公共产品是共有的”。美国著名的政治家，开国元勋之一托马斯·杰斐逊提出当一个人受到公众信任时，他就应该把自己看作公众的财产。从这个角度理解，杰斐逊将公共服务视作一种公共信任，公共服务的实施者不能辜负公共信任，必须履行自己的职责。在政治学家的理解中，公共服务除了是政府职责、是信任，也是人的基本权利之一。英国政治思想家洛克在其著作《政府论（下篇）》中明确论证了人的天赋权力，指出生命、自由、财产是人与生俱来的权利，不可剥夺，不可转让。美国《独立宣言》中也贯穿了人权理论的后继者托马斯·杰斐逊的主张，即“一切人是生而平等的，造物主赋予他们某些不可出让的权利，其中包括生存、自由和追求幸福的权利”②。随后，美国政治学家托马斯·潘恩提出“天赋人权就是人在生存方面所具有的权利”③，1789 年，法国《人权与公民权宣言》称，“一切政治结合的目的都在于保障人的这些自然的、不可消灭的权利”。因此无须讳言，世界上每个人都有自己的价值，基本公共服务是中央或地方政府在特定地区提供，与基本人权有关的服务，如获得洁净水、保

① 埃莉诺·奥斯特罗姆：《公共事务的治理之道：集体行动制度的演进》，余逊达、陈旭东译，上海三联出版社，2000，第 211 页。

② 托马斯·杰斐逊：《杰斐逊文选》，王华译，商务印书馆，1963，第 7 页。

③ 托马斯·潘恩：《潘恩选集》，吴运楠等译，商务印书馆，1981，第 141 页。

障生命财产安全的权利等。政府应向所有人提供服务，不论其收入、身体能力或精神敏锐度如何。

从自身特性来说，尽管学术界对于公共服务定义尚未达成高度一致的认同，但对公共服务所包含的特性存在高度共识。即从管理学角度而言，公共行政最重要的并且最具有价值的就是政府为公民服务以增进共同利益。[①] 传统公共服务理论强调公共物品的非竞争性与非排他性，这一定论可以追溯到西方先哲亚里士多德时期，亚里士多德提出凡是属于最多数人的公共事务往往是最少受人关注的事务；哈丁在其著作《公地悲剧》中以牧羊为例，当个人或社会组织按照自己的意愿处理公共物品时，公共资源将受到威胁（羊的数目超过了草场的承载量造成草场质量严重恶化，最终所有人无法牧羊）。沿着这一思路，美国经济学家保罗·A. 萨缪尔森（Samuelson）于1954年在《公共支出的纯理论》的文章中首次提出了“公共物品”概念，并从公共物品的属性来界定这一概念，指出了公共物品的两个本质特征，即非排他性与非竞争性，他所定义的公共物品主要是指纯公共物品，认为公共物品是指那些具有“非竞争性”的消费品，个人消费该物品不会减少别人对这种物品的消费。约瑟夫·E. 斯蒂格利茨（Stiglitz）在其著作《政府经济学》中将公共物品进一步细分为“纯公共物品”和“准公共物品”两大类。而“非排他性”和“非竞争性”特征是由财政学家马斯格瑞夫在1969年提出的，是公共品的两大基本特征。萨缪尔森在其经典教材《经济学》一书中对公共物品做了进一步阐述：“一种私有物品意味着，我对它的消费阻止了你对它的消费，也意味着我可以排除你吃我的面包；一种公共物品意味着，其消费是非对抗性的而且是非排他性的。”[②] 从以上经典定义中可以看出，大部分学者都是从公共物品的典型特性，即非排他性和非竞争性来对其进行界定的，这一界定也得到了世界范围内各国学者的充分认可和肯定。相比于公共物品，公共服务的外延更小，可以说公共服务是公共物品的一种，是公共物品中的服务类产品，其侧重点同样在“公共”二字，因此也同样具备公共物品非竞争性和非排他性的经典特征。

那么到底何为非竞争性？何为非排他性？具体来说，第一，非竞争性

---

① 珍妮特·V. 登哈特：《新公共服务——服务，而不是掌舵》，罗伯特·B. 登哈特、丁煌译，中国人民大学出版社，2016，第5页。

② P. A. 萨缪尔森、W. D. 诺德豪斯：《经济学》（下卷），梁小民译，中国发展出版社，1992，第1198页。

（nonrivalry）是指，一旦被提供，额外增加一个消费者，不会引起生产成本的增加，即增加一个消费者的边际生产成本为零。公共物品的非竞争性还体现在消费领域该物品能够被人们同时消费，并不减少人们的消费数量。非竞争性强调的是消费个体是以一种非竞争性的方式来共享消费的过程。第二，非排他性（nonexcludability）是指没有办法排除那些虽然受益但却拒绝支付费用的人。非排他的理由是存在不可排除的原因，或是技术上不可能做到，又或是技术上即便可以做到排他，但排他的经济成本非常高昂，在经济上不可行。因此非排他性的本质是一个经济问题，排他不是可能抑或是不可能的问题，而是相对于收益的成本问题。即如果排除不付费者的成本相对于所能获得的收益是足够低的话，那么这种排他的努力就是有意义的，反之排他就丧失了它的经济性。大部分学者在定义中都提到马斯格瑞夫所提出的非竞争性与非排他性特征，徐小青（2002）将公共服务看作一种具有非竞争性和非排他性的社会服务，匡贤明（2005）认为所谓的公共服务就是政府对公民提供的无差别和无排他性的服务，安体富、任强（2008）提出公共物品和服务与私人物品和服务相对应，公共服务属于公共物品范畴，具有消费的非竞争性与受益的非排他性。

除此之外，还有部分学者提出公共服务具有形态多元化的特点。在公共服务形态的探讨上，有学者认为公共服务不仅仅包括有形的产品，还包括无形的服务（匡贤明，2005），安体富等也同意这种观点并进行了更深一步的论述："公共物品与公共服务是包含与被包含的关系，前者是有形的，而服务领域的公共物品是无形的。"但是也有学者另辟蹊径，认为公共服务的形态相对较为单一，徐小青（2002）就提出公共服务具有公共品的性质，但不具备产品的物质形态，而是以一定的信息、技术或劳务等形式表现出来的一种公共品，即公共服务不仅包括有形的产品，还包括无形的服务。

## 三、基本公共服务

本研究从基本公共服务的概念和分类两方面来梳理基本公共服务的内涵。

（ ）基本公共服务概念

新中国成立以来，尤其是改革开放以来，随着政府体制改革的推进，我国家长型政府、全能型政府开始向责任型政府和服务型政府转型，政府执政理念也随之发生了积极的变化，从统治到管理，从管理到治理，从治理到善治，不断修正我国社会发展理念，从以 GDP 为纲到以人为本，尝试将人本身置于关注的中心。政府的积极转型也推动了学界对基本公共服务的关注，我国学者纷纷尝试对基本公共服务给出定义，陈昌顺等（2007）认为基本公共服务是建立在一定的社会共识基础上，根据一国经济社会发展阶段和总体水平，为维持本国经济社会的稳定、基本的社会正义的凝聚力，保护个人最基本的生存权和发展权所必须提供的公共服务，其规定的是一定阶段上公共服务应该覆盖的最小范围和边界。[①] 和立道（2014）从人权的角度提出基本公共服务一般认为是那些在一定经济社会生活条件下满足人民最基本生存和发展权利、实现每个人按其本质和尊严享有或者应该享有基本权利的公共服务。[②]

（二）基本公共服务分类

从基本公共服务分类来说，按照联合国“政府职能分类”（COFOG）体系，政府基本公共服务一般包括四个方面，普通公共服务与公共安全、社会服务、经济服务以及未按大类划分的支出等。国际货币基金组织将基本公共服务分为一般公共服务、防务等十大类。我国在“十三五”规划中将基本公共服务划分为 8 大类 81 个子项目，如图 1-1 所示。

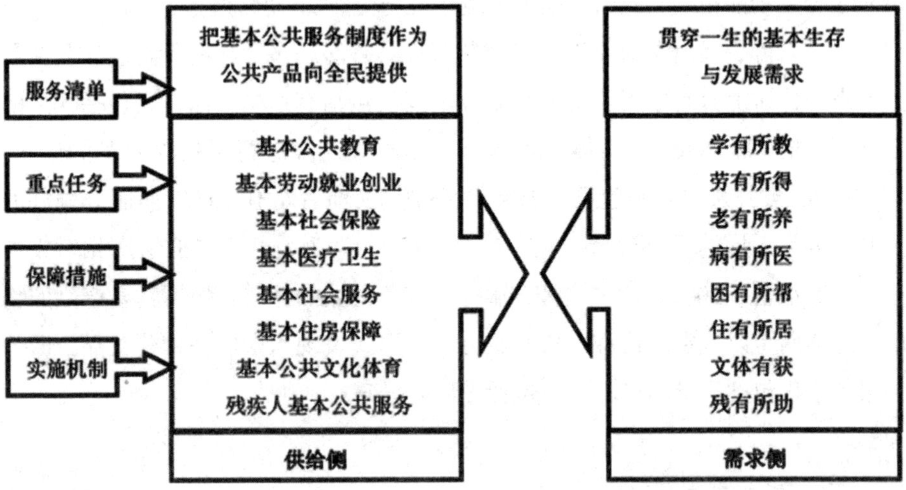


图 1-1　“十三五”规划中对基本公共服务的分类

① 陈昌顺、蔡跃洲：《中国政府公共服务：体制变迁与地区综合评估》，中国社会科学出版社，2007，第 3 页。

② 和立道：《中国城乡基本公共服务均等化问题研究》，社会科学文献出版社，2014，第 12 页。

## 四、基本公共服务均等化

基本公共服务均等化是本书的核心概念，本研究首先讨论了什么是均等化，继而在此基础上探讨了基本公共服务均等化的溯源、概念和属性特征。

（一）均等化概念厘清

本研究的核心概念中，基本公共服务是客体，均等化是目标。卢洪友（2012）提出统计学上存在两种关于“均等化”的界定方法，一种是绝对差异，另一种是相对差异。个体之间的标准差、方差等统计指标属于绝对差异，其对应的是绝对均等化的含义；个体与平均水平之间的相对差异则在一定程度上能够反映出个体在总体样本中所处的相对均等化水平与相对排名状况。面对我国教育资源、医疗资源等基本公共服务总量供应不足、地区分布不均的现实情况，我国政府在“十二五”规划中提出“着力保障和改善民生，必须逐步完善符合国情、比较完整、覆盖城乡、可持续的基本公共服务体系，提高政府保障能力，推进基本公共服务均等化”，旨在强调保障各地对各类基本公共服务的最低保障能力。从理论意义上，国家在“十三五”推进基本公共服务均等化规划的通知中明确指出，均等化不是简单的平均化，是机会均等的体现，重要的是保障全体公民对基本公共服务的“可及性”，也就是机会均等。对于学界存在的均等化与平等化概念的辨析，均等化相比于平等化，其标准更为宽松，是相对的均等，是在公平原则下，基于社会平均水平，将贫富差距控制在合理的范围之内，尽可能使不同阶层、不同地区、不同人群均衡收益，最终目标是为全社会提供水平大致相当的公共产品与公共服务。从实践意义上，正因为均等化在平等化意义上放宽了标准，从而为基本公共服务量化的研究拓展了空间。诸多学者在测算和衡量地区基本公共服务水平的过程中，将各省（自治区、直辖市）之间的异质性因素纳入了影响因素的考量范围使其更加具有空间和时间上的可比性。总而言之，均等化重在强调“基本”，是在公平理念下，结合实际考量的“宽松版平等”，目的在于确保基本公共服务水平低的地区要保障最低程度的服务能力，以此为路径逐渐达到全国层面上的“均等化”标准。

（二）基本公共服务均等化理念溯源

最早将“均等化”理念引入经济学领域的研究成果，当属英国经济学家阿瑟·C. 庇古（Arthur Pigou）于1920年出版的《福利经济学》。布坎南（1950）

从“财政剩余”的视角提出了公共服务均等化思想，托宾（1970）在“特定的平均主义”理论中强调政府应一视同仁地提供公共产品与服务，约翰·罗尔斯（1971）是首次将理性原则运用于对公共事务思考并系统阐述了社会正义理论，萨瓦斯（1978）从多个视角研究了公共服务公平的概念，阿马蒂亚·森（2006）从学理上对理性、自由、正义、公平、不确定性等概念做出解释和分析。安德里亚·桑乔瓦尼（2007）认为平等正义的基础是提供基本公共产品所产生的互惠要求，也就是说，达到基本公共产品所产生的互惠要求才是平等正义的基础。西方发达国家对基本公共服务的重视体现了20世纪70年代以来新公共管理理论、新公共服务理论以及治理理论发展的思想成果，对世界范围内，尤其是对发展中国家的公共服务理念有着极大的促进作用。我国提出“基本公共服务”概念的时间较晚，但这一概念蕴含的公平、均等的意义和期盼，古已有之。孔子曾言：“有国有家者，不患寡而患不均，不患贫而患不安。”管仲在《管子·形势解》中认为：“天公平而无私，故美恶莫不覆（覆盖）；地公平而无私，故小大莫不载。”唐代的姚崇也表达了“心苟至公，人将大同”的意思。由此而始，我国关于基本公共服务均等化思想的表述一直未有间断。

（三）基本公共服务均等化概念

基本公共服务事关公民切实利益，是公民最关心、最直接、最现实的诉求，如果说基本公共服务概念包含了公平、公正、扶危济困的静态概念，那么基本公共服务均等化则是蕴含着对象、目标、方略以及执行的动态化方案，是基本公共服务的动态表达，是指不同地域、不同资源条件的社会公众能够无差别的享受基本公共服务，以此提升全社会基本公共服务共享水平，最终成为小康社会全面实现的有力保障。这一提法于2005年《中共中央关于制定国民经济和社会发展第十一个五年规划的建议》（以下简称《建议》）中首次出现，是基本公共服务概念的进一步延伸，《建议》将基本公共服务均等化定义为全体公民不论其民族、性别、收入以及社会地位差异如何，都能公平可及地获得与经济社会发展水平相适应、结果大致均等的基本公共服务。其供给范围不仅与社会成员的公共需求有关，也与政府的供给能力有关，因此是一个动态发展的过程，在不同的国家不同的发展阶段有不同的界定。

从理论上来说，人们对基本公共服务均等化中的“均等”的理解大致有以下几个方面：第一，结果均等。政府作为公共服务供给中的核心主体，理应为公民提供标准基本一致、内容大致相当的基本公共服务。从需求看，基本公共服务均等化主要体现为实际享受到和消费到的基本公共服务在结果上是平等的，即消费结果的均等化。第二，机会均等。人生而平等的价值观是全人类的共同追求，生存权、健康权、受教育权、居住权、工作权和财产所有权等基本公共服务诉求是与生俱来的权利，不受国别、地域和人种的限制。所有公民都应当有机会享受到政府提供的最低限度的基本公共服务，而不应受到公民所在城市、所在地域、所属社会群体的影响。这就要求政府在全国范围内，以最低标准为限度，制定全国一致的统一标准，同时应当通过财政、法律等手段来保障该最低标准的实施。第三，能力均等。与机会均等的内涵有所不同，能力均等更多的是强调区域性的均等、局部化的均等，是在认同了由于国家经济发展不均等、区域资源分布不平衡等客观因素之后的能者多劳和多劳多得，允许更大地域范围内一定程度的“不均等”。第四，起点均等。以扶贫济弱为代表的起点均等，要求国家和政府充分考虑到财政薄弱、公共服务供给能力较弱的地区并对其进行一定程度的帮助和补偿，使得不同区域、不同基础的公民尽可能站在平等的起跑线上。第五，弱势群体优先受益。从字面意义上，“优先受益”有悖于“均等化”理念，但从基本公共服务均等化的目的出发，弱势群体之于均等化结果，犹如短板之于木桶，这一群体在各项基本公共服务中得不到有效的满足，得不到与其他社会阶层大致相同的服务，基本公共服务均等化目标就难以实现。因此，弱势群体优先受益是结果均等理念导向的进一步延伸，这一理念在现实中与均等化非但不矛盾，处理得当还会增强社会凝聚力和发展潜力，从深层次促进均等化工作的进展。

（四）基本公共服务均等化属性

（1）公共性：基本公共服务均等化是公共利益的集中反映，其在供给过程中必须从公共利益出发，为公共利益服务。另一方面，全体国民的纳税是基本公共服务均等化推进过程中的财政资金的重要来源，税收资金“取之于民用之于民”的特点也体现出基本公共服务的公共性。

（2）动态性：基本公共服务均等化是我国政府从公共产品、公共服务等概念中提炼出合理内核并结合我国基本国情提出的适合中国国情的概念。党和政府明确地意识到基本公共服务必须与经济社会发展水平相一致，也就是说，随着经济社会发展水平的不断提升，各级政府也将不断强化政策支持，增加财政投入。另一方面，随着人民群众物质生活水平的提高，对基本公共服务的要求也在不断发生变化，僵化的基本公共服务标准已经不能持续满足日新月异的社会发展和人民群众的诉求。因此基本公共服务均等化不是静态的，而是一套在动态过程中不断自我更新、自我完善的社会公平机制。

（3）区域性：党的十八大以来，我国各级地方政府进一步树立了科学的政绩观，以GDP为尊的考核评价标准逐渐退出历史舞台。公共环境、社会公平等“潜绩”成为衡量地方政府政绩的重要标准。因此各级政府在科学政绩观的引导下愈加重视民生，逐步加大对本辖区内的基本公共服务的投入；从各级政府职责来说，凡是需要地方政府根据本区域情况因地制宜的基本公共服务项目都是地方政府义不容辞的责任；从地方财政划拨和支出来说，各级地方政府的基本公共服务资金来源基本是“地方财政+上级拨款”。以上三点造就了基本公共服务均等化的地域属性。

（4）公平性：公平性是基本公共服务均等化的基本属性，徐建文（2009）认为，公平正义产生于现实经济生活，受同时期经济社会关系的变化而改变，没有永恒的公平。[①] 我国政府推进基本公共服务工作的出发点和落脚点，就是要使全体公民都能公平可及地获得大致均等的基本公共服务。就是要求公民能够获取相同的权利，享受到的是相对合理、均等的基本公共服务，在供给水平和分配过程都能体现相对公平，公共服务提供是基于分配与平等的考虑。[②] 需要说明的是，所谓公平性既不是低水平的公平，也不是强加的平均。习近平总书记提出基本公共服务均等化要让民众有获得感和幸福感，就要求地方政府不断提升基本公共服务水平，幸福感和获得感成为衡量基本公共服务的重要标准；不能强加平均是因为依据我国现实国情，要求老少边穷地区与大都市的平均是没有意义的，也是不现实的。

## 五、基本公共服务均等化中的政府责任

基本公共服务均等化是民众对理想社会的希冀，孔子以“做人不独亲其亲，不独子其子，使老有所终，壮有所用，幼有所长，鳏寡孤独废疾者，皆有所养”描绘了一个国民基本公共服务需求得以均等满足的福利社会的理想局面。现代政府有责任逐渐接近和实现这一愿景。在基本公共服务的概念视阈下，

① 徐建文：《马克思的公平正义观对构建社会主义和谐社会的方法论意义》，《求实》2009年第3期，第4页。

② 安东尼·B. 阿特金森，约瑟夫·E. 斯蒂格利茨：《公共经济学》，上海三联书店，1994，第669页。

中外学者对政府责任的概念虽然内容界定不同，却殊途同归地指向政府对民众相关诉求的满足。在资本主义市场背景下，美国学者托马斯·彼得斯认为，“‘责任’一词不仅意味着向部长、议会并最终向人民负责，更日益意味着一种市场责任。”中国学者李燕凌、贺林波（2015）则认为政府责任意味着在一个政治社会中，政府应当承担的任务或者政府对其损害公民利益的行为所应当承担的不利后果。陈毅（2012）认为政府的福利指向与服务型的诉求要求责任政府的建设适时而变，因此责任政府的建设是一个不断完善、永无止境的过程，与现代国家建设生长和流变的过程相适应。满足基本公共服务需求是保障生存的基础性要求，是国家政权合法性的来源，也是政府的责任所在，任何政府都需要建立一套责任机制来保障其能够以依照相关法律得到社会广泛支持的方式行事，因此当代民主国家政府与公民的关系依赖于健全的责任机制。

本研究将基本公共服务均等化中的政府责任概括为法律责任，施政责任，系统运行责任等。英国哲学家杰里米·边沁（Jeremy Bentham）认为权利是法律的孩子。某事只有当它被放进了宪法或法令时才成为权利。民众在基本公共服务中的各项权利必须经过法律的许可，政府在基本公共服务均等化领域内的履责也必须取得法律的授权，责任与权力相伴而生，“权责一致”是国家在政治发展过程中追求的目标。我国政府在法律层面上对地方政府在基本公共服务均等化领域中责任的规定体现在《中华人民共和国地方各级人民代表大会和地方各级人民政府组织法》中，2004 年 10 月 27 日第十届全国人民代表大会常务委员会第十二次会议对这一法律做了最新修正，其中第五十九条对县级以上的地方各级人民政府行使职权做了如下规定：执行国民经济和社会发展计划、预算，管理本行政区域内的经济、教育、科学、文化、卫生、体育事业、环境和资源保护、城乡建设事业和财政、民政、公安、民族事务、司法行政、监察、计划生育等行政工作。同时，为了进一步明晰地方政府在公共事业方面的责任权限和责任范畴，我国制定了具体行业层面的法律，如《中华人民共和国环境保护法》《中华人民共和国义务教育法》等，在法律的维度上细化了各领域中央和地方政府的责任划分，并相应规定了一系列的经费保障措施。可见，宪法和法律为各层级政府在基本公共服务工作中的权力和责任提供了法制维度的保障，确保政府在行使职权时有法可依，但是宪法和法律没有同时也不可能事无巨细地规定地方政府履行基本公共服务责任的细节。因此地方政府的权力与责任的实际落实情况，与理论还存有一定差距。

基本公共服务均等化中政府的施政责任与公民的生活密切相关，责任很可能是行政——无论是公共行政还是私人行政——词汇表中最重要的词汇（弗雷德里克·莫舍，1968）。古罗马先贤西塞罗早就指出，任何一种生活，无论是公共的还是私人的，事业的还是家庭的，所作所为只关系到个人的还是牵扯到他人的，都不可能没有其道德责任；因为生活中的一切道德之事均由这种责任而出，而一切无行之事皆因忽略这种责任所致，政府作为公民社会生活的主要引导者，公民的一切活动无不与政府责任密切相关，因此研究政府责任是研究政治问题的重要基础和理论支撑。

2000 年登哈特夫妇在《公共管理杂志》（*Journal of Public Administration*）上发表了《新公共服务：服务而非掌舵》（*The New Public Service：Service Rather Than Steering*）一文，登哈特夫妇认为公务人员在施政过程中扮演了至关重要的角色，与 20 世纪 70 年代“新公共管理（New Public Management）”或“管理主义”所倡导的理念不同，新公共服务理念主张公务人员理应服务于公共利益、引导公共利益，成为公共利益的使者，理应重视公民权和公共事务，理应将人本身而不是生产率置于首位。主张新公共服务理念的学者相信这一理论融合了公民参与性、代表性，提高人的权利，责任被广泛地界定为包含了一系列法律责任、专业责任、政治责任和民主责任的概念，“责任机制在民主政策中的最终目的在于确保政府对公民偏好和需要的回应”（Dunn and Legge，2000）。新公共服务不认同将公共行政官员置于中立的和责任真空的角色中，而是认为他们既不是价值中立的专家，更不是企业家，作为行政部门的负责人，公共行政官员扮演的角色理应是多元的（分析员、促进者、倡导者、改革者、公共利益的道德领袖和服务员），但无论扮演哪一种角色，都应当成为负责的治理体系中的责任主体；同时，新公共服务理论修正了新公共管理理论中对私营部门管理方法的借鉴，将关注的重心放在了公共服务和公共利益上。正如沙姆苏尔·哈奎（Shamsul Haque，1994）所言，“公共官僚机构的标志就是它为了其政策和行动而对公众负有的责任，如果不实现这样的责任，那么公共官僚机构就失去了其公共性的身份，就放弃了它的公共合法性，并且可能会使自己颓废到迷信对私人利益的自我追求”。新公共服务理论认为，公务员这一职业就意味着负责和坚持，对他人负责、对社会负责，坚持法律、正义、道德以及责任，职业的社会属性就注定了这一群体将愈加被社会所需要。

作为一种政府运行模式，责任政府最早起源于英国，随着内阁对议会负责进而对选民负责的制度运行模式的建立，责任政府的运行系统初步建立。随着公众诉求的数量不断增多、质量不断提高，各国学者开始研究政府在基本公共服务系统中理应承担何种运行的责任。陈振明（2003）认为现代化、科学化的公共政策系统是由信息、咨询、决断、执行和监控等子系统所构成的大系统。朱光磊（2008）在研究当代中国政府过程中提出，政府过程由意见表达和意见综合（开端）、决策与决策的施行、信息传输与监督（保障）组成。约翰·W. 金登（2017）在其著作《议程、备选方案与公共政策》中提出公共政策的制定至少包括议程的建立、筛选备选方案、做出权威性的选择和决策的执行。我国政府理应在基本公共服务均等化领域建立完善的系统运行机制。

## 第二节　理论基础

“理论是人类对某一事物或事物的某一方面提出的一个系统看法，目的是对事物的现象和因果关系作出系统合理的解释并指导未来的实践，是基于对过去的总结的基础上提出来的推断……包括一些特有的定义、抽象构建、关键词和通过假设、观察、论证而得出来的有关现象和因果关系的一系列互相关联的结论。理论的价值，在于它对事物的解释力和对未来的指导意义。”① 地方政府履责问题是基本公共服务均等化过程中的核心问题，具有丰富的理论基础。按照清晰、系统的原则，本研究主要的理论基础包括马克思主义民生理论、政策过程理论和责任政府理论，他们构成了基本公共服务均等化过程中地方政府履责相关理论的体系框架。

### 一、马克思主义公平理论

马克思、恩格斯等经典作家在对其所处的时代和资本主义的本质进行深入探讨并对人类社会发展规律进行深刻研究后，指出公平是人类社会发展的永恒课题，是量定社会文明的标尺。

#### （一）马克思主义公平理论的旨趣

马克思恩格斯将“公平”置于马克思主义核心的概念体系中，在《共产党

① 蓝志勇、陈国权：《当代西方公共管理前沿理论述评》，《公共管理学报》2007 年第 3 期，第 3 页。

宣言》和《资本论》等著作中提出了一系列公平思想，恩格斯在此基础上提出社会应当“给所有人提供真正的自由”，在社会公共服务和社会保障方面，“法本身的最抽象的表现，即公平……而这个公平则始终只是现存经济关系的或者反映其保守方面，或者反映其革命方面的观念化的神圣化的表现。”马克思主义认为，资本主义社会中出现的两极分化的本质原因是生产资料的分配不公。根据马克思主义的观点，生产资料的所属和占有关系是实现公平分配的根本前提，生产条件的分配决定了生产成果分配状态①。因此，资本主义的公平是而且只能是形式上的，国家性质决定了社会主义的公平才是真正意义上的公平。马克思进一步提出，沿着这一思路，只有在共产主义社会中，消灭了生产资料私有制，将全人类从贫困和压迫中解放出来，才能实现真正意义上的社会公平。在人类社会进入共产主义后，马克思对未来社会中有这样的一番设想：“生产将以所有的人富裕为目的”，并且由“所有人共同享受大家创造出来的福利”为指引；恩格斯则从劳动的角度认为，社会应该“给所有的人提供健康而有益的工作，给所有的人提供充裕的物质生活和闲暇时间，给所有的人提供真正的充分的自由”。

在确立了社会公平的目标后，如何实现这一目标同样成为马克思主义经典作家需要廓清的问题。马克思主义学者认识到实现社会的公平正义不可能一蹴而就，因此，这一过程必然经历前进性与曲折性的统一。现实中的不公平不平等依旧存在，正如恩格斯所言，“在国和国、省和省甚至地方和地方之间总会有生活条件方面的某种不平等存在，这种不平等可以减少到最低限度，但是永远不可能完全消除。阿尔卑斯山的居民和平原上的居民的生活条件总是不同的。”只有最大限度地实现社会中基本公共服务的均等化，才能真正实现公平正义。那么应该由谁来为全社会提供公共服务？马克思主义从政府职能角度回答了这个问题，马克思指出，政府作为国家社会公共利益的管理者和国家意志的执行者，必须履行的两项基本职能即政治统治和社会管理。公共服务作为社会管理职能中的核心“部件”，对国家政权的巩固和生活水平的提高至关重要。“政府的监督劳动和全面干涉包括两方面：既包括由一切社会的性质产生的各种公共事务的执行，又包括由政府同人民大众相对立而产生的各种特有的职能。②恩格斯也认为“政治统治到处都是以执行某种社会管理职能为基础，而

① 孔薇：《中国基本公共服务供给区域差异研究》，吉林大学博士学位论文，2019，第58页。

② 马克思：《马克思恩格斯选集》第7卷，人民出版社，2012，第431-432页。

且政治统治只有在它执行了它的这种社会职能时才能持续下去。”在《法兰西内战》中，马克思明确地将国家的职能表述为“政府统治人民的权威”职能和“国家的一般的共同的需要而必须执行的职能”①。可以说，马克思主义经典作家在这一点上已经达成了共识，即政府应该负起公共服务，尤其是基本公共服务供给的责任，应该最大程度上确保社会的公平和正义。

### （二）马克思主义公平理论在民生领域的投射

公平理论在社会生活领域内的投射就是人与人之间的平等，人人平等最根本的落脚点就是在民生领域的公平与公正，关注和改善民生是中国特色社会主义的本质要求。人民是我国政府落实基本公共服务均等化的出发点和落脚点，国家的权力属于人民，我国的国体和政体决定了一切以人民为中心，这也是马克思主义民生思想的核心。马克思指出：“旧唯物主义的立足点是‘市民’社会，新的唯物主义的立足点则是人类社会或社会化的人类。”② 以人民为中心就是要想民所想、急民所急，将人民的利益放在首位。在马克思主义民生思想中，人民的诉求不是一成不变的，是历史性的、动态发展的。“已经得到满足的第一个需要本身、满足需要的活动和已经获得的为满足需要而用的工具又引起新的需要”③，正是不断变化和发展的需要推动了生产力的发展，“没有需要，就没有生产”④，人的需求是生产力发展的源动力。马克思认为：“人们为了能够‘创造历史’，必须能够生活。但是，为了生活，首先就需要吃喝住穿以及其他一些东西。因此第一个历史活动就是生产满足这些需要的资料，即生产物质生活本身，而且，这是人们从几千年前直到今天单是为了维持生活就必须每日每时从事的历史活动，是一切历史的基本条件。”⑤“吃喝住穿以及其他一些东西”就是最基础的民生，是满足人民需求的基本公共服务。人的需求促进了生产力的发展，生产力的发展和各类基础设施的完善反过来也保障人自身的生存和发

① 中共中央马克思恩格斯列宁斯大林著作编译局：《马克思恩格斯文集》第3卷，人民出版社，2009，第222页。

② 中共中央马克思恩格斯列宁斯大林著作编译局：《马克思恩格斯选集》第1卷，人民出版社，2012，第140页。

③ 中共中央马克思恩格斯列宁斯大林著作编译局：《马克思恩格斯选集》第1卷，人民出版社，2012，第159页。

④ 中共中央马克思恩格斯列宁斯大林著作编译局：《马克思恩格斯选集》第2卷，人民出版社，2012，第691页。

⑤ 中共中央马克思恩格斯列宁斯大林著作编译局：《马克思恩格斯选集》第1卷，人民出版社，2012，第158页。

展，维护人民的最根本的利益，二者相辅相成，最终达到马克思恩格斯在《共产党宣言》中提出的未来社会是人自由全面发展的社会，“代替那存在着阶级和阶级对立的资产阶级旧社会的，将是这样一个联合体，在那里每个人的自由发展是一切人的自由发展的条件”的境界。

沿袭了马克思主义在民生领域的公平思想，我国历届领导集体将马克思主义基本原理同中国具体实际相结合，不断形成具有中国特色的马克思主义理论成果。在民生公平领域首先迈出马克思主义中国化步伐的是以毛泽东为代表的中国共产党人，新中国建立之初，国家积贫积弱，社会百废待兴，民生无法得到充分保障，1956年党的八大指出，我国现阶段的矛盾是人民对于建立先进的工业国的要求同落后的农业国的现实之间的矛盾，是人民对于经济文化迅速发展的需要同当前经济文化不能满足人民需要的状况之间的矛盾。因此毛泽东思想认为改善民生的首要前提是发展生产力，“力争在增加生产的基础上逐步改善工人生活”①。发展生产是毛泽东的民生思想的前提，在此基础上，统筹兼顾、完善制度，切实解决各类民生问题是毛泽东民生思想的具体实践。

毛泽东同志提出，即使是革命战争时期也同样要注意兼顾全国人民的利益，“使全国人民都有说话的机会，都要有衣穿，都有饭吃，有事做，有书读，总之，要各得其所”②。这里的“有衣穿，有饭吃，有事做，有书读”就是新中国成立以来我国基本公共服务均等化最朴素的表述，是未来不断发展完善、逐步系统化的民生领域公平思想的蓝本，毛泽东思想中还将统筹兼顾作为一定阶段内党的方针政策，1957年，在《关于正确处理人民内部矛盾的问题》中，毛泽东指出：“我们的方针是统筹兼顾、适当安排。无论粮食问题、灾荒问题，就业问题，教育问题，知识分子问题，各种爱国力量的统一战线问题，少数民族问题，以及其他各项问题，都要从对全体人民的统筹兼顾这个观点出发，就当时当地的实际可能条件，同各方面的人协商，做出各种适当的安排。”③ 可以说，统筹兼顾是以毛泽东为代表的中共产党人在艰难时期做出的既智慧又无奈的决定。智慧在于其深刻认识到了人民群众在历史发展中的重要作用，人民群众的主观能动性对国家建设和社会发展的强大推动力，“为了保卫人民的福利和社会主义成果，必须依靠人民”；无奈在于在新中国成立初期，全国亟待改

① 中共中央文献研究室：《毛泽东文集（第6卷）》，人民出版社，1999，第163页。
② 中共中央文献研究室：《毛泽东文集（第3卷）》，人民出版社，1999，第808页。
③ 中共中央文献研究室：《毛泽东文集（第7卷）》，人民出版社，1999，第228页。

变一穷二白的现状，在经济总量相当有限的基础上，公平只能是兼顾的“公平”，尽管毛泽东非常清晰地指出“国家和工厂，国家和工人，工人和工人，国家和合作社，国家和农民，合作社和农民，必须全部兼顾，不能只顾一头。无论只顾哪一头，都是不利于社会主义，不利于无产阶级专政”①，但是事实表明，新中国建立之初，兼顾的对象范围不得不非常有限，农村、农民和农业都以牺牲的姿态对新中国的经济发展做出了巨大的贡献。

改革开放以来，以邓小平为核心的新一代中央领导集体继续为中国化的马克思主义公平理论贡献智慧，形成了邓小平理论体系的重要组成部分。邓小平理论中的民生思想不是一蹴而就的，同样是在中国革命建设和实践的基础上，特别是改革开放和社会主义现代化建设的实践中日趋完善的。1992 年南方谈话，邓小平同志提出“三个有利于”标准，即“是否有利于发展社会主义社会的生产力、是否有利于增强社会主义国家的综合国力、是否有利于提高人民的生活水平”，人民生活水平的提高首次成为判断和衡量一切工作是非得失的标准之一，说明在党和国家将民生提升到了新的高度。沿袭上一代领导集体的智慧，邓小平同志同样将发展生产力作为解决民生的根本，邓小平同志提出：“社会主义的本质，是解放生产力，发展生产力，消灭剥削，消除两极分化，最终达到共同富裕。”共同富裕是邓小平思想中对民生领域的公平提出的最终目标，为了实现这一目标，邓小平理论再次指明了农村问题的重要性，“我们首先是解决占人口百分之八十的农村问题，从中国的实际出发，中国有百分之八十的人口住在农村，中国稳定不稳定首先是这百分之八十稳定不稳定。城市搞得再漂亮，没有农村这一稳定基础是不行的。所以，我们首先要解决农村问题，在农村实行搞活经济和开放政策，调动全国百分之八十人口的积极性”②。邓小平同志领导的农村经济改革，使得农村地区“输血”的角色定位开始扭转。在邓小平民生思想的引导下，我国在教育、就业等基本公共服务领域开始进入了新的发展时期。

在改革开放初期，邓小平就强调，对于整个国家来说，“战略重点，一是农业，二是解决能源和交通，三是教育和科学。搞好教育和科学工作，我看是

① 中共中央文献研究室：《毛泽东文集（第 8 卷）》，人民出版社，1999，第 136 页。

② 中共中央文献编辑委员会：《邓小平文选（第 3 卷）》，人民出版社，1993，第 23 页。

关键”①。邓小平号召“各行各业都要来支持教育事业，大力兴办教育事业”②，不断加大对教育事业的投入，“我们要千方百计，在别的方面忍耐一些，甚至于牺牲一点，把教育问题解决好”③。在邓小平同志的力挽狂澜下，我国的教育事业从“文革”期间的近乎停滞到恢复常态，人民群众对于基本教育服务的诉求开始得到满足；改革开放初期我国的就业问题同样严峻，人民群众对就业的诉求十分强烈，邓小平同志从统筹城乡就业、广开就业门路等方面入手，大力发展轻工业、服务业、旅游业、建筑业等第三产业，面对农村大量的剩余劳动力，提出大力发展乡镇企业。邓小平对此评价道：“农村改革中的一大特点就是发展乡镇工业，乡镇工业兴起和发展了，才能容纳农业剩余劳动力，否则农村人口都要往大城市跑。这是我们农村改革的重要内容。看来，这个路子走对了。”

沿袭着邓小平同志在民生领域公平思想的脉络，党的第三代中央领导集体提出“我们党要始终代表中国先进生产力的发展要求，代表中国先进文化的前进方向，代表中国最广大人民的根本利益”，人民的利益被提高到了党和国家的发展战略层面。2001 年江泽民同志在《庆祝中国共产党成立八十周年大会上的讲话》中提出，党的一切工作，必须以最广大人民的根本利益为最高标准……各级领导干部时刻要把人民群众的安危冷暖放在心上，关心群众疾苦，努力为群众办实事、办好事。在以江泽民为核心的第三代中央领导集体的带领下，我国开始探索建立较为完善的社会保障体系，千方百计扩大就业，切实加强社会治安工作，高度关注“三农”问题，努力缩小城乡差距。

党的十六大以来，以胡锦涛同志为总书记的党中央领导集体，总结中国发展实践，借鉴国外发展经验，提出了科学发展观这一重大战略思想，成为马克思主义中国化在民生领域的又一伟大探索，在科学发展观理论中，“以人为本的发展观”成为新时期民生思想的核心和指南，“要始终把实现好、维护好、发展好最广大人民的根本利益作为党和国家一切工作的出发点和落脚点，尊重人民主体地位，发挥人民首创精神，保障人民各项权益，走共同富裕道路，促

---

① 中共中央文献编辑委员会：《邓小平文选（第 3 卷）》，人民出版社，1993，第 9 页。

② 中共中央文献编辑委员会：《邓小平文选（第 3 卷）》，人民出版社，1993，第 95 页。

③ 中共中央文献编辑委员会：《邓小平文选（第 3 卷）》，人民出版社，1993，第 275 页。

进人的全面发展，做到发展为了人民、发展依靠人民、发展成果由人民共享”，政府作为基本公共服务体系供给的主导者，首先要明确服务型政府的定位。在这一新的历史时期，服务型政府明确界定了政府与社会、与公民之间的关系，鼓励政府作为公共服务的承载者为社会提供公平、均等的制度安排。服务型政府与公共服务均等化都是在我国本土诞生的政府治理模式，以政府职能转变—建设服务型政府—政府提供均等化的基本公共服务为思路，将服务型政府与公共服务均等化有机结合，成为我国基本公共服务均等化的热点之一。

随着我国社会发展进入新常态，以习近平同志为核心的党中央领导集体坚持以“人民为中心”的发展思想，提出“民生是最大的政治”。发展为了人民，发展依靠人民，发展成果由人民共享，是习近平总书记关于民生工作重要论述的核心。“一切工作出发点、落脚点都是让人民过上好日子”，党的十八届三中全会对下一阶段的改革进行了全方位部署，六十多项改革议案中，将近三分之一事关民生，其中包括医疗、就业、教育、住房等。新常态下的民生建设是全面的，包含教育、就业、医疗、养老等各个方面各个环节。党的十八大以来，党和政府提出了“幼有所育、学有所教、劳有所得、病有所医、老有所养、住有所居、弱有所扶”，对基本公共服务各方面都提出了细化的要求，确保适龄儿童拥有均等的教育机会，加强城乡社会保障体系建设，建设更加公平可持续的社会保障制度，多渠道创造就业机会，千方百计增加就业岗位等措施的目的就是使人民群众有“获得感、幸福感、安全感”。

## 二、政策过程理论

公共政策是党和政府依据特定时期的目标，在对社会公共利益进行选择、综合、分配和落实的过程中所制定的行为准则。公共政策本质上反映、调节的是一种社会利益关系。从利益的视角观之，整个公共政策过程就是一个公共利益分配的过程。[①] 燕继荣教授在其著作《政治学十五讲》中表示政策过程分析等理论不仅仅是公共管理领域，同时也是政治学非常重要的研究领域，政策过程理论着重于回答“政治决策（政策）是如何做出的”这个问题。无论是早期的理性决策与渐进理论之争，中期的政策阶段论，还是后期的替代性理论框架，都是一个比较复杂的过程。政策过程理论起源于 20 世纪 50 年代，以伊斯顿为

① 张小明：《论公共政策过程理论分析框架：西方借鉴与本土资源》，《北京科技大学学报（社会科学版）》2013 年第 4 期，第 95 页。

代表的系统理论和以林德布罗姆（Lindblom）和西蒙（Simon）为代表的渐进理论展开了争辩，前者倡导统计精度，希望用成本-收益分析法为政府决策服务；后者不能赞同这种全面理性的模式，正像德利翁（Deleon）在1997年指出的一样，反全面法的学者谴责全面法的学者对政策分析采取一种非理论的方法，成本-效益分析的应用与被狭隘定义的效率标准的应用都是不能替代关于决策者是如何系统地阐述政策问题、确定可能的对策以及执行计划的理论解释的。[①] 现代政策过程分析理论主要就建立在以西蒙（H. Simon）为代表的理性决策模式和以林德布洛姆（Lindblom）为代表的渐进决策模式的基础之上。[②] 西蒙在《现代决策理论基石》中提出了著名的理性决策模式，这一模式源自传统的"经济人"理论。"经济人"理论强调人在完全理性的假定下能从全部的行动方案中选择出能取得最大效果的、最有利的一种。在这种假定下，西蒙的理性决策模式是将影响决策的因素分为外部因素和内部因素，外部因素（如宏观环境的不确定性、组织的变动性、信息储备的不完备性）的存在决定了决策者在进行决策时不可能处于完全理性的状态，只能表现为有限理性。内部因素则包括决策者的利用信息的不充分性、对未来的判断、决策者的个性因素等，诸如此类的内部因素都可能导致对未来发展趋势的不确定性。因此决策者的选择机制应该从有限理性而非完全理性出发。美国政治学家和政策科学家查尔斯·林德布洛姆针对理性决策理论的不足，打破了应然角度"决策应该如何做"的桎梏，从实然角度提出"决策实际上如何做"，建立了渐进决策理论。在这一理论体系下，产生了有限比较型渐进主义、离散型渐进主义和调试型渐进主义。与理性决策模式不同的是，渐进主义理论不着墨于直接选择最优的决策结构，而是强调不同的利益集团之间通过妥协、谈判、协商等方式达成基本一致的结论。这一模式往往不是理性决策模式下的最优选项，而是多元主体互相协商妥协后的相对最优决策结果。

20世纪七八十年代，政策科学的奠基人拉斯韦尔提出了"阶段启发法"，这一方法以其在政策过程中的实用性而备受推崇。随着20世纪80年代后期理论建构学派的崛起，众多学者开始探索政策过程中的因果关系，詹姆斯·E. 安德森（James E. Anderson）视政策制定过程为一个完整周期，以问题界定为起

---

① 何华兵、万玲：《西方政策过程理论的最新进展、趋势与启示》，《甘肃行政学院学报》2011年第5期，第35页。

② 燕继荣：《政治学十五讲》，北京大学出版社，2015，第216页。

点，分析了议程建立、政策采纳、政策执行、政策评估、政策变革和政策终结等政策环节；查尔斯·琼斯（Charles O. Jones）在《公共政策研究导论》中提出，该“全链路”包括：问题进入政府—政府中的行动—政府处理问题—项目回到政府；哈罗德·拉斯维尔（Harold D. Lasswell）特别强调其所定义的“政策过程的知识”，并构建了一个以情报—提议—规定—合法化—应用—终止—评估为代表的决策过程七阶段论；加里·布鲁尔（Garry D. Brewer）在前者的基础上进行了改进和发展，创立了创始—预评—选择—执行—评估—终止的六阶段论。以琼斯为例，其在《公共政策研究导论》中提出，在“全链路”模型下，政策分析过程包含了一些功能因素：感知/定义（perception/definition）、集合或累加（aggregation）、组织（organization）、代议（pepresentation）、确定议程（agenda setting）、规划（formulation）、合法化（legitimation）、预算（budgeting）、执行（implementation）、评估（evaluating）和调整/终结（adjustment/termination）。[①] 萨巴蒂尔对政策过程理论进行了修正，他提出阶段启发法并不是真正意义上的因果关系理论，因为“它从来没有确定一套控制各个阶段内部和各个阶段之间的进程的系列因果因素”，并提出公共政策的制定，包括界定问题，并提交给政府，由政府寻求解决的途径；政府组织形成若干备选方案，并选择政策方案；方案得以实施、评估和修正。[②] 萨巴蒂尔还列举了若干项最新的替代的理论框架，比较主流的政策过程理论主要有七种：制度分析和发展框架（institutional analysis and development，IAD）、多源流框架（MS）、倡导联盟框架（ACF）、政策传播模型、间断-平衡理论（PE）、政策过程与大规模比较研究以及社会建构与政策设计框架（social sonstructionand policy design）。

政策过程理论注重在总体政策目标下实现行动阶段的精细化，主要表现为这一理论流派主张将政策过程理论分为不同的阶段，每一个阶段都可以成为总政策目标的子阶段，以加里·布鲁尔与彼得·德利翁提出的六阶段论为例，在以政策动议（initiation）、政策预估（estimation）、政策选择（selection）、政策实施（implementation）、政策评估（evaluation）、政策终止（termination）为代表的而每个阶段都有其不同的特点，例如政策实施阶段中，需要制定实施规则、

① 陈振明：《政策科学——公共政策分析导论》，中国人民大学出版社，2016，第430页。

② 保罗·A. 萨巴蒂尔：《政策过程理论》，生活·读书·新知三联书店，2004，第3页。

规定和指南、修改政策适应实际条件、将决策转化为可操作程序、确定方案目标，标准、确定实施时间表等等。同时，注重在实现政策目标过程中行动主体的多元化。随着政策过程理论的不断完善，参与主体逐渐多元化，政策过程的行动主体可以是个人或集体。迈克尔·豪利特和M. 拉米什将这些主体可以分为五类：当选官员、任命官员、利益集团、研究机构和大众媒体。前两者属于国家内部，后三者属于社会范畴，但还有两个行为主体是跨越国家和社会之间的界限的，即投票人和政党。[①] 金登将政策主体划分为政府内部的参与者和政策外部的参与者。阿斯哈·佐莫罗迪亚认为在政策过程中有六种组织存在并对其感兴趣，包括：政党、政治说客、利益集团、大型企业、公众和媒体。当政策过程理论应用在我国基本公共服务均等化领域，成为地方政府基本公共服务履责的重要理论来源之一时，主要表现为以下几点，其一，基本公共服务供给过程中政府、社会公共机构、公众都有积极参与其中的可能性。西方相关学者认为“政府”与“国家唯一的权力中心”未必必然画上等号，公共机构和私人机构只要其行使的职责得到了公众的认可，也可以成为各个层面上的权力中心。我国实行单一制国家的结构形式，对于西方理论以及其中暗含的“权力多中心”必须有鉴别的吸纳，即警惕其“权力多中心”导向，但同时吸收西方政策过程理论的合理内核并且为我所用，从基本公共服务的实施来看，西方政策过程理论对我国基本公共服务供给过程中行动主体的主体多元化提供了一个可供借鉴的思路，为我国政府在实现政策目标过程中权力的分散和下沉提供了可供借鉴的路径，有助于合理把握各级政府等官僚机构在政策过程中的影响力。其二，政策过程理念注重将政策目标精细化、阶段化，一定程度上提醒我国地方政府厘清基本公共服务供给的责任边界和操作细节。随着现代社会，私人部门和公民资源团体正在越来越多的承担原本属于政府的责任，各个阶段都必然融入多元主体共同参与的痕迹，因此适当划分部门之间、主体之间以及政策各个阶段之间的责任边界，将有益于我国地方政府基本公共服务履责的推进。目前，我国在各级政府大力推进的公共服务清单制度，就是在厘清政府责任，克服责任边界的模糊性问题上做出的有益尝试。

---

① 何华兵、万玲：《西方政策过程理论的最新进展、趋势与启示》，《甘肃行政学院学报》2011年第5期，第39页。

## 三、责任政府理论

西方学者试图从责任概念入手定义责任政府，《布莱克维尔政治制度百科全书》对责任的定义如下：“‘责任’最通常、最直接的含义是指与某个特定的职位或机构相连的职责；在按照等级结构组成的政府部门或企业公司中，通常存在一个垂直的责任链条，根据这个责任链条，机构中的每个人应当向其上级履行自己职责的责任……角色责任和义务责任是紧密联系的。”责任（accountability）则偏重于约束和惩罚的意义，如贝恩（Behn，2001）认为，“当人们想让某人负责时，他们通常是制定一些惩罚措施”；博文斯（Bovens，2007）将责任界定为：行为主体和裁判之间的关系，行为主体有义务去解释和证明自身的行为，而裁判可以质询和判决，之后，行为主体将承担一系列的后果。弗雷德里克·莫舍尔（Frederick Mosher）认为，“责任很可能是行政——无论是公共行政还是私人行政——词汇表中最重要的词语。”① 保罗·托马斯（Paul G. Thomas）认为：“责任（accountability）总是公共行政理论与实践的中心问题。”② 进一步的，《布莱克法律辞典》从选举和民主程序角度定义责任政府：“这个术语通常用来指这样的政府体制，在这种政府体制里，政府必须对公共政策和国家行为负责，当议会对其投不信任票或者他们提出的重要政策遭到失败，表明其大政方针不能令人满意时，他们必须辞职”③，安德鲁·海伍德将责任政府定义为能回应的政府。第一，责任政府将公民（选民）视为更高的权威，意味着政府必须对公众负责，如果不能得到公众的认可，就存在被撤换的可能性。第二，责任政府通过制约权力的实施，公开政府政策分析和辩论的过程，使得政府暴露于严格的检查和监督之下。回溯历史，责任政府概念起源于英国的责任内阁政府，也称传统责任政府，在这种传统责任政府体系下，责任政府从个人（单个大臣）和集体两方面进行细致的划分。个人层面，要求内阁大臣各自为本部门的过失对议会负责；集体层面，要求所有大臣“勠力同心（sing the same song）”。这种新型的政府形式强调权责一致，强调直接对议会

---

① Moshemr and Frederick, *Democracy and the Public Service*, Oxford University Press 1968, 7.

② Paul G. Thomas, *Section* 13: *Accountability*: *Introduction*. B. Guy Peters, Jon pierre. Handbook of Public Adminstration. SAGE Publication 2003, 549

③ Herry Cambell Black, *Black's law Dictionary*, St. Paul. Minn., West Publishing Co 1990, 1180.

负责，间接对人民负责。

责任政府在近代的发轫，不仅涉及国家（政府）与社会关系的重构，也关系到人民与政府关系的重构，更关系到权力与自由关系的重构。[①] 从人民的视角切入，人民从义务逻辑到权利逻辑的转变是推动责任政府构建的思想动力；从政府的视角切入，责任政府作为一种理想的政府形态，应该遵循从权力本位到责任本位的价值位移[②]。伴随着人民与政府关系的重构，权力本位下的传统的指令型政府逐渐位移到责任本位下的现代服务型政府。国内学者张成福认为“责任政府既是现代民主政治的一种基本理念，又是一种对政府公共行政进行民主控制的制度安排”[③]。这不但要求政府转变施政理念和逻辑，逐渐成长为主动作为、敢于担当和负责的政府，还要求政府具有丰富的理论基础，与地方社会治理的需求相适应。

从事实层面，公共服务，尤其是基本公共服务的供给者（政府）和享受者（民众）的社会地位存在一定程度的高低差异，这也是责任政府的“危险”之处，即责任政府存在的隐患，与治理所倡导的“合作”“平等”等理念不同，责任政府理论认为只有政府才有能力判断人民的最佳利益和合理诉求，这一表达有两个层面的意思，一是政府的优势就在于没有其他任何组织敢于承担这一使命，所有的政府在这个意义上标榜自己是负责任的。二是将政府与人民截然分开，这是需要我们提高警惕的。现实层面中，政府的确是而且仅是基本公共服务供给的责任主体，没有任何其他社会组织可以替代政府在基本公共服务方面的责任，因此在传统政治体制下，供给者可以很大程度上决定基本公共服务的类型、优先顺序、数量和品质。责任政府作为现代民主政治中的制度安排，就是要对供给者在政策制定、资源筹备、实施实现、评估监督等环节上予以规范。从价值层面，责任政府是一种价值判断的理论，政府必须具有公共性和服务性，公共性决定了责任政府的行为必须体现社会的普遍利益，享受者的“公意”高于供给者的意志，“公意”可以决定政府行政的方向；服务性决定了政府的价值位序低于“公意”，政府要为民众的普遍利益负责，公民在道德上拥有不可侵犯的基本权利。这种纯粹的价值判断理论与事实层面的责任政府理论

① 卜广庆、韩璞庚：《责任政府：基于四维命题的重新审视》，《贵州社会科学》2020年第5期，第10页。

② 陈国权：《责任政府：权力本位到责任本位》，浙江大学出版社，2009，第13页。

③ 张成福：《责任政府论》，《中国人民大学学报》2000年第2期，第75-82页。

还存在一定的差距，但是并不妨碍价值层面的责任政府理论发挥其不可忽视的作用，即从事实层面出发，认识到距离价值层面的差距，政府应当从哪个角度或者哪些方面改进才更符合责任政府的目标。

## 第三节　研究视角

由于研究者学科背景、思维方式、时间和精力等的局限，对任何问题的讨论都难以覆盖所有角度，所以往往会选择一个独特的视角对问题展开分析。古人云“横看成岭侧成峰，远近高低各不同”，就是表达了不同的人运用不同的视角看待同一个问题，会得到不同的结论。陶渊明归隐田园，有人看到了逃避现实，有人看到了理想的乌托邦；李白力士脱靴，有人看到了不畏权贵，有人看到了倨傲狂妄；安徒生笔下“卖火柴的小女孩”，富人看到黑夜中的火光感受到的是浪漫和温馨。穷人则将火光作为生存的希望，诸如此类的事例表明，不同的视角会得出不同的答案，对于分析问题而言，不同的视角也会左右研究者的思维方式、行文脉络和研究结论。

我国2006年出台《中华人民共和国国民经济和社会发展第十一个五年规划纲要》，第一次提出“基本公共服务均等化”概念以来，各类学科背景相异的学者从不同的角度对基本公共服务均等化进行了分析和解读，以公共管理为视角，学者往往重视从管理体系的构建、管理方式的改进等角度入手提升基本公共服务供给的效度；以经济学为视角，大部分学者从财政制度入手，注重财政转移支付体系的优化设计；以法学为视角，学者从法律制度入手，注重基本公共服务均等化制度体系的建立和法律法规的健全；以社会学为视角，则偏重从社区自身不断建设发展的角度强调社区在基本公共服务均等化领域中的支持与互助。总而言之，有关基本公共服务均等化的研究分布在不同的学科体系中，但是笔者注意到，在这一领域中，政治学的参与度并不高，这也为后续的研究留下了广阔的空间。众所周知，新视角、新思维、新元素的加入对研究对象和研究问题的完整性大有裨益。在基本公共服务均等化的研究中，本研究引入政治学学科中最重要的议题之一——责任，作为本研究的切入点，主要基于以下几方面的考虑：

第一，政府的履责程度是影响基本公共服务均等化水平的关键变量。纵观新中国成立以来地方政府在基本公共服务领域采取的政策措施，可以发现政府存在不同程度的越位、缺位和错位，导致公共服务混乱，人民群众不满的事件偶有发生。近年来，随着基本公共服务均等化概念的提出和地方政府治理能力的提升，此类现象已经得到了很大程度的改善，基本公共服务供给水平得以提升，但是距完全满足人民群众对美好生活的诉求还存在很大的差距。

第二，政府责任的合理定位是推进基本公共服务均等化工作的强心剂。明确了“要履责”之后就是要明确“履什么责”，在国家和社会发展的不同时期，人民对政府的诉求会随之变化，政府履责的内涵也会随之演进。本研究在政府责任的合理定位下，从政府履责的过程角度，构建了政策制定、资源筹划、实施实现、评估和监督为内容的链式工具，以此工具为抓手，进一步厘清政府履责的具体指标。总之，新常态下厘清政府应尽的责任将助力我国基本公共服务均等化早日实现。

第三，政府责任体系的优化是巩固政权合法性的保障。任何政治统治的存在都必须以其民众的接受为前提，换言之，民众的认同和支持是政府合法性的来源。合法性（legitimacy）问题关乎政权的生死存亡，关乎政治统治的成败，因此合法性的谋求和巩固是任何政党都必须重视和解决的关键问题。现代意义上的政府合法性一般是从政治学角度出发，体现为社会公众对政府所主导的政治理念与价值，所制定与实施的政治制度、经济政策和社会政策，及其施政行为与施政效果的认同和支持。① 追溯政治合法性的来源，可以发现，近代以来，卢梭是首位提出“合法性”概念的启蒙思想家，“既然任何人对于自己的同类都没有任何天然的权威，既然强力并不能产生任何权力，于是便只剩下约定才可以成为人间一切合法权威的基础”，卢梭表明了国家的权力来源于人民的授予和认同，只有获得了人民认可的政权才是具有合法性的政权，如果政府违背了与人民的契约，就将面临国家政权动摇的危机。此后，韦伯以历史视角将政治统治细分为三种类型，即法理型统治、传统型统治和魅力型统治，其理论贡献在于划分了社会发展不同阶段的合法性来源问题。随后，哈贝马斯发展了合法性来源的理论，提出合法性意味着“某种政治秩序被认可的价值”，哈贝马斯的思想强调了政治秩序与时代的兼容性，强调统治秩序的稳定对合法性的重要性。那么如果要获得稳定的政治秩序，就需要“将大众的忠诚维持在必要的水平上”，哈贝马斯从实践的层面提出了维护和巩固政治合法性的措施。当研

① 黄健荣：《论现代政府合法性递减：成因、影响与对策》，《浙江大学学报（人文社会科学版）》2011年1月，第19页。

究进行深入的追问，如何能将大众的忠诚度维持在必要的水平上？从大众的角度，其基本的生活得到有力保障，生活水平不断提升，是大众拥护和支持政权最基本的前提条件；从政府的角度，为社会提供最基本的公共服务，保障社会的正常运转，履行政府最基本的公共服务职能，确保全社会各个阶层无偏地享受基本公共服务，在亨廷顿看来，也是政府的合法性的来源之一。回溯历史，我国政府经历了由传统型统治和魅力型统治走向现代的法理型统治的嬗变，政权合法性已经得到了相当大程度的提升和巩固，可以认为，我国政府从统治到管理，再到治理的探索过程，就是意图将政权合法性最大化的过程，在目前政府治理体系和治理能力现代化的新常态下，优化政府责任体系从而进一步巩固合法性将成为新时期政府执政的最稳固的根基和社会稳定最有力的保障。

# 第二章　基本公共服务均等化过程中地方政府履责的发展演进

在社会科学问题上有一种最可靠的方法，它是真正养成正确分析这个问题的本领，而不致淹没在一大堆细节或大量争执意见中所必需的，对于用科学眼光分析这个问题来说最重要的，那就是不要忘记基本的历史联系，考察每个问题都要看某种现象在历史上怎么产生、在发展中经历了哪些主要阶段，并根据它的这种发展去考察这一事物现在是怎么样的。① 马克思主义也提出无产阶级要实现解放全人类的伟大目标，就需要将其目标进行阶段性分解。研究基本公共服务均等化过程中地方政府履责也是如此，需要站在历史的高度分解其发展阶段，探寻其发展演进的基础和规律。

自政府出现之日起，理论上和实践中对政府责任履行的内涵的探索和追求就没有停止过，在我国，从封建社会中“普天之下，莫非王土；率土之滨，莫非王臣”的中央集权，到国家通过周密的计划网络将整个社会和个人均纳入国家管理范围内的高度一体化模式，到中央与地方政府在集权与放权领域进入“一收就死，一死就放，一放就乱，一乱就收”的博弈局面，到追求“权责一致”的现代责任政府体系建设，再到公示“责任清单”与“服务标准”，我国地方政府的责任内涵不断丰富的同时，外延也不断得以扩展。

以此为大致思路，本研究将中华人民共和国成立70多年来地方政府所肩负的基本公共服务责任大致划分为三个时期，即改革开放前的起步阶段、市场经济初期的探索阶段、科学发展的完善和规范阶段（如表2-1所示）。在这三个不同的阶段中，我国地方政府在基本公共服务（均等化）工作中的政策环境、价值取向、政策目标、制定模式和执行模式等都呈现出较为明显的变化。

---

① 中共中央马克思恩格斯列宁斯大林著作编译局：《列宁选集》第4卷，人民出版社，1995，第26页。

表 2-1　我国地方政府基本公共服务供给责任变迁

| 阶段 / 维度 | 起步阶段（1949—1978 年） | 探索阶段（1979—2005 年） | 完善和规范阶段（2006 年至今） |
| --- | --- | --- | --- |
| 政策环境 | 计划经济<br>优先发展重工业 | 市场经济、改革开放、市场参与资源配置 | 科学发展、和谐社会、民生为重 |
| 价值取向 | 公平优先 | 效率优先、兼顾公平 | 更加注重公平 |
| 政策目标 | 保障群众生存 | 减轻政府负担<br>提升供给水平 | 以人为本 |
| 制定模式 | 自上而下 | 自上而下、社会共同参与 | 自上而下、社会共同参与 |
| 供给模式 | 政府直接供给 | 政府主导、探索多元参与 | 政府主导供给、多元参与 |
| 地方政府责任 | 照章办事 | 发挥主观能动性 | 责任清单标准制 |

## 第一节　计划经济体制下地方政府基本公共服务供给的起步阶段（1949—1978 年）

在中国共产党执政前期，毛泽东同志将进驻北平比喻为“进京赶考”，面对“大难甫平，民生憔悴”的社会形势，民生问题是党和政府必须面对的第一张“考卷”。从建国初期到改革开放之前是我国地方政府民生供给的起步阶段，在近 30 年的历史进程中，我国经历了以基本公共服务助力政权巩固时期、基本公共服务与社会主义改造并行时期、基本公共服务快速发展时期、以全面革命形式实现基本公共服务平等时期，随着时期的更迭，政府对民生的供给侧重也有所不同。

### 一、以基本公共服务助力政权巩固时期（1949—1952 年）

新中国建立伊始，由于经历了长期的动乱与战争，经济社会百废待兴。如果不能尽快安定民生，“那我们就不能维持政权，我们就站不住脚，我们就会失败”①，可见这一时期的民生问题大多关乎生死存亡，如果不能妥善解决，政权稳定就会受到威胁。这一时期为了安定民生，中央组织地方政府在抗洪救灾、就业与保障、住房、教育、卫生防疫等方面开展了民生建设。1949 年 7 月到 9 月，全国 16 省都面临着不同程度的内涝灾害，原本岌岌可危的社会经济状况雪上加霜。中央政府提出了“不许饿死人”的口号，迅速成立“内务部”，组织受灾严重的省市县各级地方政府抗洪救灾，筹措善款，以最大限度地减少伤亡、

① 毛泽东：《毛泽东选集》（第 1 卷），人民出版社，1991，第 1428 页。

保障灾民生活；建国初期，全国失业问题严重，据统计，截至1950年9月全国城镇失业人员多达472.2万人，失业率高达23.6%，就业关系社会稳定，中央采取“旧人旧办法，新人新政策”，对新中国成立之后国民党在大陆的军政人员，“国民党的一千万党、政、军人员我们也要包起来，使所有人都有出路”，“要避免不负责任地遣散大批旧人员的错误”，对于新中国已经出现的失业问题，要“有步骤地帮助失业者”，并出台了《救济失业工人暂行办法》《关于救济失业工人的指示》等政策，要求各地方政府把职业技术培训放在重要位置，以各种形式的培训班帮助劳动者提升职业技术能力，实现失业再就业。对于已就业职工，政务院于1951年颁布了《中华人民共和国劳动保险条例》，条例的颁布标志着我国社会福利保障制度开始建立；建国初期，城市住房匮乏严重影响了人民的正常生活，1951年，政务院陆续发布《关于没收战犯、汉奸、官僚资本家及反革命分子财产的规定》《关于没收反革命罪犯财产的规定》，将没收的房屋大部分用于解决人民群众的住房问题。从1950年到1952年，住房建设投资从1.25亿元增加到4.48亿元，1952年底，城市人均居住面积达到4.5平方米，一定程度上排除了住房问题带来的社会不稳定隐患；新中国成立之初，全国文盲占总人口的80%以上，中央政府要求全社会必须摒弃旧中国“只为少数人办学”的思想，全国各地政府迅速发展补习学校，以多种教育形式扫除已有文盲，发展小学、中学以满足人民群众的教育需求（如表2-2所示）。1949年之前的中国防疫能力低下导致传染病肆虐，群众的生命受到极大威胁。新中国成立以后，华北地区人民政府发布《华北人民政府、华北军区联合发布防疫命令》，对当时正在肆虐的鼠疫进行防控。1951年《关于加强卫生防疫和医疗工作的指示》，“今后必须把卫生、防疫和一般医疗工作看作一项重大的政治任务，极力发展这项工作”，这项带有政治色彩的群众性防疫运动取得了很大进展，据东北地区的不完全统计，1950年该地区捕鼠3340多万只，1951年1至7月捕鼠1690多万只，同时人民群众的个人卫生意识不断提高，防疫工作初见成效。

**表2-2 1949—1952年全国普通中小学学校数及学生人数**

| 年份 | 普通中学（所） | 普通小学（所） | 普通中等学校学生人数（万） | 普通小学学生人数（万） |
|---|---|---|---|---|
| 1949 | 4045 | 346769 | 103.9 | 2439.1 |
| 1950 | 4013 | 383647 | 130.5 | 2892.4 |
| 1951 | 3994 | 501105 | 156.8 | 4315.4 |
| 1952 | 4298 | 526964 | 249 | 5110 |

资料来源：《新中国成立55年资料汇编》，中国统计出版社，2005年。

总体而言，新中国建立伊始，党和政府以极其有限的财政能力最大限度地对人民群众的生存环境给予了保障。囿于各地财政困难、执政经验不足，这一时期中央政府与地方政府上下一致，地方政府基本不存在发挥主观能动性的空间，民生的发展主要依靠中央政府以强大的政治动员能力对各地各级地方政府的民生工作做出系统安排。

## 二、基本公共服务与社会主义改造并行时期（1953—1956 年）

在政权得到基本稳固后，党在 1953 年提出了过渡时期的总路线和总任务，即“逐步实现社会主义工业化，逐步实现对农业、手工业和资本主义工商业的社会主义改造”。在政权巩固取得初步成效后，党和政府开始对国家的社会主义性质进行全面确认和巩固，这一时期的民生工作也伴随着国家社会主义性质的强化而取得了很大进展。

社会福利突飞猛进是这一时期较为显著的特点之一。1953 年，国家对《中华人民共和国劳动保险条例》进行了第一次修订，在 1951 年的基础上扩大了受众人员，提高了福利待遇，到 1956 年，基本上所有企业员工都享有不同程度的职工福利待遇。同年，国务院颁布了《国家机关工作人员退休处理暂行办法》《关于机关工作人员子女医疗问题通知》《职工生活困难补助办法》等，首先对国家机关工作人员的社会福利进行了保障，尽管在受众人群上还具有相当的局限性，但这些政策的颁布成为我国社会福利进步的标志之一。就农村而言，农村的“五保”制度创立的初衷就是为了保障农村地区老弱病残等弱势群体的基本权益，一届全国人大三次会议在 1956 年 6 月通过的《高级农业生产合作社示范章程》中规定：“农业生产合作社对于缺乏劳动能力或者完全丧失劳动能力、生活没有依靠的老、弱、孤、寡、残的社员，在生产上和生活上给予适当的安排和照顾，保证他们的吃、穿和柴火的供应，保证年幼的受到教育和年老的死后安葬，使他们生养死葬都有依靠。”城乡之间的福利保障制度相互补充，使全国大多数人能享受到最基本的福利与保障；教育方面。1953—1956 年各级各类学校数及学生人数相比于前一阶段都有较大规模的增长（如表 2-3 所示）。可以发现，1956 年的普通中等学校学生人数已经近乎 1952 年数据的 2 倍，党和政府已经取得了对国家教育的绝对领导权，越来越多的普通群众获得了接受教育的机会，教育成为地方政府提供的基本公共服务主要内容之一；医疗方面，新中国成立以来，国家发展医疗的最主要目的就是让全国人民免受各类传染病的威胁，摆脱新生儿死亡率高的境况，总而言之就是保障人民最基本的生存权利。我国在20世纪五六十年代的医疗保障水平尽管还比较低，但是在传染病预防和新生儿存活率两方面的确取得了突破性的进展，人民群众的健康得到了最为基本的保障。这也直接导致了1951年到1958年我国的第一次生育高峰，七年共增加人口10798万人，平均每年净增长人口1500多万；卫生防疫方面，这一时期采取国家全额拨款，在各省、市、县建立了卫生防疫站、妇幼保健站和卫生宣传教育机构、医院、乡镇卫生院、卫生室等公共卫生机构，相较于巩固政权阶段，缓解了人民群众就医难的困境。防疫方面，1955年在中央政府的倡导下，各地方政府组织群众开展了"除四害"（扫除老鼠、麻雀、苍蝇、蚊子）爱国卫生运动，取得了显著成效。我国卫生防疫工作在这一时期依然与"爱国"等政治口号联系紧密，有所区别的是，从前一时期的"兵来将挡"的积极应对到这一时期的提前预防，我国政府在卫生防疫上的思路有了转变。

**表2-3　1953—1956年全国普通中小学学校数及学生人数**

| 年份 | 普通中学（所） | 普通小学（所） | 普通中等学校学生人数（万） | 普通小学学生人数（万） |
|---|---|---|---|---|
| 1953 | 4433 | 512056 | 293.3 | 5166.4 |
| 1954 | 4792 | 506105 | 358.7 | 5121.8 |
| 1955 | 5120 | 504077 | 390 | 5312.6 |
| 1956 | 6715 | 529043 | 516.5 | 6346.6 |

资料来源：《新中国成立55年资料汇编》，中国统计出版社，2005年。

## 三、基本公共服务快速发展时期（1957—1965年）

1956年底，三大改造基本完成，社会主义制度在我国正式建立，以此为标志，我国进入了全面建设社会主义时期。经过1949年到1956年的社会主义过渡时期，我国在政治基础和物质基础方面都得到了巩固和积累，各项民生建设进入了快速发展的新时期。教育方面，国家加大了对教育的财政投入，1956年，国家教育经费投入达到16.47亿元，1959年，这一数字就增长到24.09亿元，1960年，提升至31.78亿元，教育支出占国家财政总支出的比重也逐年提升。国家财政的大力投入是我国教育事业快速发展的前提，在财政的大力支持下，这一时期的教育事业取得了显著的成就。

表 2-4　1957—1966 年全国普通中小学学校数及学生人数

| 年份 | 普通中学（所） | 普通小学（所） | 普通中等学校学生人数（万） | 普通小学学生人数（万） |
|---|---|---|---|---|
| 1957 | 11096 | 547306 | 628. 1 | 6428. 3 |
| 1958 | 28931 | 776769 | 852 | 8640. 3 |
| 1959 | 20835 | 737445 | 917. 8 | 9117. 9 |
| 1960 | 21805 | 726484 | 1026 | 9379. 1 |
| 1961 | 18983 | 645170 | 851. 8 | 7578. 6 |
| 1962 | 19521 | 668318 | 752. 8 | 6923. 9 |
| 1963 | 19599 | 707959 | 761. 6 | 7157. 5 |
| 1964 | 19214 | 1066036 | 854. 1 | 9294. 5 |
| 1965 | 18102 | 1681939 | 933. 8 | 11620. 9 |

资料来源：《新中国成立 55 年资料汇编》，中国统计出版社，2005 年。

从表 2-4 可以看出，十年间我国基础教育的发展并不是一帆风顺的，但总体趋势是在曲折中前进，1966 年各项数据相较于 1957 年已经有了数量级上的增长，教育覆盖面有了质的飞跃；医疗方面，1949—1956 年的医疗保障效用主要发挥在城市，城乡二元结构决定了农村绝大部分地区群众都不得不自我保障。这一时期我国政府一直在试图解决医疗资源向大中型城市聚集的资源不平衡的问题，我国农村第一个正规的保健站始建于 1955 年，这标志着我国农村合作医疗制度开始建立，农村医疗体制正式走上正轨。1959 年《关于全国农村卫生工作山西稷山现场会议情况的报告》《关于人民公社卫生工作几个问题的意见》等文件肯定了稷山县的工作经验，至此农作合作医疗开始在全国实施，尽管农村的地区的医疗水平始终与城市存有较大差距，但全面建设社会主义时期，国家已经意识到城乡医疗水平的鸿沟对全社会的负面影响因此将改革的重点放在了农村地区，在国家的指引和各级政府的努力下，农村的医疗水平较之前还是取得了很大的进展；就业方面，这一时期城镇招工就业的主动权牢牢把控在国家手中，地方政府类似中央政府的“办事机构”，几乎没有自主权，更遑论企事业单位。这样的优势在很长一段时间稳定了民心，保障了民生，缺陷在于用人“只进不出”，“铁饭碗”制度不利于企事业单位的竞争意识和创新精神的培育。但是需要指出的是，这一时期的就业制度仅仅限于城市，农村地区的“就业”基本是与土地牢牢捆绑在一起的，农民既没有自主选择职业的制度空间，同时也没有国家“包就业”的社会保障。

总之，全面建设社会主义时期是我国民生工作的快速发展时期，在中央政府的统一分配和各地方政府的全力配合下，教育、医疗、就业等核心的民生工作都取得了显著的进步，农村地区各项基本公共服务也开始有了起色。

## 四、以革命的形式实现基本公共服务平等时期（1966—1978年）

1966年“文化大革命”开始，在基本公共服务领域意图用革命的方式实现人民群众平等享受社会主义建设成果的目标。医疗方面，我国建立了“赤脚医生”的卫生制度，即一批未经过系统学习，持有农村户口，一些情况下“半农半医”的农村医疗人员，经过县一级卫生学校的短期培训后回到农村地区行医的特殊制度，这一制度建设的初衷在于解决医疗资源聚集，农村缺医少药的问题，客观来说，尽管赤脚医生病理知识有限，难以解决一些复杂的病症，但是囿于当时农村的客观情况，赤脚医生制度在我国农村医疗发展历程中功不可没。教育方面，这一阶段知识分子上山下乡运动从客观上对农村带来了积极的影响，知识分子的精神风貌和文化水平一定程度上冲淡了当时流行的读书无用论，这一时期农村在校生的比例开始大幅提高。从统计数据来看，这一时期小学和初中学校的数量和在校人数总量在曲折中有所提升。总体来说，从基本公共服务的研究视角，这一时期的特点是国家试图通过全面革命的形式实现基本公共服务最大限度的平等。

**表2-5　1966—1977年全国普通中小学学校数及学生人数**

| 年份 | 普通中学（所） | 普通小学（所） | 普通中等学校学生人数（万） | 普通小学学生人数（万） |
|---|---|---|---|---|
| 1966 | 55010 | 1006965 | 1249.8 | 10341.7 |
| 1967 | 53507 | 964152 | 1223.7 | 10244.3 |
| 1968 | 67210 | 940608 | 1392.3 | 10036.3 |
| 1969 | 94871 | 915739 | 2021.5 | 10066.8 |
| 1970 | 104954 | 961131 | 2641.9 | 10528 |
| 1971 | 94765 | 968541 | 3127.6 | 11211.2 |
| 1972 | 92966 | 1009205 | 3582.5 | 12549.2 |
| 1973 | 97324 | 1031705 | 3446.5 | 13570.4 |
| 1974 | 100621 | 1053297 | 3650.3 | 14481.4 |
| 1975 | 123505 | 1093317 | 4466.1 | 15094.1 |
| 1976 | 192152 | 1044274 | 5836.5 | 15005.5 |
| 1977 | 201268 | 982291 | 6779.9 | 14617.6 |
| 1978 | 162345 | 949323 | 6548.3 | 14624 |

资料来源：《新中国成立55年资料汇编》，中国统计出版社，2005年。

## 五、本阶段履责特征

（一）地方政府开始对基本公共服务履责的定位进行探索

毛泽东同志在1956年发表的《论十大关系》中就中央与地方的关系、地方与地方的关系进行了阐述，“中央要注重发挥省市的积极性，省市也要注意发挥地、县、区、乡的积极性，都不能够框得太死……正当的独立性，正当的权利，省、市、地、县、区、乡都应当有，都应当争。这种从全国整体利益出发的争权，不是从本位利益出发的争权，不能叫作地方主义，不能叫作闹独立性。”这是新中国成立以来国家领导人首次从中央的层面对各级地方政府的权责进行界定，明确了各级地方政府权力的正当性。结合新中国成立之初的国际环境和国内的政治背景，中央层面的认可和“加持”是调动地方政府主观能动性的保障，是地方政府打破桎梏，在权责匹配方面做出突破性和创新性举动的前提。在中央政府的统筹安排下，地方政府开始担负起各项基本公共服务的计划者和实施者的责任，对保障人民生活水平，尤其是城镇地区人民的生活水平起到了一定的积极作用。

但是这一时期的政府责任首先表现为城乡的不均衡性，公共资源过分地向城镇倾斜，导致内部的绝对平均和城乡之间巨大的不均，既没有实现公平，更没有体现效率，可以说，这一时期的政府责任制度设计是有缺陷的。其次，政府责任定位模糊。囿于时代所限，这一时期的政府完全排斥市场，社会中不存在公民社会以及其他第三方组织生长的制度空间，对基本公共服务的干预过多，在影响了效率的同时还背上了沉重的财政包袱。最后，政府责任的单一性。在“统收统支”的财政体制限制下，地方政府完全没有发挥的制度空间，“因地制宜”的优势被限制，各级地方政府的责任主要表现在根据上级划拨的财政经费和安排的工作计划，照章执行，忽略了人民群众的差异化需求。可以说，这一时期地方政府在基本公共服务上的责任主要是执行方面的责任，较少涉及决策、评估、监督等方面的责任。

（二）政府发号，“集体”施令的履责方式

这一时期民生领域发展的模式是中央政府发号、地方政府埋单、企业和集体干活，城镇中各个“单位”不但要负责经济效益，在政府的全额拨款支持下还要负责职工的各类基本公共服务工作，这在后期成为政府、企业和集体共同的负担。

城镇中，由于地方政府的经济实力不足，为了保障基本公共服务的供给，国家采取了“企业办社会”的供给方式，公民享受的“职工福利”大部分是免费和相对均等的，并且可以涵盖基本生活需求，包括医疗、教育、住房、退休保障等。以铁路系统为例，这一时期的铁路系统作为“庞大”的国有企业，需要兴办一些和生产经营、交通运输等本职工作没有过多联系的机构和设施，如为铁路职工子弟兴办的义务教育（小学+初中），铁路系统内部的医院、铁路系统的幼儿园，甚至为铁路子弟解决就业问题，与此同时，还承担了职工家属区的“三供一业”（供水、供热、供电、物业）的问题，各个方面无所不包，甚至足不出大院就能窥探到一个微缩的“小社会”。这一时期“企业办社会”是特殊历史条件下的产物，是传统计划经济体制下的基本公共服务特殊供给方式，这种供给方式的存续主要是因为地方政府财政能力不足以支撑基本公共服务庞大的支出，而采取了政府与国有企业共生共存的方式，这种方式得以存继的关键在于“平衡”，在企业的营利和公共利益的开销中找到一个合适的平衡点。一旦后期这个平衡点被打破，开始向市场竞争倾斜，企业无力招架基本公共服务支出带来的负担，这种“企业办社会”的模式就很容易被打破。这一时期的农村不存在“单位”的概念，但是基本公共服务的供给也同样是通过集体，即人民公社进行的。1958 年北戴河会议通过的《中共中央关于在农村建立人民公社问题的决议》明确规定，人民公社“实行政社合一，乡党委就是社党委，乡人民委员会就是社务委员会”，这一时期的人民公社就是为农民提供福利制度的主体和来源，农民成为公社的一员，以社员的身份听从组织安排，享受组织提供的福利待遇和基本社会保障，具有“高度集中、统一计划、政府包揽”的特点。

（三）建立在城乡差异上的低水平平均

新中国成立后，人民群众的基本生活保障问题亟须得到解决，在经济建设取得初步成就的同时，我国各级地方政府对各项基本公共服务基本采用了“平均覆盖”“先有再优”的策略，各类基本公共服务从零起步，在计划经济制度下，党和政府建立了一套以政府为唯一责任主体的民生保障体系，这一套保障体系首先强调平等，但是需要指出的是，这一时期的平等与后来的“公平优先”有很大区别，这一时期的平等是不成体系的低水平平均，是在政府统一号令下，为了解决人民群众的燃眉之急而提出的应对之策。

值得注意的是，这一时期的低水平平均也是建立在城乡差异的基础上的，相比于这一时期的城镇，新中国成立初期的农村在基本公共服务领域还处于水平相对低的领域，政府在农村地区基本公共服务的责任这一时期是相对缺位的。在“农村支持城市”的号召下，我国广大农村不但没有享受到完善的基本公共服务，还不断向城市“输血”，支援城市的工业化建设，正如薄一波（1991）所指出的，“在我们这样经济落后的农业大国，进行大规模的工业化建设，在开始一个时期内，要求农民多提供一些积累是必要的，不可避免的”①。在基本公共服务方面，这一时期的农村属于“自己动手丰衣足食”的阶段，本着互相帮助的原则，合作社、互助组成为农民自我供给和满足的集体形式，但囿于这些基层组织规模小、专业化程度低，基本公共服务始终处于低水平运行。这一时期建立在城乡差异基础上的基本公共服务低水平平均成为我国城乡基本公共服务非均等化的根源。

抛开带有时代印记的城乡差异，虽然实现了基本公共服务内容上的尽可能覆盖和城乡区域基础上的大致均等，但是囿于当时的经济社会发展水平，基本公共服务总体上呈现出供给水平低下，供给产品短缺的特点。

## 第二节　改革开放后地方政府对基本公共服务的探索阶段（1979—2005年）

党的十一届三中全会以后，我国开始了波澜壮阔的改革开放进程，进入由计划经济体制向市场经济体制的转型时期，初步建立了社会主义市场经济体制，激发了地方政府和全体人民的积极性和主动性，综合国力不断增强，从新中国成立之初商品高度匮乏，人民生活水平低下，国民经济濒于崩溃、社会积贫积弱到2005年国内生产总值已经超过法国名列世界第五，平均增长率接近10%，伴随着国家经济发展，地方政府在基本公共服务供给领域也在不断探索，人民生活水平总体上由温饱开始向小康迈进。

### 一、城乡基本公共服务水平差距扩大时期（1979—1992年）

党的十一届三中全会的召开为我国基本公共服务事业的发展提供了新的思

① 薄一波：《若干重大决策与事件的回顾》（上卷），中共中央党校出版社，1991，第280-281页。

路，这一时期基本公共服务工作的主要任务就是及时纠正前一阶段不太合理的供给方式，确保劳动就业、社会保障、教育、医疗等基本公共服务的正常供给。就业方面，随着知识青年返城浪潮，城市出现大量失业人口，政府改变了以往全包全揽的分配模式，于1980年提出了“劳动部门介绍就业、自愿组织起来就业和自谋职业”的三结合方针，出让了一定的就业自主权，为就业机制的转变奠定了基础。从20世纪80年代到1993年新型就业服务体系开始建立，我国就业制度主要围绕着培育劳动力市场，完善就业服务体系展开。社会保障方面，新中国成立以来到1986年之前，我国的社会保障工作基本是零散的，不成体系的，1986年《国民经济和社会发展第七个五年计划》首次提出了“社会保障”概念，1993年党的十四届三中全会提出建立多层次的社会保障制度，标志着我国社会保障制度从分散化走向体系化。教育方面，“文化大革命”使我国教育事业，尤其是高等教育事业受到破坏。党的十一届三中全会以后，国家在恢复高考制度的基础上，开始着手教育体制改革，以基础教育为例，中共中央于1985年5月颁布《关于教育体制改革的决定》，1987年国家教委和财政部共同制定了《关于农村基础教育管理体制改革若干问题的意见》。两个政策文件都确定了把发展义务教育的责任交给地方，实行地方负责、分级管理的基础教育管理体制，并且开始有步骤地实施九年义务教育，加强中小学教师队伍管理等。医疗方面，国家开始允许个体医生经商行医，及时缓解当时医疗卫生资源短缺的困境，这为下一阶段允许社会力量参与公共服务供给提供了契机。1985年国务院批准了《关于卫生工作改革若干政策问题的报告》，医疗改革拉开序幕。根据统计，1985—1991年，县及县以上医院病床使用率基本保持在87.9%左右。而医疗机构数量、先进医疗设备保有量等指标也大幅增长。随着卫生事业规模迅速扩大，医院装备质量明显改善，到20世纪80年代末，居民看病难、住院难、手术难的问题已基本解决。

可以看出，改革开放之初，劳动就业、社会保障、教育、医疗等基本公共服务已经全面恢复并且纷纷进入改革初期，但是，各项基本公共服务供给水平的恢复与提高的受益地区基本集中在城镇，甚至部分领域集中在企事业单位和机关单位，伴随着城市基本公共服务供给的恢复、提升与积极改革，我国城乡之间基本公共服务水平差距重新开始扩大并有愈演愈烈之势。究其原因，1984年党的十二届三中全会通过了《中共中央关于经济体制改革的决定》，改革的重点从农村转向城市，可以说，国家改革领域的转向和传统的城乡二元体制桎梏了城乡基本公共服务的均衡发展，经济上表现为城乡人均收入差距逐步扩大。有学者研究，我国从 1976 年到 1995 年政府在农村农业基建领域的投资比重连年下降，其中对农村经济发展至关重要的水利基建投资也逐年回落，农村本就薄弱的基础设施建设更加雪上加霜，以前自发组成的合作社和其他形式的集体难以抵挡市场经济带来的风险，因此总体而言这一阶段中央和地方政府在农村基本公共服务方面的责任是有所缺失的。

## 二、探索基本公共服务供给主体多元化时期（1993—2005 年）

从中华人民共和国成立至改革开放前，中央政府对基本公共服务供给一手包办，地方政府也只能扮演积极配合的角色，政府成为基本公共服务的唯一供给主体。这种供给模式在计划经济时期为巩固政权、稳定社会秩序、解决温饱等目标提供了出路，但随着改革开放时代的到来，人民迫切需要提升生活水平，故发展经济成为中央和各地方政府的首要任务，在此背景下，以往大包大揽的基本公共服务保障已经对政府形成了沉重的财政负担，1992 年党的十四大报告正式确定我国的经济体制改革方向是建立社会主义市场经济体制，1993 年党中央在十四届三中全会上首次提出了效率优先兼顾公平的收入分配政策，自此政府开始重视效率，在效率优先的分配政策的引导下，我国地方政府开启了政府购买公共服务的探索。

政府购买公共服务的探索始于西方国家，我国在探索基本公共服务均等化历程中不断汲取西方政务文化的合理内核，1994 年我国改革开放的窗口城市——深圳率先采取了政府购买公共服务的创新举措，最早的探索是深圳罗湖区的环境卫生领域，之所以从环境卫生领域开始涉水，主要因为这一领域远离政府权力中心，适合进行外包、委托和购买的探索。继深圳之后，上海进行了政府购买公共服务的创新接力。1996 年上海市开创了地方政府购买社会组织服务的先例，浦东新区社会发展局率先向民办非企业单位罗山会馆购买服务。此后，政府购买服务开始呈现星星之火之势，其他城市也纷纷开始尝试从第三方购买公共服务，且覆盖内容逐渐扩展到教育、医疗、卫生、就业、社区服务等诸多领域。社会组织正式进入到我国基本公共服务供给体系中，大大提升了基本公共服务供给的效率，随之而来的是对政府在公共服务购买领域必须承担起更加多元化、复杂化的责任。

在改革开放初期坚持效率优先原则是由我国社会主义建设的根本任务决定

的，基本公共服务供给的多元参与意味着节约时间、减少财政负担、提升劳动生产率，但长期效率优先的价值导向为地方政府树立了以GDP为导向的政绩观，诱使其扮演理性经纪人角色，将提升经济总量的目标置于首位，竭力追求经济利益，对部分地方政府而言，提供公共物品供给“非不能也，而不为也”，主要不是因为财力不足，而是因为缺乏提供的积极性，忽略了教育、医疗、生态等基本公共服务方面的建设致使民众改革获得感偏低，据联合国开发计划署公布的数据，“用于教育、卫生保健的社会公共支出占GDP的比重，在2001年前后，瑞典、丹麦、法国、德国和古巴等国家比较高，约为13%~15%；加拿大、美国、英国、澳大利亚、日本等国次之，约为10%~12%；俄罗斯、巴西、韩国、泰国等国家约为6%~7%；而中国为4.5%，甚至低于印度的5%。[①] 政府在基本公共服务领域的投入与高速发展的财政收入没有同步增长，甚至在有些政府购买公共服务的领域，政府过度退出导致基本公共服务混乱，人民群众不满的情况。为了提升人民群众的幸福感与获得感，2002年党的十六大提出了初次分配注重效率，再分配注重公平的分配政策，表明党和政府已经深刻意识到了社会的发展必须注重公平，基本公共服务水平的提升就是对公平的最好注解。2003年《中华人民共和国政府采购法》颁布，政府购买基本公共服务进入法制化阶段，基本公共服务主体供给多元化实践开始走向规范。

## 三、本阶段履责特征

### （一）地方政府自主权增强

改革开放以前，无论是财政体制还是政治体制，地方政府都受到了明显的束缚，“家长式”的管理体制使得地方政府基本失去了自由裁量的制度空间，尽管法律规定了地方政府的责任框架，但各级地方政府在中央的绝对统一领导下动力不足。20世纪70年代以来，中央政府对改革前中央集权体制反思的结果就是对地方政府实施了“放权让利”为主要内容的行政性分权，以财政管理体制为突破口加强了地方政府行政管理权、人事权等权力。这一时期的分权是对中央和地方关系的探索性尝试，随着改革开放的推进，中央行政和经济管理权力的下放和地方自主权的增强使得地方政府逐步从过去计划和集中的传统体制束缚中解脱出来，凭借本地资源优势和信息优势做出因地制宜的决策。20世

① 中国社会科学院课题组：《努力构建社会主义和谐社会》，《中国社会科学》2005年第3期，第12页。

纪90年代，时任总理朱镕基一揽子政府改革方案将社保、医保、住房改革和教育公平等关注民生的问题提上改革的日程。因此这一阶段地方政府对责任定位的第一探索就是关于自主性的探索。

（二）政府主导，探索多元参与的履责方式

党的十一届三中全会以后，我国进入改革开放的新时期，社会经济领域最重大的变化就是开始认可并重视市场对资源的配置作用，在市场经济引领下，我国财政体制摆脱了原来“统收统支”的大锅饭模式，新的“财政包干”的体制大大激发了地方政府的积极性，地方政府不再是上一级政府的“牵线木偶”，而是作为真正意义上的独立主体。这一阶段随着经济的飞速发展和地方财政的增加，人民对于提升基本公共服务的诉求水涨船高，地方政府在教育、医疗、就业等关乎民生的基本公共服务方面的财政投入逐年加大，同时以往“企业办社会”“公社办社会”的“捆绑”有开始松动的迹象，基本公共服务供给逐渐失去传统的载体，因而政府自身基本公共服务生产能力的局限性和人民群众对基本公共服务的诉求之间的矛盾、政府相对匮乏的行政资源和必须肩负起重要的基本公共服务供给责任之间的矛盾、地方政府行政任务趋于繁重和有限的财政能力之间的矛盾使得多元主体参与基本公共服务均等化供给成为必然。

从1994年深圳迈出探索政府购买基本公共服务的第一步到2003年相关法律的颁布，经过十年的探索，多元主体参与模式已经成为地方政府基本公共服务供给的常态，总体上看，地方政府向民间组织购买的基本公共服务主要集中在社区管理与服务方面，比如助老、助残、技能培训、职业介绍、社会救助、流动人口管理、矛盾调解、公益服务等。多元主体的共同参与有效地推进了我国政府的职能转变和责任政府的建设，在降低了财政成本的同时也提升了基本公共服务质量，为新时期基本公共服务均等化提供了新的思路。

（三）地方政府的工作重点在经济发展与服务民生中摇摆权衡

这一时期，地方政府在与民生密切相关的基本公共服务履责过程中经常出现缺位与越位共存的情况。各级地方政府对基本公共服务的责任定位停留在“见物不见人”的阶段，在追求GDP的导向下，政府作为理性经济人，追求基本公共服务基础设施建设的政绩成了不可避免的趋势，这一时期我国各类基础设施建设成为政府提供基本公共服务的标志，为基本公共服务均等化提供了物质基础，但同时也面临后续服务跟不上，政府给的未必是人民需要的等深层次问题。与此同时，社会中要求政府明确定位的呼声也愈加高涨，政府在经济发展和民生诉求中不断权衡的过程也是不断摸索责任定位的过程。随着经济高速发展，政府在基本公共服务均等化工作中的责任愈加复杂，众多事务的实施和运行既需要多个部门齐抓共管，又需要边界清晰，分工明确。尽管这已经成为各层级政府管理的共识，但却是实施的痛点和难点。

## 第三节　顶层设计引导下地方政府基本公共服务均等化的完善阶段（2006 年至今）

2006 年 3 月，国家出台《中华人民共和国国民经济和社会发展第十一个五年规划纲要》，第一次提出“基本公共服务均等化”概念，以国家发展规划的形式从顶层设计层面回应了民众诉求，指明了以政府为主导的基本公共服务应该“到哪里去”。从 2006 年至今，党和政府不断摸索基本公共服务均等化的政策完善路径（如表 2-6 所示），各地方政府在顶层设计引导下开始了本地区“基本公共服务均等化”的发展历程。总体而言，基本公共服务均等化是党和政府在历经大包大揽的计划经济和摸着石头过河的市场经济做出的进一步探索，是人民群众在历经均等的贫穷和非均衡发展之后做出的历史选择。

表 2-6　2006 至今我国基本公共服务均等化政策的政策逻辑演变

| 时间 | 会议 | 出台政策/文件 | 相关内容 |
|---|---|---|---|
| 2006 年 3 月 | / | 《中华人民共和国国民经济和社会发展第十一个五年规划纲要》 | 第一次提出“基本公共服务均等化”概念 |
| 2006 年 10 月 | 中共中央十六届六中全会 | 《中共中央关于构建社会主义和谐社会若干重大问题的决定》 | “基本公共服务体系更加完备”被明确列为到 2020 年中国构建社会主义和谐社会的九大目标和主要任务之一 |
| 2007 年 10 月 | 中国共产党第十七次全国代表大会 | 十七大报告 | 以围绕推进基本公共服务均等化和主体功能区建设，完善公共财政体系；以改善民生为重点的社会建设，使全体人民学有所教、劳有所得、病有所医、老有所养、住有所居 |

续表

| 时间 | 会议 | 出台政策/文件 | 相关内容 |
| --- | --- | --- | --- |
| 2008年10月 | 十七届三中全会 | / | 到2020年，城乡基本公共服务均等化明显推进，农村文化进一步繁荣，农民基本文化权益得到更好落实，农村人人享有接受良好教育的机会，农村基本生活保障、基本医疗卫生制度更加健全，农村社会管理体系进一步完善 |
| 2010年3月 | 时任国务院总理温家宝答记者问 | / | 公平正义比太阳还要有光辉 |
| 2012年7月 | / | 国务院公布《国家基本公共服务体系“十二五”规划》 | 所谓基本公共服务是在一定社会共识的基础上，由政府主导提供的、与经济社会发展水平和阶段相适应的、并以保障全体公民生存和发展的基本需求为根本目的的公共服务 |
| 2012年11月 | 中国共产党第十八次全国代表大会 | 十八大报告 | 加快推进基本公共服务均等化，缩小收入分配差距；要围绕构建中国特色社会主义管理体系，加快形成政府主导、覆盖城乡、可持续的基本公共服务体系 |
| 2017年1月 | / | 《国务院关于印发“十三五”推进基本公共服务均等化规划的通知》 | 基本公共服务是由政府主导、保障全体公民生存和发展基本需要、与经济社会发展水平相适应的公共服务。基本公共服务均等化是指全体公民都能公平可及地获得大致均等的基本公共服务，其核心是促进机会均等，重点是保障人民群众得到基本公共服务的机会，而不是简单的平均化 |
| 2017年10月 | 中国共产党第十九次全国代表大会 | 十九大报告 | 推进基本公共服务均等化，逐步缩小城乡区域发展差距 |
| 2018年7月 | 中央全面深化改革委员会第三次会议 | 《关于建立健全基本公共服务标准体系的指导意见》 | 建立健全基本公共服务标准体系，明确中央与地方提供基本公共服务的质量水平和支出责任，以标准化促进基本公共服务均等化、普惠化、便捷化 |

续表

| 时间 | 会议 | 出台政策/文件 | 相关内容 |
| --- | --- | --- | --- |
| 2019年1月 | / | 加大力度推动社会领域公共服务补短板强弱项提质量促进形成强大国内市场的行动方案 | 加大力度推动社会领域公共服务补短板、强弱项、提质量，促进形成强大国内市场 |
| 2019年10月 | 十九届四中全会 | / | 必须健全幼有所育、学有所教、劳有所得、病有所医、老有所养、住有所居、弱有所扶等方面国家基本公共服务制度体系，注重加强普惠性、基础性、兜底性民生建设，保障群众基本生活 |
| 2021年4月 | / | 《国家基本公共服务标准（2021年版）》 | 涵盖了幼有所育、学有所教、劳有所得、病有所医、老有所养、住有所居、弱有所扶等“七有”，以及优军服务保障、文化服务保障“两个保障”，共9个方面、22大类、80个服务项目 |

资料来源：作者自制。

说明：“会议”一栏中的“/”表示整理的相关内容并非出自某个特定会议。“出台政策/文件”一栏中的“/”表示整理的相关内容出自会议精神或讲话，非会议文件。

## 一、覆盖城乡的基本公共服务均等化政策出台时期(2006—2012年)

改革开放后地方政府进入了基本公共服务的探索阶段，主要表现在基本公共服务各个领域陆续拉开改革的序幕，正如前文所提及，这些改革在上一阶段主要集中在以企事业单位和机关单位为代表的城镇地区，无形中重新进一步拉开了城乡基本公共服务供给的差距。但随着2006年国家“基本公共服务均等化”概念的提出，各项基本公共服务陆续走向改革的深水区，即将改革的重点转向农村地区，扩大基本公共服务的覆盖面和收益人群。社会保障方面，党的十六届六中全会强调，要“逐步建立社会保险、社会救助、社会福利、慈善事业相衔接的覆盖城乡居民的社会保障体系。完善城镇职工基本医疗保险，建立以大病统筹为主的城镇居民医疗保险，发展社会医疗救助。加快推进新型农村合作医疗。”2009年9月，国务院发布了《关于开展新型农村社会养老保险试点的指导意见》，提出要探索建立个人缴费、集体补助、政府补贴相结合的“新农保制度”。农村社会养老保障，实行社会统筹和个人账户相结合，与家庭养老、土地保障、社会救助等相配套，着力推进“老有所养”，至此，覆盖全社会的养老保障制度在我国得以确立。教育方面，以义务教育为例，20 世纪 80 年代我国政府就设想从财政上保障接受义务教育的学生的权益，但是碍于政府财力不足和基础过大，义务教育中的政府“义务”始终没有到位，随着国家经济实力的增强和社会的迅猛发展，在中央政府的大力支持下，各级地方政府根据对“免费”的需求度，有意识地开始弥补义务教育的空缺，具体来说，2006 年西部地区农村义务教育阶段全部免除学杂费，2007 年这一利好政策扩展到中部和东部地区，2008 年“义务教育阶段学生学杂费全部免除”政策在全国范围内实施，这一事件成为中国教育史上的里程碑；医疗方面，2009 年 4 月，中共中央、国务院联合发布《关于深化医药卫生体制改革的意见》，提出了我国“四位一体”的公共卫生发展目标，即“建立覆盖城乡居民的公共卫生服务体系、医疗服务体系、医疗保障体系、医药供应保障体系”。

由此，国家在这一时期高度重视农村基本公共服务供给工作，四年间在社会保障、教育、医疗卫生等方面陆续出台了提升农村基本公共服务水平的政策，党和政府已经清晰地认识到，实现基本公共服务均等化的目标短板在农村，重点在农村，只有有的放矢地提升农村基本公共服务水平，“均等化”的目标才能实现。

## 二、基本公共服务均等化“清单—标准”规范时期（2013 年至今）

将 2013 年作为我国地方政府基本公共服务责任演进的节点主要原因有二，一是 2012 年末，党的十八大指出“提高人民物质文化生活水平，是改革开放和社会主义现代化建设的根本目的”，表明关注民生、重视民生、保障民生和改善民生始终贯穿在我国改革开放和中华民族伟大复兴的宏伟目标中，给地方政府指明了民生发展的目标。二是 2012 年国务院印发了《国务院关于印发国家基本公共服务体系“十二五”规划的通知》，历史上第一次从顶层设计层面规定了基本公共服务详细规划，这份规划对于地方政府而言相当于基本公共服务均等化领域的“定海神针”，标志着我国基本公共服务均等化建设迈向标准化的新阶段。

地方政府履行推进基本公共服务均等化责任的目的在于使全体公民都能公平可及地获得大致均等的基本公共服务，“十三五”规划中将基本公共服务划分为 8 个大类 81 个子项目，对地方政府而言是一套完整而庞大的民生体系。随着我国经济从高速发展进入到高质量发展阶段，大量的财政资金和行政资源进入到基本公共服务领域，旨在提升人民的幸福感和获得感。但是大量的人力、物力和财力如何分配，到何种程度，底线在哪里，一直以来都没有明确的规定。

2014 年，作为试点，浙江省公布了全国首张省级政府责任清单，涉及 43 个部门、549 项职责，开启了地方政府探索公共服务责任标准化的先河，这一试点得到了中央政府的认可，2015 年 3 月，李克强总理在十二届全国人大三次会议中做政府工作报告，提出要公布省级政府权力清单、责任清单，切实做到法无授权不可为、法定职责必须为。2016 年 8 月，国务院《关于推进中央与地方财政事权和支出责任划分改革的指导意见》正式对外公布，以财政为突破口，我国向权责一致的责任政府建设迈出了坚实的一步，对地方政府在基本公共服务均等化工作中要承担哪些责任，以何种方式承担责任，有了权威的解释。随着 2017 年“十三五”规划的发布，我国基本公共服务均等化进入到清单—标准的规范阶段，为各级各地方政府提供了“服务公约数”，在设置了红线的同时拓展了“上不封顶”的能动空间，对社会多元主体参与监督评估本地方政府在基本公共服务均等化方面的履责情况提供了最低参照。2019 年，市场监管总局、国家发改委和财政部在提出关于开展国家基本公共服务标准化试点的工作通知，要求到 2021 年，通过国家基本公共服务标准化试点工作，推动各地区在标准制定、实施、应用、宣传，以及标准水平城乡均衡、动态调整、监测评估方面探索创新。我国省一级地方政府在“十三五”基本公共服务均等化清单发布后，陆续根据本省实际情况，出台了相应的均等化清单。本研究从我国东中西部地区各选择一个省份作为对比，如表 2-7 所示。

**表 2-7　央地基本公共服务均等化政府责任清单**

<table>
<tr><th></th><th colspan="2">中央</th><th>江苏省</th><th>河南省</th><th>四川省</th></tr>
<tr><td rowspan="3">基本公共教育</td><td>1</td><td>免费义务教育</td><td rowspan="3">1. 删除“3. 寄宿生生活补助”</td><td rowspan="3">1. 增加“建档立卡贫困家庭 3－6 岁儿童学前教育保教费补助”</td><td rowspan="3">无改变</td></tr>
<tr><td colspan="2">……</td></tr>
<tr><td>8</td><td>免除普通高中建档立卡等家庭经济困难学生学杂费</td></tr>
<tr><td rowspan="3">基本劳动就业创业</td><td>9</td><td>基本公共就业服务</td><td rowspan="3">1. 删除“大中城市联合招聘服务”；2. 删除“‘12333’人力资源和社会保障服务热线电话咨询”；3. 增加“农民工培训”</td><td rowspan="3">无改变</td><td rowspan="3">1. 增加“新市民培训”<br>2. 增加“咨询服务”</td></tr>
<tr><td colspan="2">……</td></tr>
<tr><td>18</td><td>劳动保障监察</td></tr>
</table>

续表

| | 中央 | | 江苏省 | 河南省 | 四川省 |
|---|---|---|---|---|---|
| 基本社会保险 | 19 | 职工基本养老保险 | 无改变 | 无改变 | 无改变 |
| | …… | | | | |
| | 25 | 工伤保险 | | | |
| 基本医疗卫生 | 26 | 居民健康档案 | 删除“39社区艾滋病高危行为人群干预” | 无改变 | 增加“疾病应急救助 |
| | …… | | | | |
| | 45 | 食品药品安全保障 | | | |
| 基本社会服务 | 46 | 最低生活保障 | 1. 删除“法律援助”；2. 删除“基本殡葬服务”；3. 增加“惠民殡葬服务”；4. 增加“法律援助和村（社区）法律顾问” | 无改变 | 无改变 |
| | …… | | | | |
| | 58 | 重点优抚对象集中供养 | | | |
| 基本住房保障 | 59 | 公共租赁住房 | 无改变 | 无改变 | 无改变 |
| | …… | | | | |
| | 61 | 农村危房改造 | | | |
| 基本公共文化体育 | 62 | 公共文化设施免费开放 | 1. 删除“63送地方戏”；2. 删除“68少数民族文化服务“；3. 增加“公益性流动文化服务”；4. 增加“数字文化服务” | 无改变 | 1. 公共文化设施免费开放改为“设施开放”；2. 送地方戏改为“演出下乡”；3. 加“文体活动”；4. 加“数字文化活动” |
| | …… | | | | |
| | 71 | 全民健身服务 | | | |
| 残疾人基本公共服务 | 72 | 困难残疾人生活补贴和重度残疾人护理补贴 | 1. 增加“残疾人辅助器具适配与家庭无障碍改造补贴”；2. 增加“12345在线服务” | 无改变 | 1.“残疾人康复”改为“重度残疾人康复”+“残疾人康复服务机构”；2. 增加“残疾人扶贫对象生活费补贴”；3. 增加“义务教育阶段特殊教育” |
| | …… | | | | |
| | 81 | 无障碍环境支持 | | | |

续表

| | 中央 | 江苏省 | 河南省 | 四川省 |
|---|---|---|---|---|
| 基本公共交通 | 无此项内容 | 城市公共交通服务 | 无此项内容 | 无此项内容 |
| | | 镇村公共交通服务 | | |
| | | 城乡居民饮用水安全保障 | | |
| 环境保护基本公共服务 | | 污水处理服务 | | |
| | | 生活垃圾无害化处理服务 | | |
| | | 环境气象服务 | | |
| | | 环境监测评估与应急服务 | | |

说明：江苏、河南、四川省份的基本公共服务均等化政府责任清单中的变更是与国家“十三五”基本公共服务均等化清单相比较而言。

## 三、本阶段履责特征

政府的责任是为了向人民群众提供充分的、优质的公共服务，尤其是基本公共服务，这是各级政府行为的出发点，也是政府运行的归宿。在地方政府基本公共服务均等化履责的完善和规范阶段，地方政府的责任主要表现出以下特点。

（一）在科学发展的政策理念下履责

党的十七大将科学发展观写入党章，自此科学发展观成为指导我国改革与发展的战略性思路，在科学发展观的引领下，我国政府在基本公共服务领域的政策环境出现了新的改变。第一，政治环境方面，科学发展观强调社会主义民主政治的本质和核心是人民当家作主，时任国家主席胡锦涛表示，“通过选举、投票行使权力和人民内部各方面在重大决策之前进行充分协商，尽可能在共同性问题上取得一致意见，是我们社会主义民主的两种重要形式”，在人民当家作主的理念引领下，地方政府在基本公共服务的供给从传统的“供—取”模式发展到“询—供—取”模式，地方政府开始将人民群众的意见和建议纳入政策制定和整体供给的流程中，充分体现了在科学发展观概念下的人民当家作主理念。第二，科学发展观的理念成为我国“不以 GDP 论英雄”政绩观的起点，为后来“绿水青山就是金山银山”的正确政绩观奠定了基础。传统以 GDP 为尊的发展衡量标准在过去很长一段时间被各级地方政府如获至宝，供奉至上，甚至将 GDP 总量与人民的幸福感直接画上等号，这种狭隘的政绩观在很大程度上影响了地方政府的执政方向，盲目追求亮眼的数字绩效和“带血的 GDP”，而忽视了人民群众对于美好生活的向往。以人为本的发展理念改变了过去片面追求经济指标和经济增长速度的发展模式，为地方政府反思和修正基本公共服务相关政策提供了可参考的路径。科学发展观理念下，GDP 的压力有所缓解，政府责任回归本位，地方政府制定的政策有了除经济效益以外的社会评判标准，政策环境变得更加多元和包容。第三，从全社会来说，人民群众在科学发展观的引领下，对地方政府的诉求也发生了潜移默化的改变，以往把收入增长与幸福直接画等号的观念逐渐加入了生活质量的元素，不仅仅关注地方政府对经济增长的把控能力，同时更加关注地方政府在公共服务方面的表现，甚至一定程度上，地方政府公共服务水平和能力是吸引人口流动的重要因素。随着科学发展的观念深入人心，民众对基本公共服务的诉求也成为倒逼地方政府提升基本公共服务供给水平的动力。

（二）“以人为本”的民生保障价值导向

以人为本的价值理念在我国古已有之，最早提出“以人为本”的是春秋时期齐国名相管仲，《管子》“霸言”篇中有云“夫霸王之所始也，以人为本。本理则国固，本乱则国危”①，意为齐桓公的伟业之所以会有良好的开端，也是以人民为根本的。可见，以人为本的概念从古至今并没有很大的变化，2007 年，党在十七大报告中将科学发展观写入党章，科学发展要求将以人为本作为核心立场，基本要求是全面协调可持续发展，这与 2006 年我国提出“基本公共服务均等化”概念不谋而合，同时呼应了我党在十六届四中全会中提出的“和谐社会”理念，可以说在这一阶段，“人”的价值第一次以政策的形式被“看见”，“人”的诉求首次以政策的形式被提出。在以人为本的价值导向下，我国基本公共服务领域的政策环境发生了潜移默化的改变，经济发展不再成为目的本身，而是成为全面实现小康社会的途径之一，因此经济的发展不再“一家独大”，而是需要地方政府在经济、社会、文化等多方面全面推进，共同发展。为了全面实现小康社会的目标，以人为本的发展理念下，政府的眼光越来越投向贫困地区和弱势人群，重点加大教育、医疗卫生、社会保障、就业、住房等民生领域投入，并向中西部地区倾斜。对社会主义的中国而言，维护人民群众的切身利益是各级政府义不容辞的责任，在实现基本公共服务均等化的过程中，地方

① 《管子》，商务印书馆，1936，第 2 册第 8 页。

政府对贫困对象从制度保障、脱贫能力、文化水平、心理建设等多方面精准入手，增强贫困地区的造血能力，从根源上提升基本公共服务水平，缩小贫富差距、城乡差距、地域差距，提升贫困地区基本公共服务的可及性，提升“均等化”的精准性。对于老少边穷地区而言，各类民生基础设施薄弱加之地方政府财政资源有限，基本公共服务水平提升的速度远远低于非贫困地区，造成基本公共服务领域的“马太效应”。扶贫工作从“助谁”“谁助”和“如何助”等方面体现精准的价值导向，以靶向定位的方式有针对性的提升贫困地区的基本公共服务水平。以教育为例，2015 年国务院颁布《乡村教师支持计划（2015—2020 年）》，提出教育均等化的薄弱环节和短板在乡村和中西部老少边穷岛等地区，有针对性地加强乡村教师队伍建设，改善教育设施硬件师资水平软件等情况，阻断由失学引发的代际贫穷，增加教育均等化的可及性。

（三）地方政府责任定位的新探索

第一，在服务型政府定位下积极履责。2006 年 10 月，党的十六届六中全会明确要求“建设服务型政府，强化公共服务和社会管理职能”，从此之后，服务型政府被写入党的指导性文件中，同年，国家第一次提出基本公共服务均等化概念，由此，建设服务型政府与实现基本公共服务均等化都归依到人民满意的价值追求上。基本公共服务作为服务型政府的职责的组成部分，体现了从人的共生共在出发，以兜底、协调、合作的态度实现地方政府从效率到公平，再到服务的价值导向的转变。在服务型政府建设视角下，地方政府摒弃了过去管制型政府不甚合理的责任划分方式，明确了地方政府为基本公共服务的兜底责任，同时还权于社会和市场。

第二，新时期以来对地方政府“权责一致”的追求。面对中国在权责划分中出现“权责背离”的现象，党和国家意识到责任政府建设是国家治理现代化的重要内容，权责一致是责任政府建设的基本前提（张喜红，2016），是促使地方政府肩负教育、医疗等基本公共服务责任的关键路径。

第三，地方政府对基本公共服务在基本公共服务均等化工作中进入了“见物也见人”的阶段，我国经济增速的奇迹为世界所瞩目，同时党和政府也注意到了经济增长背后存在的问题，历届全国两会愈发成为民生问题的集中讨论场，也是党和政府一年来改善民生成绩的大检阅和了解未来民生政策的透视窗。这一阶段考核政府基本公共服务责任履行情况不仅仅要停留在与民生相关的基础设施方面，更多从民众需求角度出发，政府的关注点开始转向民众需要什么，这一阶段民众的改革获得感在原先基础上有了比较大的提升。

第四，政府责任的有限和有序的“离场”。在新的历史阶段，市场竞争机制进入基本公共服务领域，社会非营利性组织开始参与共同治理。过去政府在这一领域“不该管”“管不好”“管不了”的事情很大程度上可以由市场和社会解决，但是如果将责任完全推给社会和市场，实行“政府的退却”是不负责任的行为，政府责任需要有限和有序的退场，优化工作流程，运用现代管理手段和方法，从“管制、命令、单向供给”的职责“离场”，对共同参与治理的主体实施扶持、政策、监督和指导的责任。

第五，地方政府不再将责任与“显绩”捆绑，而是重视在“潜绩”中体现政府责任。习近平同志曾强调，“‘潜’与‘显’是对立统一的一对矛盾”；“‘潜’是‘显’的基础，‘显’是‘潜’的结果，后人的工作总是建立在前人基础之上的，如果大家都不去做铺路石，甘于默默无闻地奉献，‘显绩’就无从谈起，就成了无本之木、无源之水，即使有‘显绩’，充其量也只是急功近利的‘形象工程’”。[①] 党的十八届三中全会以来，我国政府责任考量有了明显变化，除了“看得见”的显绩，还要求各级地方政府重视潜绩，例如将环境保护的重要性提升到显著的位置上来。

① 习近平：《之江新语》，浙江出版社联合集团、浙江人民出版社，2016，第108页。

# 第三章　基本公共服务均等化过程中地方政府履责的内容体系与指标构建

古语有云，“夫以铜为镜，可以正衣冠；以史为镜，可以知兴替；以人为镜，可以明得失”，本研究在第二章中以历史的视角回溯了我国在基本公共服务及其均等化的发展过程，厘清了新中国成立70多年来我国地方政府在民生发展方面的得与失，是非常必要的，但是同时这种历史的回溯视角是庞大的，同时也是模糊的，在基本公共服务均等化进入“完善和规范”阶段，简单的历史回溯不能满足党和政府对于“治理体系和治理能力现代化”的要求，基于此，笔者试图建立一套针对地方政府基本公共服务均等化履责测评的框架与具体指标，这套指标就像一把高效的“钥匙”，可以精准打开提升地方政府基本公共服务履责的效率之门，助力解决新时代我国“人民日益增长的美好生活需要和不平衡不充分的发展之间的矛盾”。

戴维·E. 奥斯本和特德·盖布勒在其著作《改革政府》中提出，“若不测定效果，就不能辨明成功还是失败”①，没有具体的测评指标，就无法呈现效果，所有的美好愿景就只能停留在中央政策和口号宣传上，各级地方政府就将失去改革的抓手，人民群众也将失去改革过程中的获得感，有悖于党和政府在基本公共服务均等化工作上的初衷。构建地方政府基本公共服务均等化责任测评框架与具体指标是一套系统流程，这其中包括确定协助筛选专家、确定专家群体协助筛选的方式、对指标进行隶属度判断、指标的鉴别力判断、指标的信效度检验、指标权重的确定等基本环节。

---

① 戴维·E. 奥斯本，特德·盖布勒：《改革政府：企业精神如何改革着公营部门》，周敦仁等译，上海译文出版社，2006，第103-109页。

# 第一节 基本公共服务均等化过程中地方政府履责指标的价值导向

价值导向是行为主体在价值选择和决策过程中的一种倾向性，是行为主体自觉的、有目的的能动选择和把握。[①] 价值导向决定了主体在采取行动时的价值选择，决定了政府责任评估指标的基本方向。我国从改革开放伊始“摸着石头过河”到如今逐渐探索出一条有中国特色的改革之路，民众的幸福感和获得感稳中有升，这和政府始终坚持为人民服务的总方针有密不可分的关系，在为人民服务的大原则下，政府作为基本公共服务供给的责任主体，测量和考评各级政府责任的价值选择也随着政府治理理念的变化而不断调整。本书所研究的基本公共服务均等化过程中地方政府履责测评指标作为价值导向的具体表现形式，承担着地方政府责任落地的职责。而随着我国政府治理经验的不断丰富和治理理念的不断完善，地方政府责任测评的价值导向也处于发展和变化之中，这种变化可以是指标结构的变动，也可以是指标内容的调整，但是无论如何变动，都要秉承“平衡”的价值导向，即公平公正与扶弱助困的平衡、政府权威与治理技术的平衡、科学逻辑与提升效能的平衡，在“初心”不变的前提下适应时代发展的要求。

## 一、公平公正与弱势救济的平衡

国家和政府的本质要求基本公共服务均等化必须以公平正义作为逻辑起点，作为政治学范畴的正义，正如罗尔斯所言，“每个人对与其他人所拥有的最广泛的基本自由体系相容的类似自由体系都应有一种平等的权利”，即只要不侵害或缩小他人权益，任何人都可以享有社会基本结构的公开规范所规定的自由，这是实现正义的方法；作为哲学范畴的“正义”，反映的是人们追求利益关系，特别是分配关系合理性的价值理念和价值标准，[②] 这是实现正义的结果。地方政府在基本公共服务均等化领域中的履责既要兼顾正义的结果——公

① 金波、晏秦：《从档案管理走向档案治理》，《档案学研究》2019 年第 1 期，第 46-55 页。

② 张佳：《大卫·哈维的空间正义思想探析》，《北京大学学报（哲学社会科学版）》2015 年第 1 期，第 82 页。

平公正，也要监督实现正义的手段——扶危济困，在二者的平衡中实现每个人对应的“平等的权利”。

马克思认为，无论自身条件如何，每个社会成员都有同等的基本生存与发展权利，每一个劳动者都有享受经济增长、经济发展带来福利的平等权利。公平公正作为政治学中价值追求的核心主题，也是基本公共服务供给的重要标准。作为社会有序运行的基本原则，正如罗尔斯所言，“自由和机会、收入和财富、自尊的基础——都要平等地分配，除非对其中的一种机制或所有机制的一种不平等分配合乎每一个人的利益”。当代民营化大师萨瓦斯也指出：“公共服务绩效在很大程度上取决于提供服务的设施、资源在空间上的公平分配。”[①] 基本公共服务均等化作为一个随着时代变迁不断发展的动态概念，其万变不离其宗的核心要义在于“均等化”，这一提法是公平公正价值追求的外化表现形式，是地方政府基本公共服务工作的落脚点，指引着测评指标体系的价值方向。作为衡量基本公共服务均等化过程中地方政府履责情况的指标，尤其要关注地方政府是否以自身所能给予了民众最大程度的公平和公正的待遇，是否将“均等化”目标落实到位。

为了实现公平公正的目标，地方政府必须向社会成员平等地分配社会发展的成果和社会合作所产生的负担，平等地分配社会赋予个人的基本权利和义务。但正如之前所提到的：“在国和国、省和省甚至地方和地方之间总会有生活条件方面的某种不平等存在。这种不平等可以减少到最低限度，但是永远不可能完全消除。阿尔卑斯山的居民和平原上的居民的生活条件总是不同的。”[②] 恩格斯这段表述表明其客观承认由于自然资源禀赋差异而导致的不均等问题。为了解决这一问题，地方政府必须对公平公正的价值起点和扶危助困的实践过程进行有机的平衡，因为问题的客观存在与引导问题解决的价值导向并不冲突，在承认差异的同时，恩格斯也指出，“一切人都是平等的，都应当享有平等的政治地位和社会地位”[③]，马克思主义将“实现每一个人自由而全面的发展”作为追求的终极目标。为了实现这个目标，马克思认为，对于那些遇到不幸事故、

① 陈振明：《国家治理转型的逻辑——公共管理前沿探索》，厦门大学出版社，2016，第 294 页。

② 中共中央马克思恩格斯列宁斯大林著作编译局：《马克思恩格斯全集（第 3 卷）》，人民出版社，2009，第 415 页。

③ 中共中央马克思恩格斯列宁斯大林著作编译局：《马克思恩格斯全集（第 3 卷）》，人民出版社，1995，第 142-143。

自然灾害以及由于各种原因丧失劳动能力的人，社会必须给予关注，并设立专门基金保障他们的基本生存和发展权利。基本公共服务均等化的目标就是实现各区域之间、城乡之间人民群众享受到大致均等的基本公共服务，这就要求各级地方政府关注不同阶层人群中的"效应短板"，即社会中的弱势群体。只有补齐弱势群体的"短板"，才能实现均等化的目标。基本公共服务均等化测评指标作为衡量地方政府责任履行的政策性工具，必须引导社会各界关注弱势群体，实现各阶层、各区域基本公共服务的起点均等和结果均等。

## 二、政府权威与治理技术的平衡

塞缪尔·亨廷顿曾提出发展中国家政治发展的首要任务就是建立一个强大的政府，只有强大的政府才能应对传统向现代社会演进中激烈的政治变迁与政治动荡。我国作为世界上最大的发展中国家，建立"强大的政府"的根基何在？从政治学角度，正如社会契约论所言，政府的权力来自公民的委托，以保障全体公民的公共利益需要。基本公共服务作为公共利益中的重点环节和重要内容，狄骥甚至断言，"公共服务的概念正在逐渐取代主权的概念而成为公法的基础"，因此，政府承担基本公共服务均等化的责任是维护自身合法性基础的需要，是建立和维护政府权威的需要，也是构建责任政府的需要。政府的权威与一般的权威不同，其具有合法意义上的公共性与强制性，换言之，政府对公共产品和公共服务等公共性利益的分配具有天然的合法性。但是具有权威作为全世界政府的"通用"特征，能否运用好这一得天独厚的优势则要看各国政府的"本事"。奥斯本和盖布勒明确指出："今天，政府所面临的核心问题，不是它们做什么，而是如何做。……关于政府应该为谁做什么问题的辩论，已经退居其次。"① 安德森也强调："行政管理机构的实施活动依靠的不仅仅是该机构官员的态度和动机，以及外部的压力，而且取决于该机构所能获取的政策实施技术。"因此治理技术的方式、方法的使用是否恰当，直接决定了政府目标能否顺利实现，进而以累积的方式影响政府的权威性。可以说，具有合法性的政府权威是对治理技术的保障，符合科学规律和社会历史发展规律的治理技术是对政府权威的有效巩固，二者有效补充。地方政府在基本公共服务均等化履责的价值导向上需要找到政府权威与治理技术的平衡点。

---

① 戴维·奥斯本、特德·盖布勒：《改革政府：企业精神如何改革着公营部门》，周敦仁译，上海译文出版社，1996，第8页。

关于技术，正如埃吕尔所说的那样，技术就是“在一切人类活动领域中通过理性得到的、具有绝对有效性的各种方法的整体；同时，技术还是秩序、模式和机制的总和，是合理的、有效活动的总和”①。吴敬琏教授进一步指出，只有被有效组织起来的技术才是有用的技术，即技术要真正成为技术，需要被组织化、制度化。政府的治理技术贯穿政府治理的整个政策过程，在制定、筹备、执行、评估和监督等每一个环节都需要组织化、制度化、系统化和规范化的治理技术作为保障。推崇治理技术的价值导向意味着随着技术的进步，政治的技术过程将逐渐系统化和正规化。技术的逻辑与政治的逻辑像两个相互吸引的磁场，因为“需要”而相互靠近。

总而言之，成功的治理不能仅依靠政府权威，权威失去技术支撑与权力失去制约一样，很容易剑走偏锋，最终损害政府政权的合法性，甚至落入塔西佗陷阱。地方政府在履行基本公共服务均等化责任的过程中，要找准政府权威与治理技术的平衡点，以专业的技术、强有力的执行力来满足人民群众的基本公共服务均等化诉求。

## 三、科学性与可操作性的平衡

统计指标是对客观过程的概括和抽象，是描述和反映社会经济现象数量特征的基本概念和具体数值。统计指标体系的生成不是凭空捏造的，首先要根据对相关社会经济现象的了解和认识，深刻把握地方政府运行的过程、形式和特征。第二，结合已有的认知，运用科学的逻辑思维方法进行概括和归纳，最终得出能够反映地方政府基本公共服务均等化履责的，具有基本数量特征的可操作性概念。从以上分析可以发现，科学的测评指标必须“仰望星空”，受到科学理论的指引，同时也要“脚踏实地”，具备基本的可操作性。

所谓科学性，就是要求测评指标必须符合科学逻辑。作为政府治理的手段和途径，测评指标是政府治理目标和治理结果之间的桥梁，是实现政策落地不可或缺的治理工具。符合科学逻辑的测评指标体系是在适应社会、经济、文化等外部环境因素的前提下，能够涵括社会的需求与支持，继而通过测评系统协助决策者对社会资源进行价值分配，最后做出价值、财富、资源等再分配的过程。我国城乡之间、东西部之间在基本公共服务均等化程度方面存在很大的差

① 陈昌曙：《技术哲学引论》，科学出版社，1999，第95页。

异已经是不争的事实，要以全国一盘棋的角度实现基本公共服务均等化，测评指标就必须兼顾不同层级地方政府的责任范围、责任能力，同时兼顾不同区域、不同经济发展水平，确保政府在基本公共服务均等化过程中权责一致，能够以科学的测评指标衡量自身责任履行的状况。因此，在构建地方政府基本公共服务责任测评指标体系的准备阶段，要科学评估责任履行的内外部因素，把握政府责任履行的内容和方式，特别是厘清不同层级的地方政府履行责任的区别以及责任主体的特点，不仅对指标的结构与内容进行科学化设计，还必须对测评工具和测评流程进行科学的设计，只有这样才能保障测评工具的生命力。

所谓可操作性，就是要注重测评指标的适用性与实用性。现实生活中，人民群众的获得感不仅来源于中央政府对基本公共服务工作的顶层设计，更来源于各级地方政府在这项工作中的责任履行。因此可操作性就成为指标构建的重要导向之一。可操作性首先要求指标细化和"落地"，将抽象的责任概念分解为系统的环节与合理的步骤，将责任概念"可操作化"，才能有效衡量政府的责任履行程度。

### 四、向度一致与指标独立的平衡

学者库珀（T. Copper）指出政府责任实际上由客观的责任行为和公务员个人伦理的自主性两个方面构成。我国学者张成福对此观点也表示认可，即政府承担的责任具有主客观之分，"主观责任是行政人员伦理的自主性；客观责任是来自法律的、组织的和社会的需求，不是由个人决定的，而是由别人决定在其位应该如何谋其职"，本研究意欲厘清地方政府在基本公共服务均等化过程中履行的客观责任，故而所有指标的指向都应该具有统一的向度，即共同指向地方政府应当如何"谋其职"。向度一致的价值导向确保了测评中的单项指标必须从不同的环节、不同的角度反映地方政府的客观性责任。

与整体指标体系向度一致相对应的，是各指标之间的相互独立性，尼古拉斯·亨利曾指出，"由于评估者的偏见，评估标准模糊不清……公共部门绩效评估的可靠性和权威性受到了影响"①。他是在强调评估指标的设计问题。从指标的操作性层面看，如果指标之间的关联性过高，就有理由怀疑指标之间所表达的意图是相似的，所测度的功能是雷同的，这就一定程度上削弱了其他指标

① 尼古拉斯·亨利：《公共行政与公共事务（第8版）》，中国人民大学出版社，2002，第435页。

的地位，占用了其他指标的权重，达不到科学研究所要求的独立性原则。这就要求研究者在测评的过程中既要删去隶属度低的指标，同时也要删去关联性高的指标，保留那些隶属度高同时关联性低的指标，确保指标的独立性。

## 第二节　基本公共服务均等化过程中地方政府履责指标测评的内容体系

意图研究政府在基本公共服务均等化工作中的履责情况，就要深刻理解人民群众对政府的内心期待，并且将这种期待真正内化成为改造社会的动力，就需要更加落地、更加连贯的研究，就需要将研究理论体系化。一般而言，连贯、封闭的理论环至少应该具备“内涵界定—价值导向—主体确定—实现机制—绩效评价—审视不足、改进问题”这些基本环节，这些环节犹如基本公共服务均等化理论的“戴明环”，构成了一套完整的链式工具。因此本研究应当更加务实，以社会工具的视角进行双向检视。一方面，将连贯的理论体系积极“落地”，解决现实问题。另一方面，以现实社会问题审视研究体系出现的不足，及时发现研究体系的“木桶”短板，检视当前出现的现实问题能否被当前的理论体系所涵盖和解释，如果不能纳入已有的理论体系，就需要在后续的研究中继续探索，推陈出新。

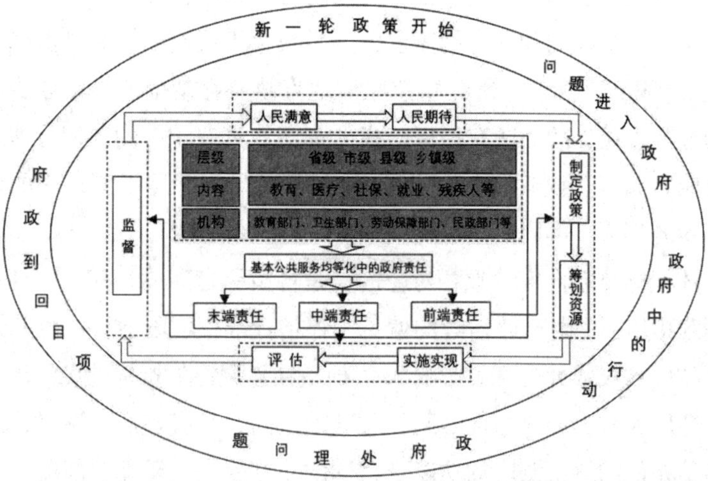


图 3-1　基本公共服务均等化过程中地方政府履责链路图

我国地方政府作为基本公共服务的供给主体，其责任贯穿于基本公共服务均等化工作的全过程，从基本公共服务需求开始进入政府议程到重新回到政府等待下一轮改善和提升，是一个政策过程的“全链路”，构成一个完整的逻辑闭环。从政策过程的角度看，基本公共服务均等化也是政府作为社会公共权威，为达到一定目标而制定的行动方案或行动准则。琼斯在《公共政策研究导论》中提出，该“全链路”包括：问题进入政府—政府中的行动—政府处理问题—项目回到政府，在政府、市场以及公民等多元治理主体共同参与基本公共服务均等化、共同促进社会公平的时代，尽管政府不再成为基本公共服务均等化供给的唯一主体，但也需要和有必要从宏观上对每一个环节负责。

## 一、履责开端——地方政府制定政策的责任

罗伯特·达尔在《谁统治？美国城市的民主和权力》中提出，“作为决策的权力意味着通过一定的方式影响决策内容的自觉地行动”。肯思·鲍丁（Keith Boulding）认为影响决策的方式多种多样，武力或者胁迫、多重的互惠式交换以及义务、忠诚和责任的创新。根据我国《宪法》规定，我国是社会主义国家，国家的权力属于人民。国家权力的行使方向是由人民对于美好生活的追求决定的，对人民的“义务、忠诚、责任”的信仰推进各地各级政府做出为民生兜底的基本公共服务的各项决策。

在现实政治生活中，不同层级的政府自然在基本公共服务均等化的过程中扮演着不同的角色，通常来说，中央政府全面主导、省级政府负责传递和制定各省政策、地市级政府负责政策的传递和执行，同时制定各市的政策，县级政府主要在执行层面发挥作用、乡级政府作为我国最基层政府则是具体的执行层面。可以说，除了中央政府的宏观统筹和乡级政府的具体执行外，省级、市级、县级政府都肩负一定程度上的决策责任。阿尔蒙德和鲍威尔在《比较政治学：过程和政策》中也指出，“当某个集团或者个人提出一项政治要求时，政治过程就开始了”，在我国深化各项改革的历程中，以基本公共服务均等化为代表的民生诉求是历届两会人民群众反响最为强烈的问题，是人民群众对党和政府提出的政治要求，政府只有肩负起科学制定政策的责任，才能有效回应人民群众的诉求。同时，人民群众向政府提出基本公共服务的相关诉求，但是这种诉求表达并不是单项的，也不是简单的施压，地方政府在经过了群众意见表达和综合过程后，将从基本公共服务整体思路和分项目计划等方面进行责任的部署。

首先，了解社情民意、平衡各方利益是地方政府履行制定政策责任的前

提。基本公共服务均等化的过程也是平衡公共利益的过程，利益的公共化和均等化离不开合理的政治对话和参与，积极搭建诉求表达平台、引导公民表达需求是问题进入政府后政府的首要职责。尚虎平、韩清颖（2019）突破传统政府理论的预期，认为作为负责任的政府，政府应该不负人们的期望与诉求，给予人民要求政府介入的自由。具体来说，在基本公共服务均等化领域中，民众的需求以何种渠道进入政府是政府应该考虑的问题。所以应该突破已有研究的理论惯性和桎梏，更多地考虑政府介入的对象需求度和接受度，主动为基本公共服务的诉求搭建平台，同时正视差异化人群对基本公共服务的差异化需求。习近平总书记在党的十八大之后多次强调要树立“人民中心”意识，要重视人民诉求的重要性：“以人民为中心的发展思想，不是一个抽象的、玄奥的概念，不能只停留在口头上、止步于思想环节，而要体现在经济社会发展各个环节”。积极收集社情民意既是制定政策的前提，也是对中国特色语境下责任政府的独特注解。

第二，将民众的基本公共服务需求政策化与合法化是对基本公共服务的庞杂体系从宏观角度做出的整体部署。2017 年国家《通知》的出台是中央政府为基本公共服务从全局层面做出的总体规划，在国家出台《通知》以及基本公共服务均等化清单之后，各个省份紧随其后，制定了本地的基本公共服务均等化清单。由于从东南沿海到西北内陆的各省份具体发展情况存在相当程度的差异，各地方政府作为基本公共服务均等化工作的实施主体，因地制宜地制定地方基本公共服务均等化清单才是助推地方工作的法宝。然而，现实情况是部分省份对国家清单照抄，有的在复制粘贴的基础上对原清单做加减法，即成为各地方政府出台的政策清单。从政府政策过程来看，这属于跃过了政府过程的开端，忽略了意见表达和意见综合的步骤，直接跳到了决策与决策的施行环节，政策过程被严重地简化和歪曲了。因此政府有责任为根据本地实际情况做出量体裁衣的总体规划，为本地基本公共服务均等化工作提供“定海神针”。

第三，作为公共服务决策的一部分，基本公共服务计划不是固定不变的，而是动态发展的，是根据决策环境的变化而变化。确保民众享受到优质的基本公共服务的前提是政府做好大量的计划工作，通过动态计划的过程保障基本公共服务决策的科学性与合理性。例如，民生对义务教育、基本医疗、公共卫生等基本公共服务领域的需求随着时代的发展不断变化，需要根据当地实际情况制定相应的供给计划。如果说基本公共服务总体规划呈现出地方政府对大局的把握，其中涉及的各个方面的政策则决定了基本公共服务均等化工作的具体走向，直接决定了人民享受到的基本公共服务的层次和水平，进而决定了人民在改革过程中的幸福感和收获感的程度。

## 二、履责保障——地方政府筹划资源的责任

20世纪七八十年代，西方尤其是美国公共政策研究领域出现了一场研究政策执行的热潮，形成了声势浩大的“执行运动（implementation movement）”，琼斯模型中的“政府行动”与“政府处理问题”都属于广义上的执行运动。琼斯模型中的政府行动所产出的潜在的产品是项目和资源，德洛克在其最优化模式中也提出，调查、处理和开发资源属于政策三阶段中的元政策制定阶段，属于政府责任前端。基本公共服务工作重点在“基本”二字，因此存在涉及人群广、部门多、层级宽的特点，因为基本公共服务存在非竞争性与非排他性的典型特征，因此政府在承担相关责任的同时，必然要投入巨大规模的人财物等相关资源支撑基本公共服务均等化的发展，作为为人民服务的地方政府，意欲实现基本公共服务均等化目标，首先要充分筹划资源，包括人力、财力、物力等方面的资源。可以说，没有地方政府在基本公共服务方面的资源“万事俱备”，就不会有群众满意的基本公共服务的“东风”。

地方政府人力资源管理系统是对地方政府人力资源管理一系列工作及其协同作用机制的一种客观描述，其最终目的是服务于政府的各项工作职能。国外大量实证研究也证实，创新的人力资源管理实践对组织发展产生显著的影响。《国家中长期人才发展规划纲要（2010—2020年）》明确指出，建立一支高素质的党政人才队伍，是保证我国政府领导层管理能力与决策能力的关键所在。人民的认可是政府的合法性来源，在政府的实际运作中大部分基本公共服务工作都是由各个部门的工作人员直接和间接提供的，这支队伍的团队互补程度、岗位的匹配程度、专业程度及其依照中央精神履责的程度是政府在基本公共服务人力资源建设上必须肩负的责任；公共财政首先在投入环节发挥作用，是地方政府基本公共服务供给的必要条件之一。作为公共资金的供给方，公共财政的基本作用是通过合法的预算程序为各项基本公共服务拨付相应的资金，保障基本公共服务的顺利实施。财政责任是政府在基本公共服务均等化领域无法回避的，直接决定了基本公共服务设施的分布，也直接决定了政府提供基本公共服务的结果——城乡之间、不同地区之间以及不同群体之间是否能够实现均等

化。基本公共服务设施是基本公共服务均等化的重要组成部分，是衡量基本公共服务均等化水平的重要指标。与新时代中国社会主要矛盾变化一致，我国公共服务设施建设也面临着人民美好生活需要与公共服务设施发展不平衡和不充分问题。很多基本公共服务的配套设施不再能适应新时代民众的实际需求，现阶段很多研究发现低社会经济地位区域更容易遭受公共服务设施配置的空间不公平，即弱势群体聚集区的公共服务质量较差或设施可达性偏低。政府作为基本公共服务设施的供给主体，必须为民众提供达标的、便利的、与民众需求契合度高的公共服务设施。

## 三、履责核心——地方政府实施与实现的责任

政策学者艾利森提出："在实现政策目标的过程中，方案确定的功能只占10%，而其余的90%取决于有效的执行。"① 实施与实现是基本公共服务均等化愿景真正落地的过程，民众能否切实享受到地方政府提供的基本公共服务，取决于实施与实现环节的落地情况。西方政府问题专家提出，以决策环节作为临界点，决策之前的意见表达和收集，是社会向政府"输入"的过程，决策之后的实施和实现环节，则是地方政府付诸实践的过程。地方政府就是从这一环节开始了向社会"输出"的过程，因此实施和实现是整个过程的中介环节，也是最重要的环节。作为政策过程的中介环节，实施与实现是政策执行者通过建立组织机构，运用各种政策资源，采取解释、宣传、实验、实施、协调与监控等各种行动，将政策观念形态的内容转化为实际效果，从而实现既定政策目标的活动过程，是将基本公共服务的目标（理想）"落地"的唯一途径，事关政策目标的成败。满足民众的基本公共服务需求是政府存在的合法性基础，是人民群众"收获感"的重要来源，群众只有在目标的实施与实现过程中才能有获得感和幸福感。

正如爱德华·威克斯所指出的那样："对一个重大的任何解决方案都可能会使得该社区一部分人不高兴。"（2000，362）政府在基本公共服务均等化供给的动态过程也是不断满足人民需求，让人民"高兴"的过程，因此首先保证基本公共服务产品的足量提供，确保基本公共服务产品不缺位是政府最基本的责任所在；随着改革的逐渐深入，政府责任在"聚焦于解决与整合"，政府必

① G. T. Allison，*Essence of Decision*，Little Brown 1971，176.

须对群众的诉求予以积极的回应，并基于保障多数人权益基础上进行相应的努力。这些积极的回应和努力促使政府不仅仅为足量提供，更为提供优质公共服务提供了理论基础；同时，在实施与实现这一责任的过程中，各级地方政府有保障基本公共服务实现满意水平的责任来保证地方政府基本公共服务均等化实施与实现的责任的落地，因为人民满意与否才是检验政府实施与实现的试金石。

## 四、履责关键——地方政府评估与评价的责任

尼古拉斯·亨利曾指出："由于评估者的偏见，评估标准模糊不清……公共部门绩效评估的可靠性和权威性受到影响。"实际上，发达国家率先尝试解决尼古拉斯·亨利所提出的评估标准模糊不清的问题，美国卫生与公众服务部（Department of Health and Human Services，DHHS）将政府部门的目标定义为"通过提供有效的健康和公民服务以及确保美国在基础医学、公共健康、社会服务等方面有着强大而持续的科研优势，来提高美国公民的健康和福利水平"。1993年，该机构还出台了《政府绩效与结果法案》，对组织的使命、目标、目的和绩效考评过程进行了详细规定，明确指定了6个战略目标，并且针对这些战略目标制定了具体的目标。层层划分目标。以其对国家公民身体健康的指标来看，已经细化到"18岁以上的美国公民每周参加5次运动，每次运动时间至少30分钟"的程度。如此具体的评估标准对于政府基本公共服务责任的"落地"有巨大的推动作用。在我国，政府绩效评估是树立科学发展观和政绩观的基础，是推进国家治理体系和治理能力现代化的必然要求，各级地方政府作为基本公共服务的责任主体，不断深化和丰富与之相关的指标体系是其不可推卸的责任，从现实发展来说，政府的绩效评估比基本公共服务均等化的起步要晚一些，我国在2006年出台《中共中央关于构建社会主义和谐社会若干重大问题的决定》，首次提出了基本公共服务均等化概念，而早在我国在改革开放之后，政府就加大了对政府绩效评估引进、推广的力度，2007年，《中国人事报》统计发现我国已有超过1/3的省份进行了政府绩效评估。政府绩效评估成为政府在履行职责中至关重要的环节，评估与政府的绩效直接相关。政府在基本公共服务均等化工作中的评估责任包含多种形式，但无论最后采取哪种考评系统，其设计和实施的过程都是相通的，考评系统设计过程的第一步就是政府必须确定评估的导向性，评估的导向性决定了政府事关国计民生指标的倾向性，决定了政府的评估指标是否适应当地的实际情况，同时决定了能否获得管理者对系统设计、

实施和使用的认同。作为重要的政策工具，政府的绩效评估必须以发达国家或地区的先进经验为标杆，因此确立明确清晰、操作性强的绩效指标，强调指标的工具性价值并将该工具应用于基本公共服务领域，是政府必要的责任所在。

## 五、履责反馈——地方政府监督与问责的责任

从政治学的角度，曾盛聪（2018）提出作为国家“公器”职能的具体化与实现方式，政府扮演着市场体系矫正者和“丛林法则”修正者的角色。与此同时，政府也掌握社会公共资源，尤其是基本公共服务资源的分配权。我国社会主义市场经济的发展实践表明，政府只有把握好基本公共服务方向，才能确保其不偏离正确的轨道（彭靖，2017）。作为社会主义国家，人民的基本公共服务需求是政府行政行为的出发点和落脚点。但是作为公共信息的创造者和拥有者，政府与民众在信息存在着严重的信息不对称现象，民众处于信息弱势地位，因此社会公众理所当然地成为政府监督的最终主体，防止政府在基本公共服务供给中出现信息不透明，法制缺失，贪污腐败等问题。

从政府的政策过程角度看，保障基本公共服务均等化工作的顺利推进，各级地方政府不仅需要有一个高水平的决策机制和一个有效率的决策施行机制，而且建立一个与之相匹配的相对独立而有效的监督机制也是地方政府的责任所在。监督环节是政府行政过程的关键一环，作为一种制度设计和制度安排，监督环节是为了保证政府机关的政府官员在法律允许的范围内活动，而由一定的权利主体和社会机构对其实施监控，是国家政治制度的重要组成部分，与权力的配置方式、运行领域和运行方式密切相关。

对政府基本公共服务的监督是政府监督工作内容的重要组成部分，对地方政府公共服务组织、协调、沟通和决策能力的监督，是为了保障以人民为主体的监督体系系统稳定、程序合法，政府必须肩负完善包含行政监督、审计监督、问责监督等在内的监督程序的重要责任：行政监督的内容是行政行为，行政机关的工作人员在为民众提供基本公共服务的过程中遵守法律、行政法规和行政纪律，是民众感受到基本公共服务规范化的保障；审计监督是指政府审计机关对国家机关及其工作人员、国家金融机构、国有企业等的财政财务活动和有关法律法规的执行情况，依法进行检查、审核、鉴证、评价，以判断其真实性、合法性的各项监督活动。政府审计机构能代表社会公众的利益对政府行为实施监督，所以审计的基本功能就是实施监督；问责是责任政府区别于其他政府类

型的显著的标志。责任政府除了要求政府明晰职责，在法律的范围内履行职责，而且更要明确政府如果不履行职责就要受到责任追究。问责是基本公共服务项目回归到政府的最后环节。政策过程的前端环节中，随着改革的深入，市场和社会的力量逐渐以不同的方式有序参与到基本公共服务均等化工作中来，但问责环节的主导和受众都毫无疑问属于政府本身，政府理应从问责监督中取长补短，可以说，勇于承担的政府才是有责任感的政府。

综上，地方政府基本公共服务均等化责任指标，主要有以下几个方面，即政府政策的决策、公共服务资源的筹划、决策的实施与实现、政府过程的评估机制以及监督问责体系。作为基本公共服务均等化的主要责任主体，政府在每一个过程中都负有不可推卸的责任，因此指标构建从这 5 个角度展开并细化成为由 16 个二级指标和 150 个三级指标构成的指标草集。

## 第三节　基本公共服务均等化过程中地方政府履责指标草集的构建和筛选

本研究将遵循指标构建的一般性原则与特殊性原则，在琼斯的全链路模型指导下，根据中国语境对基本公共服务均等化过程中地方政府履责指标进行收集和整理，并进行测度指标体系的设计，随后进行测量指标体系的筛选。

### 一、整体思路

地方政府用于测量基本公共服务均等化履责的技术性工具，可以充分协助各级政府厘清责任，监督各层级地方政府权力行使，约束各层级地方政府不缺位、不越位，是地方政府对自身责任体系查漏补缺的有效工具。构建指标体系的过程就是将抽象的责任概念具体化的过程，笔者部分借鉴了 AHP 法，将本指标体系分为三部分，即目标层、准则层、指标层，通过层层分级，将基本公共服务均等化工作中抽象的政府责任以政府的实际运作过程为轴心逐层分解，使得政府责任成为可考量的具体指标。在构建责任指标体系的过程中，首先需要厘清“政府行政过程”，即需要厘清现实的地方政府实际的运作过程，即从政府政策的决策、公共服务资源的筹划、决策的实施与实现、政府过程的评估机制以及保障监督体系等完整的流程出发，科学地在每一个步骤中选取相关指标、配置权重、理顺关系，最后制定出确保人民群众有获得感、政府有责任感的指标体系。

本研究意欲实现评估指标的科学化，故在对地方政府责任的内涵清晰界定、明确指标体系价值导向和内容体系的基础上，至少要经过确定专家范围、隶属度分析、鉴别力判断等多轮实证操作过程。本研究按照如下步骤进行了设计：(1) 确定协助筛选专家的范围。作为政治学理论中的核心概念，前文已提及了政府责任的抽象性，但政府责任尽管在概念上是抽象的，但却是政府必须履行的义务，是衡量政府的关键标准之一。因此如何科学地筛选抽象的标准就成了本研究的难题之一，首先需要确定协助筛选专家的范围，继而再利用相关学科的专家知识来剔除不规范指标。(2) 隶属度分析。基本公共服务均等化是人民群众最基础最重要的诉求，是实现国家治理体系和治理能力现代化的重要基础，我国政府是为人民服务的政府，必然要挑起这一重担，而地方政府要充分承担基本公共服务均等化愿景落地的责任，就必然涉及职能转变、制度保障、体制改革、法规完善、各部门配合等诸多复杂的问题，因此地方政府基本公共服务均等化履责指标的设计必然是一个“噪音”很多的系统工程，会受到各方面因素的影响。“噪音”的消解需要进一步进行实证筛选，本研究在筛选中利用德尔菲法结合隶属度计算的方式来消除噪音。(3) 指标的确定。构建科学的测评指标首先需要解决指标的鉴别力问题。即将指标之间由于重复性较高导致相关性过强和存在偏态的评估标的物进行删减。(4) 对指标的信度和效度进行检测。如果指标的信效度达不到合理的范围，需要重新返回第一个步骤进行重新筛选和检验，提出优化方案，此次需要变换单轮德尔菲法的专家范围、数据采集的范围。

## 二、指标草集确定

本研究所尝试建构的指标草集是根据政府责任的内涵、基本公共服务均等化的内容和特征等，参考国内外文献，结合研究者本人的专业知识和理论构思完成的。在确定指标草集的过程中，本研究以政府行使责任的过程为轴心，以基本公共服务均等化为内容确立了指标草集，这一阶段的指标草集仅仅是一个较为粗糙的、充满着“噪声”的指标池，如果不能科学的消解“噪声”就不能精准地对各级地方政府在基本公共服务均等化工作中的责任进行准确的评估和衡量，因此还需要科学性、系统性的实证筛选过程，在研究的可操作性前提下，笔者将指标草集设置成了标准的问卷（附件 1）用于展开指标的实证筛选。

## 三、确定协助筛选专家的范围和数量

前文提到，本研究需要以科学的方法逐步消解指标池中的干扰指标。鉴于本研究的指标草集含有大量的学术化的定性指标，将指标体系数字化、公式化存在较大的困难，同时也不符合学术研究的科学逻辑，因此采用了1946年由美国兰德公司创立施行的德尔菲法（又名专家调查法）进行实证筛选，德尔菲法主要表现在利用专家的专业知识来剔除“噪声”指标。笔者计划利用问卷、Email再结合电话提醒的方式请专家对其认为属于该评估领域的指标进行圈选。在专家的区域性选择上，研究尽量扩大专家范围，从东部、中部和西部的高校中选择来自南开大学周恩来政府管理学院、华东政法大学、中国社会科学院、复旦大学、四川社会科学院、海南大学管理学院、清华大学、厦门大学、西南交通大学、山东大学、国家行政学院、天津大学、新加坡理工大学、上海行政学院、华南理工大学、重庆大学、北京大学、郑州大学、大连理工大学、华中师范大学、同济大学、兰州大学、武汉大学等高校与科研院所公共管理领域内颇有名望的专家教授，这些专家教授的研究领域主要集中在政治学、管理学、行政学等社会科学领域。在专家的数量选择上，共计向以上专家发放了250份问卷，收回有效问卷213，问卷回收率达到了85.2%。

## 四、专家筛选指标资料的量化处理

### （一）隶属度分析

第一，计算调查专家问卷临界值下线阈值，以检测所获得的问卷是否达到了平滑主观性所需的最低阈值。计算公式为：

$$M = \mu + \frac{S}{\sqrt{\sum_{x=1}^{n} N}} t_a (x \in \mathbf{R}^+) \tag{3-1}$$

$\mu$表示希望选择专家的数量：本研究根据统计学原理设置了专家数量的底线，根据中心极限定理，标准化的样本均值大于30以上，可以认为检验统计量服从于正态分布，可以按照大样本统计原理来进行数理计算。（Mendenhall，Sincich，and Boudreau，2016）[①] 考虑到问卷调查中的圈选题目全部为不设限的

① 尚虎平、雷于萱：《政府潜绩评估的内容维度及评估指标的实证筛选研究》，《南京社会科学》2017年第8期，第101页。

多选题而造成每道题的频次较高，同时问卷所涉及的专家地域广、数量多的特点，在设置专家数量底线的过程中，本研究采用先部分（东中西）后整体（全国）的思路，将专家期望数量的底线定义在90（30×3）。$S$表示专家对备选指标选择数量的标准差；$N$代表备选指标被专家选中的频数，是一个正实数；以上数据都可以将问卷信息输入到SPSS20.0版本中计算得出。$t_\alpha$是置信度取特定值的情况下的$t$检验值，$t$检验值可通过查询获得。本研究将置信度$\alpha$取1%，经过查询$t$分布表，$t_{0.01}=2.368$。经计算得出

$$M = 90 + \frac{44.26011}{\sqrt{16302}} \times 2.368 \approx 91$$

由于213>91，因此本次回收的问卷数据足够平滑主观性，达到了筛选指标所需要的标准。

第二，隶属度计算。假设在第$n$个评价指标$I_n$上，专家选择的总次数为$M_n$，也即总共有$M_n$位专家认为$I_n$是城市公共服务绩效的重要指标，那么该评价指标的隶属度如式2所示：

$$R_n = \frac{M_n}{T}(n = 1, 2, \cdots, J) \tag{3-2}$$

其中$R_n$为隶属度，$J$为指标的数量，$T$为反馈消息的专家总数。若$R_n$值超越临界专家值所对应的隶属度值（$R$临界），表明该指标属于指标的模糊集合，说明该指标在评价体系中很重要，可以保留下来作为我国公共服务绩效评估指标，否则，该指标应该予以剔除。本研究将通过对反馈回来的213份意见征询卷进行统计分析，分别计算所有指标的隶属度，并将其与临界值进行了对比。代入数据得到：

$$R_n = \frac{91}{213} \approx 0.427$$

在确定了临界值后，就可以将隶属度小于0.427的指标删除。经过本轮隶属度分析，筛选出了符合标准的评估指标121个，如表3-1所示，这些评估指标将进入下一轮实证筛选流程。

**表 3-1　地方政府基本公共服务均等化责任评价指标池经过隶属度筛选的指标**

| 目标层 | 准则层 | 指标层 | 隶属度 |
|---|---|---|---|
| A1 地方政府制定基本公共服务均等化政策的责任 | B1 地方政府有效收集民众基本公共服务诉求的责任 | C1 地方政府设置诉求表达平台的多样化 | 0.761 |
| | | C2 地方政府收集诉求在人群上的代表性 | 0.709 |
| | | C3 地方政府收集诉求在时间上的连续性 | 0.549 |
| | | C4 地方政府收集诉求在地域上的广泛性 | 0.634 |
| | | C5 地方政府收集诉求的真实性 | 0.798 |
| | | C6 地方政府收集诉求的客观性 | 0.653 |
| | | C7 地方政府处理诉求的时效性 | 0.596 |
| | B2 地方政府制定基本公共服务总体规划的责任 | C10 地方政府制定基本公共服务总体规划的周全性 | 0.676 |
| | | C11 地方政府制定基本公共服务总体规划的科学性 | 0.836 |
| | | C12 地方政府制定基本公共服务总体规划的优化性 | 0.484 |
| | | C13 地方政府制定基本公共服务总体规划的易懂性 | 0.587 |
| | | C14 地方政府制定基本公共服务总体规划的针对性 | 0.577 |
| | | C15 地方政府制定基本公共服务总体规划的及时性 | 0.507 |
| | | C16 地方政府制定基本公共服务总体规划的可操作性 | 0.728 |
| | | C18 地方政府各项基本公共服务均等化方案制定的周全性 | 0.610 |
| | B3 地方政府制定各项基本公共服务具体方案的责任 | C19 地方政府各项基本公共服务均等化方案的可操作性 | 0.869 |
| | | C20 地方政府各项基本公共服务均等化方案环节的周全性 | 0.554 |
| | | C21 地方政府各项基本公共服务均等化方案的优化性 | 0.437 |
| | | C22 地方政府各项基本公共服务均等化方案的易懂性 | 0.512 |
| | | C23 地方政府各项基本公共服务均等化方案的针对性 | 0.610 |
| | | C24 地方政府各项基本公共服务均等化方案的实用性 | 0.695 |

续表

| 目标层 | 准则层 | 指标层 | 隶属度 |
| --- | --- | --- | --- |
| A2 地方政府为基本公共服务均等化实现筹划资源的责任 | B4 地方政府为基本公共服务提供人力资源保障的责任 | C26 地方政府职能部门人员配置的优化程度 | 0.610 |
| | | C27 地方政府职能部门人员专业的互补程度 | 0.610 |
| | | C28 地方政府职能部门人员匹配的足额程度 | 0.507 |
| | | C29 地方政府职能部门人员专业能力发展程度 | 0.723 |
| | | C31 地方政府职能部门人员专业与岗位匹配程度 | 0.545 |
| | | C32 地方政府工作人员工作胜任程度 | 0.549 |
| | | C33 地方政府工作人员履行基本公共服务清单中职责的程度 | 0.451 |
| | | C36 地方政府工作人员与基本公共服务相关的专业技能水平 | 0.563 |
| | | C37 地方政府工作人员与基本公共服务相关的专业知识水平 | 0.507 |
| | B5 地方政府为基本公共服务提供财政保障的责任 | C39 地方政府公共财政总支出规模 | 0.549 |
| | | C40 地方政府各类基本公共服务支出占公共财政总支出比重 | 0.742 |
| | | C41 地方人均基本公共服务财政投入强度 | 0.648 |
| | | C42 向下级政府划拨基本公共服务财政资金的及时性 | 0.615 |
| | | C43 向下级政府划拨基本公共服务财政资金的充足性 | 0.620 |
| | | C44 地方政府在本地区基本公共服务方面的资金投入及时性 | 0.638 |
| | | C45 地方政府在本地区基本公共服务方面的资金投入充足性 | 0.577 |
| | B6 地方政府为基本公共服务提供物质保障的责任 | C47 地方每万人口拥有的各类基本公共服务设施达标程度 | 0.681 |
| | | C48 地方基本公共服务设施与民众需求的契合程度 | 0.761 |
| | | C49 地方基本公共服务设施的完善程度 | 0.596 |
| | | C50 地方基本公共服务设施为民众生活带来的便利程度 | 0.746 |
| | | C52 地方基本公共服务设施的可及性 | 0.554 |

续表

| 目标层 | 准则层 | 指标层 | 隶属度 |
| --- | --- | --- | --- |
| A3 地方政府基本公共服务均等化实施与实现的责任 | B7 地方政府足量生产和提供各项基本公共服务的责任 | C55 地方基本公共服务基础设施的充足程度 | 0.732 |
| | | C56 地方基本公共服务辅助设备的充足程度 | 0.531 |
| | | C57 地方基本公共服务用品的充足程度 | 0.685 |
| | | C58 地方基本公共服务人员的充裕程度 | 0.606 |
| | | C59 地方基本公共服务场地的充足程度 | 0.596 |
| | | C60 地方基本公共服务窗口的充足程度 | 0.521 |
| | | C61 地方基本公共服务智能平台的充足程度 | 0.531 |
| | B8 地方政府优质生产和提供各项基本公共服务的责任 | C63 地方基本公共服务基础设施的可及性 | 0.657 |
| | | C64 地方基本公共服务基础设施质量的可靠性 | 0.709 |
| | | C65 地方基本公共服务生产的及时性 | 0.540 |
| | | C66 地方基本公共服务提供的及时性 | 0.554 |
| | | C67 地方基本公共服务人员的工作态度 | 0.629 |
| | | C68 地方基本公共服务的场地利用率 | 0.484 |
| | | C69 地方基本公共服务政务互动平台的回应率 | 0.563 |
| | | C71 地方基本公共服务智能平台运行的顺畅程度 | 0.460 |
| | | C72 地方基本公共服务提供的便利程度 | 0.484 |
| | B9 地方政府保障基本公共服务实现满意水平的责任 | C74 地方政府保障基本公共服务均等化覆盖内容的满意水平 | 0.685 |
| | | C75 地方政府保障基本公共服务均等化覆盖人群的满意水平 | 0.751 |
| | | C76 地方政府保障基本公共服务均等化强度的满意水平 | 0.577 |
| | | C77 地方政府保障基本公共服务均等化进度的满意水平 | 0.484 |
| | | C78 地方政府保障基本公共服务持续提升的满意水平 | 0.512 |
| | | C80 地方政府保障群众基本公共服务获得感提升的满意水平 | 0.554 |
| | | C81 地方政府保障基本公共服务可及性的满意水平 | 0.498 |
| | | C82 地方政府保障基本公共服务普惠性的满意水平 | 0.545 |
| | | C83 地方政府保障基本公共服务兜底性的满意水平 | 0.441 |

续表

| 目标层 | 准则层 | 指标层 | 隶属度 |
| --- | --- | --- | --- |
| A4 地方政府进行基本公共服务评估的责任 | B10 地方政府为基本公共服务均等化设置评估导向的责任 | C85 地方政府以机会均等为基本公共服务评估导向的程度 | 0.648 |
| | | C86 地方政府以结果均等为基本公共服务评估导向的程度 | 0.695 |
| | | C87 地方政府以起点均等为基本公共服务评估导向的程度 | 0.507 |
| | | C88 地方政府以条件均等为基本公共服务评估导向的程度 | 0.474 |
| | | C89 地方政府以过程均等为基本公共服务评估导向的程度 | 0.432 |
| | | C90 地方政府以弱势群体优先收益为基本公共服务评估导向的程度 | 0.549 |
| | | C91 地方政府以社会整体满意度为基本公共服务评估导向的程度 | 0.531 |
| | | C93 地方政府以持续提升最低基本公共服务水平为评估导向的程度 | 0.441 |
| | B11 地方政府为基本公共服务均等化确定评估指标的责任 | C95 地方政府基本公共服务均等化评估指标的科学性 | 0.714 |
| | | C96 地方政府基本公共服务均等化评估指标的合理性 | 0.789 |
| | | C97 地方政府基本公共服务均等化评估指标的易懂性 | 0.582 |
| | | C98 地方政府基本公共服务均等化评估指标的全面性 | 0.568 |
| | | C99 地方政府基本公共服务均等化评估指标数据的可及性 | 0.498 |
| | | C100 地方政府基本公共服务均等化评估指标的针对性 | 0.535 |
| | | C101 地方政府基本公共服务均等化评估指标的实用性 | 0.460 |
| | | C102 地方政府基本公共服务均等化评估指标的适用性 | 0.498 |
| | B12 地方政府客观评估基本公共服务均等化实现现状的责任 | C104 地方政府实现基本公共服务均等化的广度（内容的广泛性） | 0.676 |
| | | C105 地方政府实现基本公共服务均等化的强度（人、财、物等投入的力度） | 0.779 |
| | | C106 地方政府实现基本公共服务均等化的深度（运行机制、供给方式等的科学合理性） | 0.732 |
| | | C107 地方政府实现基本公共服务均等化的可持续性 | 0.615 |
| | | C108 地方政府基本公共服务设施均等化的实现程度 | 0.465 |
| | | C109 地方政府基本公共服务人群均等化的实现程度 | 0.498 |
| | | C110 地方政府基本公共服务城区各区域均等化的实现程度 | 0.437 |
| | | C111 地方政府基本公共服务城乡均等化的实现程度 | 0.441 |
| | B13 地方政府将评估结果应用于提升基本公共服务的责任 | C114 地方政府将评估结果应用于基本公共服务规划制定的程度 | 0.648 |
| | | C115 地方政府将评估结果应用于基本公共服务实施举措改进的程度 | 0.746 |
| | | C116 地方政府将评估结果应用于基本公共服务各部门考核的程度 | 0.709 |
| | | C117 地方政府将评估结果应用于界定基本公共服务监督问责对象的程 | 0.634 |
| | | C118 地方政府将评估结果应用于规范基本公共服务监督问责内容的程度 | 0.549 |
| | | C119 地方政府将评估结果应用于健全基本公共服务监督问责方式的程度 | 0.488 |

续表

| 目标层 | 准则层 | 指标层 | 隶属度 |
|---|---|---|---|
| A5 地方政府监督基本公共服务均等化工作的责任 | B14 地方政府对基本公共服务进行行政监督的责任 | C121 地方政府对基本公共服务进行行政监督的及时性 | 0.723 |
| | | C122 地方政府对基本公共服务进行行政监督的可操作性 | 0.718 |
| | | C123 地方政府基本公共服务行政监督主体的多元性 | 0.610 |
| | | C124 地方政府基本公共服务行政监督内容的周全性 | 0.512 |
| | | C125 地方政府基本公共服务行政监督方式的规范性 | 0.610 |
| | | C126 本级政府的行政监督对下级政府基本公共服务工作的约束力度 | 0.545 |
| | | C127 地方政府基本公共服务的行政监督指标清晰程度 | 0.469 |
| | B15 地方政府对基本公共服务进行审计监督的责任 | C130 地方政府基本公共服务审计内容的完整程度 | 0.643 |
| | | C131 地方政府基本公共服务审计指标的完整程度 | 0.681 |
| | | C132 地方政府基本公共服务审计过程的科学化程度 | 0.690 |
| | | C133 地方政府复合型、多学科审计队伍的建设程度 | 0.531 |
| | | C134 地方政府基本公共服务审计纠错水平 | 0.563 |
| | | C135 地方政府不同领域基本公共服务的协同审计水平 | 0.455 |
| | | C137 地方政府基本公共服务全过程审计的完备性 | 0.437 |
| | B16 地方政府对基本公共服务进行问责监督的责任 | C139 地方政府基本公共服务绩效问责对象的清晰程度 | 0.667 |
| | | C140 地方政府基本公共服务问责指标的清晰程度 | 0.709 |
| | | C141 地方政府基本公共服务全过程问责的规范程度 | 0.718 |
| | | C142 地方政府基本公共服务不定期问责的规范程度 | 0.512 |
| | | C143 地方政府基本公共服务定期规范性问责的规范程度 | 0.493 |
| | | C144 地方政府基本公共服务问责程序的标准程度 | 0.521 |
| | | C145 地方政府基本公共服务问责政策法规的完善程度 | 0.493 |
| | | C146 地方政府基本公共服务问责方式的规范性 | 0.469 |
| | | C148 地方政府基本公共服务问责实施的可操作性 | 0.502 |
| | | C149 地方政府基本公共服务问责依据（资料和数据等）的真实性 | 0.446 |

（二）公因子方差筛选

在隶属度判定之后，衡量指标体系是否完善的重要依据就是各个指标鉴别力的高低。高鉴别力指标能够高效准确地协助地方政府衡量自身在基本公共服务均等化方面的优势与不足。对指标的鉴别力判断必须解决两个问题，一是同一领域的指标之间的相关不能过强，也不能为负，二是指标是否偏态的评估了标的物。具体到问卷的数据采集上，本研究中的指标都围绕着“责任”产生，作为一个高度抽象的政治学概念，指标草集中有大量的主观性指标，这些指标依然需要参照德尔菲法的专家经验值来为指标赋值，本研究中本次调研采用了社会科学调查中最常用到的李克特量表（Likert Scale），并将问卷尺度设置为7。同时，以重要性为例，传统的李克特量表在数字所代表的意义设置上通常从“非常不重要”逐渐提升到“非常重要”，但是因为本部分指标筛选中第一步已经做了隶属度分析，剩余的121个指标都属于相关指标，不应属于“非常不重要”和“不重要”的负面范围，因此本研究在这一问题上突破了传统李克特量表的做法，将重要程度从1（低重要程度）到7（高重要程度）的分等级方法依次排列供专家选择。在问卷的实际操作中，共计向政府官员、学界专家等发出了指标评分问卷300份，回收有效问卷274份，问卷回收率达到91.3%。

考核测评指标体系是否科学合理，其中的关键步骤就是必须确保各个指标在其维度上的解释程度达到了统计学上的标准，也就是说，每一个指标都必须具有统计学意义上的解释能力，因此本研究需要在SPSS软件的因子分析板块中对121个指标进行测评，筛选掉解释能力较低的指标题目，确保指标体系整体的解释能力。同时，在这一工作之前必须确保所测得的数据适合因子分析法，这是筛选指标的前提，本研究以Kaiser-Meyer-Olkin（KMO）检验（Kaiser，1974）和巴特利球形检验（Bartlett，1950）来实现这一步骤，若KMO检验数值在0.6以下说明不适合做因素分析（Netemeyer，Bearden，et al.，2003），越接近1越理想。具体来说，如果KMO值小于0.5就不适合进行因子分析，当KMO值大于0.6为“效果普通”，KMO值大于0.7为“中度适合”，KMO值大于0.8为“效果良好”[①]；巴特利球形检验是用来检验变量相关是否为0的卡方检验，结果必须拒绝（$P<0.05$）方可进行因素分析。通过SPSS软件运算，笔者发现本指标无论从目标层（一级指标）角度还是整体角度，对于因子分析的契合度合格，通过了KMO检验和巴特利球形检验，如表3-2所示。在因子分析中，一种重要的指标是公因子方差，其取值在0~1之间，取值越大，说明该指标能被公因子解释的程度越高，该指标的解释能力就越强。

① Kim S S，Lee C，Klenosky D B，*Influence of push and pull factors at Korean national parks*，Tourism Management，2003，24（2）：169-180.

表 3-2　指标体系的 KMO 检验和巴特利球形检验

| 指标 | KMO 检验 | 巴特利球形检验显著度 |
|---|---|---|
| A1 地方政府制定基本公共服务均等化政策的责任 | 0.883 | 0.000 |
| A2 地方政府为基本公共服务均等化实现筹划资源的责任 | 0.878 | 0.000 |
| A3 地方政府基本公共服务均等化实施与实现的责任 | 0.890 | 0.000 |
| A4 地方政府进行基本公共服务评估的责任 | 0.872 | 0.000 |
| A5 地方政府监督基本公共服务均等化工作的责任 | 0.895 | 0.000 |
| A1-A5 整体指标体系 | 0.701 | 0.000 |

本研究按照统计学原理，将各个构面一般公因子方差临界值定为0.5。公因子方差小于0.5的指标笔者予以删除以确保指标体系的解释力，出于行文简洁的要求，本研究展示一部分检验结果，如表3-3所示。

表 3-3　地方政府基本公共服务均等化责任评价指标池公因子方差表

<table>
<tr><th>目标层</th><th>准则层</th><th>指标层</th><th>公因子方差</th></tr>
<tr><td rowspan="9">A1 地方政府制定基本公共服务均等化政策的责任</td><td rowspan="3">B1 地方政府有效收集民众基本公共服务诉求的责任</td><td>C1 地方政府设置诉求表达平台的多样化</td><td>0.537</td></tr>
<tr><td>……</td><td></td></tr>
<tr><td>C7 地方政府处理诉求的时效性</td><td>0.553</td></tr>
<tr><td rowspan="3">B2 地方政府制定基本公共服务总体规划的责任</td><td>C10 地方政府制定基本公共服务总体规划的周全性</td><td>0.385</td></tr>
<tr><td>……</td><td></td></tr>
<tr><td>C16 地方政府制定基本公共服务总体规划的可操作性</td><td>0.440</td></tr>
<tr><td rowspan="3">B3 地方政府制定各项基本公共服务具体方案的责任</td><td>C18 地方政府各项基本公共服务均等化方案制定的周全性</td><td>0.634</td></tr>
<tr><td>……</td><td></td></tr>
<tr><td>C24 地方政府各项基本公共服务均等化方案的实用性</td><td>0.749</td></tr>
<tr><td rowspan="9">A2 地方政府为基本公共服务均等化实现筹划资源的责任</td><td rowspan="3">B4 地方政府为基本公共服务提供人力资源保障的责任</td><td>C26 地方政府职能部门人员配置的优化程度</td><td>0.384</td></tr>
<tr><td>……</td><td></td></tr>
<tr><td>C37 地方政府工作人员与基本公共服务相关的专业知识水平</td><td>0.615</td></tr>
<tr><td rowspan="3">B5 地方政府为基本公共服务提供财政保障的责任</td><td>C39 地方政府公共财政总支出规模</td><td>0.594</td></tr>
<tr><td>……</td><td></td></tr>
<tr><td>C45 地方政府在本地区基本公共服务方面的资金投入充足性</td><td>0.676</td></tr>
<tr><td rowspan="3">B6 地方政府为基本公共服务提供物质保障的责任</td><td>C47 地方每万人口拥有的各类基本公共服务设施达标程度</td><td>0.609</td></tr>
<tr><td>……</td><td></td></tr>
<tr><td>C52 地方基本公共服务设施的可及性</td><td>0.592</td></tr>
</table>

续表

| 目标层 | 准则层 | 指标层 | 公因子方差 |
|---|---|---|---|
| A3 地方政府基本公共服务均等化实施与实现的责任 | B7 地方政府足量生产和提供各项基本公共服务的责任 | C55 地方基本公共服务基础设施的充足程度 | 0.423 |
| | | …… | |
| | | C61 地方基本公共服务智能平台的充足程度 | 0.573 |
| | B8 地方政府优质生产和提供各项基本公共服务的责任 | C63 地方基本公共服务基础设施的可及性 | 0.576 |
| | | …… | |
| | | C72 地方基本公共服务提供的便利程度 | 0.727 |
| | B9 地方政府保障基本公共服务实现满意水平的责任 | C74 地方政府保障基本公共服务均等化覆盖内容的满意水平 | 0.611 |
| | | …… | |
| | | C83 地方政府保障基本公共服务兜底性的满意水平 | 0.462 |
| A4 地方政府进行基本公共服务评估的责任 | B10 地方政府为基本公共服务均等化设置评估导向的责任 | C85 地方政府以机会均等为基本公共服务评估导向的程度 | 0.398 |
| | | …… | |
| | | C93 地方政府以持续提升最低基本公共服务水平为评估导向的程度 | 0.617 |
| | B11 地方政府为基本公共服务均等化确定评估指标的责任 | C95 地方政府基本公共服务均等化评估指标的科学性 | 0.721 |
| | | …… | |
| | | C102 地方政府基本公共服务均等化评估指标的适用性 | 0.688 |
| | B12 地方政府客观评估基本公共服务均等化实现现状的责任 | C104 地方政府实现基本公共服务均等化的广度（内容的广泛性） | 0.555 |
| | | …… | |
| | | C111 地方政府基本公共服务城乡均等化的实现程度 | 0.436 |
| | B13 地方政府将评估结果应用于提升基本公共服务的责任 | C114 地方政府将评估结果应用于基本公共服务规划制定的程度 | 0.742 |
| | | …… | |
| | | C119 地方政府将评估结果应用于健全基本公共服务监督问责方式的程度 | 0.699 |

续表

| 目标层 | 准则层 | 指标层 | 公因子方差 |
|---|---|---|---|
| A5 地方政府监督基本公共服务均等化工作的责任 | B14 地方政府对基本公共服务进行行政监督的责任 | C121 地方政府对基本公共服务进行行政监督的及时性 | 0.417 |
| | | …… | |
| | | C127 地方政府基本公共服务的行政监督指标清晰程度 | 0.651 |
| | B15 地方政府对基本公共服务进行审计监督的责任 | C130 地方政府基本公共服务审计内容的完整程度 | 0.311 |
| | | …… | |
| | | C137 地方政府基本公共服务全过程审计的完备性 | 0.546 |
| | B16 地方政府对基本公共服务进行问责监督的责任 | C139 地方政府基本公共服务绩效问责对象的清晰程度 | 0.571 |
| | | …… | |
| | | C149 地方政府基本公共服务问责依据（资料和数据等）的真实性 | 0.403 |

最终删掉了公因子方差大于 0.5 的 34 个指标，剩余 87 个指标均通过这一轮的检验。见表 3-4。

**表 3-4 地方政府基本公共服务均等化责任评价指标池经过公因子方差筛选的指标**

| 目标层 | 准则层 | 指标层 | 公因子方差 |
|---|---|---|---|
| A1 地方政府制定基本公共服务均等化政策的责任 | B1 地方政府有效收集民众基本公共服务诉求的责任 | C1 地方政府设置诉求表达平台的多样化 | 0.537 |
| | | C2 地方政府收集诉求在人群上的代表性 | 0.719 |
| | | C3 地方政府收集诉求在时间上的连续性 | 0.730 |
| | | C6 地方政府收集诉求的客观性 | 0.648 |
| | | C7 地方政府处理诉求的时效性 | 0.553 |
| | B2 地方政府制定基本公共服务总体规划的责任 | C11 地方政府制定基本公共服务总体规划的科学性 | 0.617 |
| | | C12 地方政府制定基本公共服务总体规划的及时性 | 0.578 |
| | | C13 地方政府制定基本公共服务总体规划的易懂性 | 0.700 |
| | | C14 地方政府制定基本公共服务总体规划的针对性 | 0.665 |
| | B3 地方政府制定各项基本公共服务具体方案的责任 | C18 地方政府各项基本公共服务均等化方案制定的周全性 | 0.634 |
| | | C19 地方政府各项基本公共服务均等化方案的可操作性 | 0.652 |
| | | C21 地方政府各项基本公共服务均等化方案的优化性 | 0.724 |
| | | C22 地方政府各项基本公共服务均等化方案的易懂性 | 0.580 |
| | | C24 地方政府各项基本公共服务均等化方案的实用性 | 0.749 |

续表

| 目标层 | 准则层 | 指标层 | 公因子方差 |
|---|---|---|---|
| A2 地方政府为基本公共服务均等化实现筹划资源的责任 | B4 地方政府为基本公共服务提供人力资源保障的责任 | C27 地方政府职能部门人员专业的互补程度 | 0.670 |
| | | C29 地方政府职能部门人员专业能力发展程度 | 0.620 |
| | | C31 地方政府职能部门人员专业与岗位匹配程度 | 0.585 |
| | | C32 地方政府工作人员工作胜任程度 | 0.654 |
| | | C33 地方政府工作人员履行基本公共服务清单中职责的程度 | 0.530 |
| | | C36 地方政府工作人员与基本公共服务相关的专业技能水平 | 0.685 |
| | | C37 地方政府工作人员与基本公共服务相关的专业知识水平 | 0.615 |
| | B5 地方政府为基本公共服务提供财政保障的责任 | C39 地方政府公共财政总支出规模 | 0.594 |
| | | C40 地方政府各类基本公共服务支出占公共财政总支出比重 | 0.573 |
| | | C41 地方人均基本公共服务财政投入强度 | 0.687 |
| | | C45 地方政府在本地区基本公共服务方面的资金投入及时性 | 0.676 |
| | B6 地方政府为基本公共服务提供物质保障的责任 | C47 地方每万人口拥有的各类基本公共服务设施达标程度 | 0.609 |
| | | C48 地方基本公共服务设施与民众需求的契合程度 | 0.797 |
| | | C49 地方基本公共服务设施的完善程度 | 0.727 |
| | | C50 地方基本公共服务设施为民众生活带来的便利程度 | 0.659 |
| | | C52 地方基本公共服务设施的可及性 | 0.592 |

续表

| 目标层 | 准则层 | 指标层 | 公因子方差 |
|---|---|---|---|
| A3 地方政府基本公共服务均等化实施与实现的责任 | B7 地方政府足量生产和提供各项基本公共服务的责任 | C56 地方基本公共服务辅助设备的充足程度 | 0.671 |
| | | C57 地方基本公共服务用品的充足程度 | 0.785 |
| | | C58 地方基本公共服务人员的充裕程度 | 0.793 |
| | | C59 地方基本公共服务场地的充足程度 | 0.754 |
| | | C60 地方基本公共服务窗口的充足程度 | 0.722 |
| | | C61 地方基本公共服务智能平台的充足程度 | 0.573 |
| | B8 地方政府优质生产和提供各项基本公共服务的责任 | C63 地方基本公共服务基础设施的可及性 | 0.576 |
| | | C64 地方基本公共服务基础设施质量的可靠性 | 0.716 |
| | | C67 地方基本公共服务人员的工作态度 | 0.640 |
| | | C68 地方基本公共服务的场地利用率 | 0.809 |
| | | C69 地方基本公共服务政务互动平台的回应率 | 0.646 |
| | | C71 地方基本公共服务智能平台运行的顺畅程度 | 0.752 |
| | | C72 地方基本公共服务提供的便利程度 | 0.727 |
| | B9 地方政府保障基本公共服务实现满意水平的责任 | C74 地方政府保障基本公共服务均等化覆盖内容的满意水平 | 0.611 |
| | | C75 地方政府保障基本公共服务均等化覆盖人群的满意水平 | 0.655 |
| | | C76 地方政府保障基本公共服务均等化强度的满意水平 | 0.547 |
| | | C77 地方政府保障基本公共服务均等化进度的满意水平 | 0.680 |
| | | C80 地方政府保障群众基本公共服务获得感提升的满意水平 | 0.579 |
| | | C82 地方政府保障基本公共服务普惠性的满意水平 | 0.693 |

续表

| 目标层 | 准则层 | 指标层 | 公因子方差 |
|---|---|---|---|
| A4 地方政府进行基本公共服务评估的责任 | B10 地方政府为基本公共服务均等化设置评估导向的责任 | C86 地方政府以结果均等为基本公共服务评估导向的程度 | 0.614 |
| | | C88 地方政府以条件均等为基本公共服务评估导向的程度 | 0.656 |
| | | C89 地方政府以过程均等为基本公共服务评估导向的程度 | 0.621 |
| | | C90 地方政府以弱势群体优先收益为基本公共服务评估导向的程度 | 0.723 |
| | | C91 地方政府以社会整体满意度为基本公共服务评估导向的程度 | 0.703 |
| | | C93 地方政府以持续提升最低基本公共服务水平为评估导向的程度 | 0.617 |
| | B11 地方政府为基本公共服务均等化确定评估指标的责任 | C95 地方政府基本公共服务均等化评估指标的科学性 | 0.721 |
| | | C96 地方政府基本公共服务均等化评估指标的合理性 | 0.540 |
| | | C97 地方政府基本公共服务均等化评估指标的易懂性 | 0.564 |
| | | C98 地方政府基本公共服务均等化评估指标的全面性 | 0.615 |
| | | C100 地方政府基本公共服务均等化评估指标的针对性 | 0.653 |
| | | C101 地方政府基本公共服务均等化评估指标的实用性 | 0.667 |
| | | C102 地方政府基本公共服务均等化评估指标的适用性 | 0.688 |
| | B12 地方政府客观评估基本公共服务均等化实现现状的责任 | C104 地方政府实现基本公共服务均等化的广度（内容的广泛性） | 0.555 |
| | | C105 地方政府实现基本公共服务均等化的强度（人、财、物等投入的力度） | 0.737 |
| | | C106 地方政府实现基本公共服务均等化的深度（运行机制、供给方式等的科学合理性） | 0.567 |
| | | C108 地方政府基本公共服务设施均等化的实现程度 | 0.615 |
| | | C110 地方政府基本公共服务城区各区域均等化的实现程度 | 0.606 |
| | B13 地方政府将评估结果应用于提升基本公共服务的责任 | C114 地方政府将评估结果应用于基本公共服务规划制定的程度 | 0.742 |
| | | C115 地方政府将评估结果应用于基本公共服务实施举措改进的程度 | 0.691 |
| | | C117 地方政府将评估结果应用于界定基本公共服务监督问责对象的程度 | 0.554 |
| | | C118 地方政府将评估结果应用于规范基本公共服务监督问责内容的程度 | 0.691 |
| | | C119 地方政府将评估结果应用于健全基本公共服务监督问责方式的程度 | 0.699 |

续表

| 目标层 | 准则层 | 指标层 | 公因子方差 |
|---|---|---|---|
| A5 地方政府监督基本公共服务均等化工作的责任 | B14 地方政府对基本公共服务进行行政监督的责任 | C122 地方政府对基本公共服务进行行政监督的可操作性 | 0.705 |
| | | C123 地方政府基本公共服务行政监督主体的多元性 | 0.770 |
| | | C124 地方政府基本公共服务行政监督内容的周全性 | 0.785 |
| | | C125 地方政府基本公共服务行政监督方式的规范性 | 0.688 |
| | | C127 地方政府基本公共服务的行政监督指标清晰程度 | 0.651 |
| | B15 地方政府对基本公共服务进行审计监督的责任 | C132 地方政府基本公共服务审计过程的科学化程度 | 0.588 |
| | | C133 地方政府复合型、多学科审计队伍的建设程度 | 0.675 |
| | | C134 地方政府基本公共服务审计纠错水平 | 0.630 |
| | | C135 地方政府不同领域基本公共服务的协同审计水平 | 0.531 |
| | | C137 地方政府基本公共服务全过程审计的完备性 | 0.546 |
| | B16 地方政府对基本公共服务进行问责监督的责任 | C139 地方政府基本公共服务绩效问责对象的清晰程度 | 0.571 |
| | | C143 地方政府基本公共服务定期规范性问责的规范程度 | 0.607 |
| | | C144 方政府基本公共服务问责程序的标准程度 | 0.618 |
| | | C145 地方政府基本公共服务问责政策法规的完善程度 | 0.594 |
| | | C148 地方政府基本公共服务问责实施的可操作性 | 0.650 |

（三）关联度筛选

第一，相关性判断。李克特量表的数据都在统一的标准之下，不存在量纲的影响，因此，按照相关性判断的公式，计算出同一领域的各个指标的简单相关系数，对相同领域内的指标进行两两配对，将相关系数比较，然后在与特定经验临界值比较的基础上，将不符合标准的一对指标中隶属度较低的指标项删掉。

$$R_{xy} \frac{\sum_{x=1}^{n}(Z_{kx}-\overline{Z}_{x})(Z_{Ky}-\overline{Z}_{y})}{\sum_{x=1}^{n}(Z_{kx}-\overline{Z}_{x})^{2}(Z_{Ky}-\overline{Z}_{y})^{2}} \quad (3\text{-}3)$$

**表 3-5　关联度分析删除指标**

| 指标层 | 隶属度 |
| --- | --- |
| C21 地方政府各项基本公共服务均等化方案的优化性 | 0.437 |
| C49 地方基本公共服务设施的完善程度 | 0.596 |
| C56 地方基本公共服务辅助设备的充足程度 | 0.531 |
| C58 地方基本公共服务人员的充裕程度 | 0.606 |
| C59 地方基本公共服务场地的充足程度 | 0.596 |
| C60 地方基本公共服务窗口的充足程度 | 0.521 |
| C68 地方基本公共服务的场地利用率 | 0.484 |
| C71 地方基本公共服务智能平台运行的顺畅程度 | 0.460 |
| C123 地方政府基本公共服务行政监督主体的多元性 | 0.610 |
| C124 地方政府基本公共服务行政监督内容的周全性 | 0.512 |
| C125 地方政府基本公共服务行政监督方式的规范性 | 0.610 |

按照统计学原理，衡量相关的程度时，相关系数的绝对值在 0.10 以下，变量属于微弱相关或者无相关；在 0.10 至 0.39 之间，变量关联程度为低度相关；在 0.40 至 0.69 之间，属于中度相关；在 0.70 至 0.99 之间，属于高度相关；当绝对值等于 1 时，属于完全相关。本研究将相关的临界值定位 0.7，删去同领域中指标相关度大于 0.7，同时相比之下隶属度较低的指标，进一步强化指标体系的鉴别力。经过相关性分析，本轮筛选掉 12 个指标，剩余 75 个指标（如表 3-6 所示）。

**表 3-6　相关系数大于临界值 0.7 的指标体系**

| 维度 | 删除的指标 | 保留的指标 | 相关系数 |
| --- | --- | --- | --- |
| B3 地方政府制定各项基本公共服务具体方案的责任 | C21 地方政府各项基本公共服务均等化方案的优化性（0.437） | C24 地方政府各项基本公共服务均等化方案的实用性 21（0.695） | 0.742** |
| B6 地方政府为基本公共服务提供物质保障的责任 | C49 地方基本公共服务设施的完善程度（0.596） | C48 地方基本公共服务设施与民众需求的契合程度 39（0.761） | 0.717** |
| B7 地方政府足量生产和提供各项基本公共服务的责任 | C56 地方基本公共服务辅助设备的充足程度(0.531) | C57 地方基本公共服务用品的充足程度（0.685） | 0.701** |
| | C58 地方基本公共服务人员的充裕程度（0.606） | C57 地方基本公共服务用品的充足程度（0.685） | 0.760** |
| | C59 地方基本公共服务场地的充足程度（0.596） | C57 地方基本公共服务用品的充足程度（0.685） | 0.717** |
| | C60 地方基本公共服务窗口的充足程度（0.521） | C57 地方基本公共服务用品的充足程度（0.685） | 0.721** |

续表

| 维度 | 删除的指标 | 保留的指标 | 相关系数 |
|---|---|---|---|
| B8 地方政府优质生产和提供各项基本公共服务的责任 | C68 地方基本公共服务的场地利用率（0.484） | C64 地方基本公共服务基础设施质量的可靠性（0.709） | 0.752** |
| | C71 地方基本公共服务智能平台运行的顺畅程度（0.460） | C68 地方基本公共服务的场地利用率（0.484） | 0.753** |
| | C68 地方基本公共服务的场地利用率（0.484）、C72 地方基本公共服务提供的便利程度（0.484） | 隶属度相等均删除，无保留项 | 0.719** |
| B14 地方政府对基本公共服务进行行政监督的责任 | C124 地方政府基本公共服务行政监督内容的周全性（0.512） | C123 地方政府基本公共服务行政监督主体的多元性（0.610） | 0.780** |
| | C123 地方政府基本公共服务行政监督主体的多元性（0.610）、C125 地方政府基本公共服务行政监督方式的规范性（0.610）隶属度相等均删除 | 隶属度相等均删除，无保留项 | 0.710** |
| 删除指标总结 | C21（地方政府各项基本公共服务均等化方案的优化性）、C49（地方基本公共服务设施的完善程度）、C56（地方基本公共服务辅助设备的充足程度）、C58（地方基本公共服务人员的充裕程度）、C59（地方基本公共服务场地的充足程度）、C60（地方基本公共服务窗口的充足程度）、C68（地方基本公共服务的场地利用率）、C71（地方基本公共服务智能平台运行的顺畅程度）、C72（地方基本公共服务提供的便利程度）、C123（地方政府基本公共服务行政监督主体的多元性）、C124（地方政府基本公共服务行政监督内容的周全性）、C125（地方政府基本公共服务行政监督方式的规范性） | | |

说明：**表示在5%以上的显著性水平上显著。

### （四）变差系数筛选

构建科学的地方政府基本公共服务均等化责任指标体系需要重视指标的鉴别力问题，所谓评价指标的鉴别力是指评价指标区分评价对象特征差异的能力（范柏乃、徐伟红，2005）。从统计学意义上讲，指标的鉴别能力用不受量纲和数量级影响的具有可比性的指标离散系数来表示。离散系数值越大，指标的鉴别力越强，对综合评价的分辨力越强；离散系数值越小，指标的鉴别力越弱，对综合评价的分辨力越弱。因此应该将鉴别力弱、分辨力低的指标予以删除。在通过隶属度筛选、公因子方差筛选、相关性分析之后，基本上解决了指标的类型归属问题、信息承载问题，重复测量问题，但是依然不排除指标存在鉴别力偏态集中的问题，也就是说部分指标可能存在集中偏高或者集中偏低的现象。指标鉴别力问题可以采用变差系数（CV）来解决。

变差系数计算一般式为：$CV = \frac{s_x}{\bar{I}_x} \times 100\%$

$S_x$为指标的标准差，$\bar{I}_x$为平均数。其中$S_x$标准差的计算公式为：

$$S_x = \sqrt{\frac{\sum_{i=1}^{N}(I_x - \bar{I})^2}{N}} \tag{3-4}$$

$\bar{I}$代表所采用的样本的均值，$N$代表样本数。但是有学者发现，当数据的来源不是实际的测量值而是被人为限制在某一范围内的数值，虽然测量数据的平均值可能在增大，但是标准差却不会因此而随之增大，这一问题带来的结果就是，原公式所计算出的变差系数，平均数在$\frac{N}{2}-N$以内的数据，平均数与方差成反比函数，不能进行科学有效的比较，因此本书采用修正过的变差系数，确保更加精确筛选以李克特量表为数据来源的指标体系（章炼，1992）。修正过的变差系数如下：

$$CV = \begin{cases} \frac{S_x}{\bar{I}_x} \times 100\% & , 0 < \bar{I}_x \leqslant \frac{N}{2} \\ \frac{S_x}{N - \bar{I}_x} \times 100\% & , \frac{N}{2} < \bar{I}_x < N \end{cases} \tag{3-5}$$

对于平均数和标准差均不相同的数据，整体而言，要使其具有可比性，就必须存在统一的衡量标准，根据 Foster、Greer、Thorbecke（1984）① 的研究结果，在测量值都是正值的情况下，不同指标的变差系数在$\bar{I}_x \pm 3S_x$范围内，就可以予以保留，否则予以删除。按照这一标准，本轮筛选删掉了不符合标准的 14 项指标，剩余 61 项指标（如表 3-7 所示）。最终形成了地方政府基本公共服务均等化责任指标体系

① Foster J，Greer J，Thorbecke E，*Aclass of decomposable poverty measures*，Journal of the Econometric Society1984，761-766.

（如表 3-8 所示）。

**表 3-7　以变差系数为标准删除的不符合标准的指标**

| 指标 | $\bar{I}_x \pm 3S_x$ | 修正后的变差系数 |
|---|---|---|
| C6 地方政府收集诉求的客观性 | 2. 000–9. 518 | 1. 010 |
| C13 地方政府制定基本公共服务总体规划的易懂性 | 1. 455–9. 020 | 0. 715 |
| C19 地方政府各项基本公共服务均等化方案的可操作性 | 1. 012–9. 703 | 0. 882 |
| C24 地方政府各项基本公共服务均等化方案的实用性 | 1. 396–9. 400 | 0. 833 |
| C29 地方政府职能部门人员专业能力发展程度 | 1. 051–9. 088 | 0. 694 |
| C32 地方政府工作人员工作胜任程度 | 1. 102–9. 562 | 0. 845 |
| C36 地方政府工作人员与基本公共服务相关的专业技能水平 | 0. 791–9. 150 | 0. 687 |
| C40 地方政府各类基本公共服务支出占公共财政总支出比重 | 1. 089–9. 341 | 0. 771 |
| C48 地方基本公共服务设施与民众需求的契合程度 | 1. 613–9. 599 | 0. 955 |
| C101 地方政府基本公共服务均等化评估指标的实用性 | 1. 193–9. 406 | 0. 805 |
| C119 地方政府将评估结果应用于健全基本公共服务监督问责方式的程度 | 0. 633–8. 571 | 0. 552 |
| C132 地方政府基本公共服务审计过程的科学化程度 | 0. 795–9. 270 | 0. 718 |
| C134 地方政府基本公共服务审计纠错水平 | 1. 413–8. 879 | 0. 671 |
| C148 地方政府基本公共服务问责实施的可操作性 | 0. 995–9. 187 | 0. 715 |

**表 3-8　地方政府基本公共服务均等化责任指标**

| 目标层 | 准则层 | 指标层 |
|---|---|---|
| A1 地方政府制定基本公共服务均等化政策的责任 | B1 地方政府有效收集民众基本公共服务诉求的责任 | C1 地方政府设置诉求表达平台的多样化 |
| | | C2 地方政府收集诉求在人群上的代表性 |
| | | C3 地方政府收集诉求在时间上的连续性 |
| | | C7 地方政府处理诉求的时效性 |
| | B2 地方政府制定基本公共服务总体规划的责任 | C11 地方政府制定基本公共服务总体规划的科学性 |
| | | C12 地方政府制定基本公共服务总体规划的及时性 |
| | | C14 地方政府制定基本公共服务总体规划的针对性 |
| | B3 地方政府制定各项基本公共服务具体方案的责任 | C18 地方政府各项基本公共服务均等化方案制定的周全性 |
| | | C22 地方政府各项基本公共服务均等化方案的易懂性 |

续表

| 目标层 | 准则层 | 指标层 |
| --- | --- | --- |
| A2 地方政府为基本公共服务均等化实现筹划资源的责任 | B4 地方政府为基本公共服务提供人力资源保障的责任 | C27 地方政府职能部门人员专业的互补程度 |
| | | C31 地方政府职能部门人员专业与岗位匹配程度 |
| | | C33 地方政府工作人员履行基本公共服务清单中职责的程度 |
| | | C37 地方政府工作人员与基本公共服务相关的专业知识水平 |
| | B5 地方政府为基本公共服务提供财政保障的责任 | C39 地方政府公共财政总支出规模 |
| | | C41 地方人均基本公共服务财政投入强度 |
| | | C45 地方政府在本地区基本公共服务方面的资金投入及时性 |
| | B6 地方政府为基本公共服务提供物质保障的责任 | C47 地方每万人口拥有的各类基本公共服务设施达标程度 |
| | | C50 地方基本公共服务设施为民众生活带来的便利程度 |
| | | C52 地方基本公共服务设施的可及性 |
| A3 地方政府基本公共服务均等化实施与实现的责任 | B7 地方政府足量生产和提供各项基本公共服务的责任 | C57 地方基本公共服务用品的充足程度 |
| | | C61 地方基本公共服务智能平台的充足程度 |
| | B8 地方政府优质生产和提供各项基本公共服务的责任 | C63 地方基本公共服务基础设施的可及性 |
| | | C64 地方基本公共服务基础设施质量的可靠性 |
| | | C67 地方基本公共服务人员的工作态度 |
| | | C69 地方基本公共服务政务互动平台的回应率 |
| | | C72 地方基本公共服务提供的便利程度 |
| | B9 地方政府保障基本公共服务实现满意水平的责任 | C74 地方政府保障基本公共服务均等化覆盖内容的满意水平 |
| | | C75 地方政府保障基本公共服务均等化覆盖人群的满意水平 |
| | | C76 地方政府保障基本公共服务均等化强度的满意水平 |
| | | C77 地方政府保障基本公共服务均等化进度的满意水平 |
| | | C80 地方政府保障群众基本公共服务获得感提升的满意水平 |
| | | C82 地方政府保障基本公共服务普惠性的满意水平 |

续表

| 目标层 | 准则层 | 指标层 |
|---|---|---|
| A4 地方政府进行基本公共服务评估的责任 | B10 地方政府为基本公共服务均等化设置评估导向的责任 | C86 地方政府以结果均等为基本公共服务评估导向的程度 |
| | | C88 地方政府以条件均等为基本公共服务评估导向的程度 |
| | | C89 地方政府以过程均等为基本公共服务评估导向的程度 |
| | | C90 地方政府以弱势群体优先收益为基本公共服务评估导向的程度 |
| | | C91 地方政府以社会整体满意度为基本公共服务评估导向的程度 |
| | | C93 地方政府以持续提升最低基本公共服务水平为评估导向的程度 |
| | B11 地方政府为基本公共服务均等化确定评估指标的责任 | C95 地方政府基本公共服务均等化评估指标的科学性 |
| | | C96 地方政府基本公共服务均等化评估指标的合理性 |
| | | C97 地方政府基本公共服务均等化评估指标的易懂性 |
| | | C98 地方政府基本公共服务均等化评估指标的全面性 |
| | | C100 地方政府基本公共服务均等化评估指标的针对性 |
| | | C102 地方政府基本公共服务均等化评估指标的适用性 |
| | B12 地方政府客观评估基本公共服务均等化实现现状的责任 | C104 地方政府实现基本公共服务均等化的广度（内容的广泛性） |
| | | C105 地方政府实现基本公共服务均等化的强度（人、财、物等投入的力度） |
| | | C106 地方政府实现基本公共服务均等化的深度（运行机制、供给方式等的科学合理性） |
| | | C108 地方政府基本公共服务设施均等化的实现程度 |
| | | C110 地方政府基本公共服务城区各区域均等化的实现程度 |
| | B13 地方政府将评估结果应用于提升基本公共服务的责任 | C114 地方政府将评估结果应用于基本公共服务规划制定的程度 |
| | | C115 地方政府将评估结果应用于基本公共服务实施举措改进的程度 |
| | | C117 地方政府将评估结果应用于界定基本公共服务监督问责对象的程度 |
| | | C118 地方政府将评估结果应用于规范基本公共服务监督问责内容的程度 |

续表

| 目标层 | 准则层 | 指标层 |
| --- | --- | --- |
| A5 地方政府监督基本公共服务均等化工作的责任 | B14 地方政府对基本公共服务进行行政监督的责任 | C122 地方政府对基本公共服务进行行政监督的可操作性 |
| | | C127 地方政府基本公共服务的行政监督指标清晰程度 |
| | | C133 地方政府复合型、多学科审计队伍的建设程度 |
| | | C135 地方政府不同领域基本公共服务的协同审计水平 |
| | | C137 地方政府基本公共服务全过程审计的完备性 |
| | B16 地方政府对基本公共服务进行问责监督的责任 | C139 地方政府基本公共服务绩效问责对象的清晰程度 |
| | | C143 地方政府基本公共服务定期规范性问责的规范程度 |
| | | C144 地方政府基本公共服务问责程序的标准程度 |
| | | C145 地方政府基本公共服务问责政策法规的完善程度 |

## 第四节　基本公共服务均等化过程中地方政府履责指标体系的检验与赋权

地方政府基本公共服务均等化履责指标体系是各责任环节评价指标的集合，确保这一集合科学性和精准性的前提就是要对其进行信效度的检验；厘清这一集合中各指标的关系和重要程度就要对其进行赋权。检验和赋权是构建科学的指标体系的关键环节，是人们对指标体系内部各个要素的可信度、有效性和各指标价值大小认知的产物。

### 一、指标体系的信度与效度检测

地方政府基本公共服务均等化履责指标体系的可信度与测评内容的有效性直接决定了本研究测评的精准性，因此对履责指标信度与效度的检验结果就成为衡量本研究测评精确性的两项关键指标。从统计学上说，为确保评估指标体系（测评工具）内容与结果的合理性与可信度，必须对评估指标进行信度与效度的检验工作。

（一）指标的信度检验

信度（reliability）是指测量结果的稳定性、一致性和可靠性，是检验指标体系是否合理的重要环节，通过信度检验的指标在重复测量的情况下，会得到相似（稳定）的结果。从信度的种类来分，可以分为稳定度测量、等值性测量、一致性测量。稳定度测量一般采用再测信度（test-retest reliability），即让同一组受测者，对同一份问卷在前后两个时间内测验两次，比较两次测验的结果的皮尔森相关系数（$r$），相关系数愈高则信度愈高；等值性测量一般采用复本信度（equivalent-forms reliability），即为了避免重复测量受到长期记忆的影响，从而降低了指标体系的公正性，设定两组具有一样的测量效果但不同的题目，进行重复测验，两组测验的相关系数即为复本信度。一致性测量中比较常见的方法有折半信度（split-half reliability）、库李信度（Kuder-Richardson Formula 20，KR20）、Cronbach's $\alpha$ 信度测量；从信度测量的细化程度来分，可以分为题目信度和构面信度，题目信度是标准化因素负荷量的平方，又称为多元相关平方（square multiple correlations，SMC），定义为构面对题目的解释能力（$R^2$），Chin（1998）建议标准化因素负荷量理想上应大于 0.7 的门槛，0.6 以上为可接受。[①] Fornell 和 Larcker（1981）[②] 也建议标准化因素负荷量大于 0.7，所以 SMC>0.5；构面信度最为常见的是 Cronbach's $\alpha$ 信度测量。该方法是由 Cronbach 于 1951 年提出，后在社会科学领域被广泛采用。通常来说，对于引用他人问卷的验证性分析，内部一致性 Cronbach's $\alpha$ 的建议值为 $\alpha<0.5$，信度不可接受；$0.5\leqslant\alpha<0.6$，信度较差；$0.6\leqslant\alpha<0.7$，信度有问题；$0.7\leqslant\alpha<0.8$，信度可接受；$0.8\leqslant\alpha<0.9$，信度好；$0.9\leqslant\alpha$，信度优良[③]；对于自行发展问卷的探索性分析，$\alpha$ 可以下降到 0.6 以上为可接受。根据 Henson（2001）观点，内部一致性系数要多大才可靠与研究目的密切相关，当测验某“构念”的先导性时，系数在 0.50 就已足够。

经题目信度测量，指标体系中有 5 个单项指标的信度没有通过检验，分别是 C63（地方基本公共服务基础设施的可及性）、C74（地方政府保障基本公共服务均等化覆盖内容的满意水平）、C82（地方政府保障基本公共服务普惠性的满意水平）、C97（地方政府基本公共服务均等化评估指标的易懂性）、C100（地方政府基本公共服务均等化评估指标的针对性），在研究中将其删除，剩余 56 项指标均通过题目信度检验；经构面信度测量，最后结果由 56 项指标构成的指标体系，显示这 5 个构面信度 Cronbach's $\alpha$ 系数均超过 0.600，说明该指标

① Chin，W. W，*Commentary: Issues and Opinion on Structural Equation Modeling*，Management Information Systems Quarterly 1998（22），7-16.

② Fornell，C and Larcker，D. F，*Evaluating Structural Equation Models with Unobservable Variables and Measurement Error*，Jouranl of Marketing Research 1981（18），39-50.

③ Cronbach，L. J，*Coefficient alpha and the internal structure of tests*，Psychometrika 1951（16），297-334.

集合内部结构具有可接受的一致性，构建的指标体系是可信的。

（二）指标的效度检验

效度（validity）是社会科学常用到的指标，常用的效度指标有收敛效度和区别效度。本研究中拟用收敛效度进行测量，收敛效度又称聚合效度，是检验结构变量内部一致性的统计量，统计上用 AVE（average variance extracted，平均方差提取量）代表，AVE>0.5 表示收敛效度存在。经测量，指标体系效度均大于 0.5，效度通过（如表 3-9 所示）。

**表 3-9 地方政府基本公共服务均等化责任指标的信效度**

| 目标层 | 准则层 | 指标层 | SMC | AVE | Cronbach's α |
|---|---|---|---|---|---|
| A1 地方政府制定基本公共服务均等化政策的责任 | B1 地方政府有效收集民众基本公共服务诉求的责任 | C1 地方政府设置诉求表达平台的多样化 | 0.561 | 0.661 | 0.700 |
| | | C2 地方政府收集诉求在人群上的代表性 | 0.717 | | |
| | | C3 地方政府收集诉求在时间上的连续性 | 0.738 | | |
| | | C7 地方政府处理诉求的时效性 | 0.627 | | |
| | B2 地方政府制定基本公共服务总体规划的责任 | C11 地方政府制定基本公共服务总体规划的科学性 | 0.671 | 0.674 | |
| | | C12 地方政府制定基本公共服务总体规划的及时性 | 0.648 | | |
| | | C14 地方政府制定基本公共服务总体规划的针对性 | 0.704 | | |
| | B3 地方政府制定基本公共服务具体方案的责任 | C18 地方政府各项基本公共服务均等化方案制定的周全性 | 0.755 | 0.732 | |
| | | C22 地方政府各项基本公共服务均等化方案的易懂性 | 0.709 | | |

续表

| 目标层 | 准则层 | 指标层 | SMC | AVE | Cronbach's α |
|---|---|---|---|---|---|
| A2 地方政府为基本公共服务均等化实现筹划资源的责任 | B4 地方政府为基本公共服务提供人力资源保障的责任 | C27 地方政府职能部门人员专业的互补程度 | 0.704 | 0.654 | 0.637 |
| | | C31 地方政府职能部门人员专业与岗位匹配程度 | 0.632 | | |
| | | C33 地方政府工作人员履行基本公共服务清单中职责的程度 | 0.585 | | |
| | | C37 地方政府工作人员与基本公共服务相关的专业知识水平 | 0.696 | | |
| | B5 地方政府为基本公共服务提供财政保障的责任 | C39 地方政府公共财政总支出规模 | 0.691 | 0.732 | |
| | | C41 地方人均基本公共服务财政投入强度 | 0.764 | | |
| | | C45 地方政府在本地区基本公共服务方面的资金投入及时性 | 0.714 | | |
| | B6 地方政府为基本公共服务提供物质保障的责任 | C47 地方每万人口拥有的各类基本公共服务设施达标程度 | 0.629 | 0.658 | |
| | | C50 地方基本公共服务设施为民众生活带来的便利程度 | 0.674 | | |
| | | C52 地方基本公共服务设施的可及性 | 0.672 | | |
| A3 地方政府基本公共服务均等化实施与实现的责任 | B7 地方政府足量生产和提供各项基本公共服务的责任 | C57 地方基本公共服务用品的充足程度 | 0.678 | 0.709 | 0.732 |
| | | C61 地方基本公共服务智能平台的充足程度 | 0.741 | | |
| | B8 地方政府优质生产和提供各项基本公共服务的责任 | C64 地方基本公共服务基础设施质量的可靠性 | 0.755 | 0.719 | |
| | | C67 地方基本公共服务人员的工作态度 | 0.677 | | |
| | | C69 地方基本公共服务政务互动平台的回应率 | 0.685 | | |
| | B9 地方政府保障基本公共服务实现满意水平的责任 | C72 地方基本公共服务提供的便利程度 | 0.758 | 0.656 | |
| | | C75 地方政府保障基本公共服务均等化覆盖人群的满意水平 | 0.642 | | |
| | | C76 地方政府保障基本公共服务均等化强度的满意水平 | 0.641 | | |
| | | C77 地方政府保障基本公共服务均等化进度的满意水平 | 0.729 | | |
| | | C80 地方政府保障群众基本公共服务获得感提升的满意水平 | 0.611 | | |

续表

| 目标层 | 准则层 | 指标层 | SMC | AVE | Cronbach's α |
|---|---|---|---|---|---|
| A4 地方政府进行基本公共服务评估的责任 | B10 地方政府为基本公共服务均等化设置评估导向的责任 | C86 地方政府以结果均等为基本公共服务评估导向的程度 | 0. 575 | 0. 753 | 0. 850 |
| | | C88 地方政府以条件均等为基本公共服务评估导向的程度 | 0. 634 | | |
| | | C89 地方政府以过程均等为基本公共服务评估导向的程度 | 0. 596 | | |
| | | C90 地方政府以弱势群体优先收益为基本公共服务评估导向的程度 | 0. 716 | | |
| | | C91 地方政府以社会整体满意度为基本公共服务评估导向的程度 | 0. 667 | | |
| | | C93 地方政府以持续提升最低基本公共服务水平为评估导向的程度 | 0. 567 | | |
| | B11 地方政府为基本公共服务均等化确定评估指标的责任 | C95 地方政府基本公共服务均等化评估指标的科学性 | 0. 697 | 0. 795 | |
| | | C96 地方政府基本公共服务均等化评估指标的合理性 | 0. 530 | | |
| | | C98 地方政府基本公共服务均等化评估指标的全面性 | 0. 630 | | |
| | | C102 地方政府基本公共服务均等化评估指标的适用性 | 0. 674 | | |
| | B12 地方政府客观评估基本公共服务均等化实现现状的责任 | C104 地方政府实现基本公共服务均等化的广度（内容的广泛性） | 0. 561 | 0. 773 | |
| | | C105 地方政府实现基本公共服务均等化的强度（人、财、物等投入的力度） | 0. 728 | | |
| | | C106 地方政府实现基本公共服务均等化的深度（运行机制、供给方式等的科学合理性） | 0. 539 | | |
| | | C108 地方政府基本公共服务设施均等化的实现程度 | 0. 591 | | |
| | | C110 地方政府基本公共服务城区各区域均等化的实现程度 | 0. 581 | | |
| | B13 地方政府将评估结果应用于提升基本公共服务的责任 | C114 地方政府将评估结果应用于基本公共服务规划制定的程度 | 0. 724 | 0. 813 | |
| | | C115 地方政府将评估结果应用于基本公共服务实施举措改进的程度 | 0. 692 | | |
| | | C117 地方政府将评估结果应用于界定基本公共服务监督问责对象的程度 | 0. 561 | | |
| | | C118 地方政府将评估结果应用于规范基本公共服务监督问责内容的程度 | 0. 674 | | |

续表

| 目标层 | 准则层 | 指标层 | SMC | AVE | Cronbach's α |
|---|---|---|---|---|---|
| A5 地方政府监督基本公共服务均等化工作的责任 | B14 地方政府对基本公共服务进行行政监督的责任 | C122 地方政府对基本公共服务进行行政监督的可操作性 | 0.792 | 0.801 | 0.743 |
| | | C127 地方政府基本公共服务的行政监督指标清晰程度 | 0.810 | | |
| | B15 地方政府对基本公共服务进行审计监督的责任 | C133 地方政府复合型、多学科审计队伍的建设程度 | 0.702 | 0.656 | |
| | | C135 地方政府不同领域基本公共服务的协同审计水平 | 0.602 | | |
| | | C137 地方政府基本公共服务全过程审计的完备性 | 0.664 | | |
| | B16 地方政府对基本公共服务进行问责监督的责任 | C139 地方政府基本公共服务绩效问责对象的清晰程度 | 0.599 | 0.637 | |
| | | C143 地方政府基本公共服务定期规范性问责的规范程度 | 0.661 | | |
| | | C144 地方政府基本公共服务问责程序的标准程度 | 0.653 | | |
| | | C145 地方政府基本公共服务问责政策法规的完善程度 | 0.634 | | |

## 二、指标体系的赋权

构建地方政府基本公共服务均等化责任指标体系的重要环节之一就是计算每一个指标的权重。统计学意义上，权重是指某一因素或指标相对于某一事物的重要程度，是人们对指标体系内部各指标要素联系形式和各指标价值大小认识的产物。[①] 权重计算的科学程度影响着我国地方政府基本公共服务均等化责任指标体系的科学程度，因此，指标权重的配置是构建指标体系的重要环节。本书采用德尔菲法——灰色关联度分析法的复合研究方法计算本指标的权重。

本研究意图以政治学领域的政府责任概念为出发点和落脚点，从政治过程的各个环节入手，将抽象的政府责任具象化，因此指标中含有大量的主观指标，

① 邹丽梅：《高校廉政文化建设指标评价指标体系构建研究》，东北林业大学博士学位论文，2012，第 40 页。

需要以专家的评判为评价标准。本研究选择了30位专家来判断每个操作性指标在本二级指标中的相对重要性（见附件3），30名专家中15位来自政府公共部门，具有科级及以上职称，他们对我国公共服务的进展、改革和存在的不足有最深切的体会，是实践型专家；有15位分别来自南开大学、西南交通大学、中国社会科学院等高校，他们活跃在理论研究的第一线，对我国公共服务改革和创新颇有自己的见解，在本研究中作为学术型专家。问卷采用100分制。按照惯例，定义1~60为一般重要，61~80为重要，81~100为更加重要，请专家根据问卷中的三级指标的重要性，给出相应的分数。需要注意的是，之所以要判断“每个操作性指标在本二级指标中的相对重要性”，因为本研究指标体系以政治过程为抓手，因此代表政治过程顺序的二级指标之间既有紧密的联系，同时也有一定的区分度。因此本次调研要求专家在每一个二级指标前提下对比操作性指标的重要性从而给出判断，从而提高研究的科学性和判断的准确性。

在获取专家评分之后，本研究拟采用灰色关联度分析来确定各个操作性指标的权重。该方法适用于部分信息已知，部分信息未知的“贫信息”及“非唯一解”的不确定性系统。要提升人民群众政治参与程度，首先要将政策及其形成过程完整地呈现在人民群众面前，提升“透明度”。如果用“黑”表示信息完全未知，“白”表示信息完全明确，那么“灰”表示部分信息明确、部分信息不明确。灰色系统的定义也由此而来：部分信息明确、部分信息不明确的系统称为灰色系统。① 从目前国内外已有研究来看，提升地方政府基本公共服务履责能力，为全体社会成员提供基本均等的、高水平的公共产品和公共服务，是政府的基本责任，这已经是学界的基本共识，属于“白色”的，没有异议的领域；但政府在基本公共服务均等化领域究竟包含哪些责任，再具体一些，在这些责任要求下政府应该从哪些角度入手仍然属于学界众说纷纭的领域，不同专业的学者以此为出发点发表了自己的看法，尽管丰富了研究的内容但是并没有达成一致意见。这属于“灰色”的部分，从灰色系统理论上来讲，这方面的“信息不完全”符合灰色系统理论中“灰”的基本含义；从统计学来讲，与层次分析法和客观赋权法相比，灰色关联分析法对样本容量的大小几乎没有要求（样本容量不小于3），也不需要典型的分布规律，计算量小，易于理解和掌握，结果也容易解释。与德尔菲法相比，灰色关联分析法能更深入地利用各指标的

① 刘思峰等：《灰色系统理论及其应用（第八版）》，科学出版社，2017，第11页。

得分数据，应用灰色关联分析法确定指标权重的步骤分五步：即指定参考数据列，初值化处理，关联系数计算，关联度计算，归一化处理。归一化后的值即为各指标的权重。

第一，对专家评分进行矩阵模型构建。原始数据序列形成如下所示矩阵，其中 $a$ 为指标个数，$b$ 为每个指标的参评数（即专家数目）。

$$(X_1,\ X_2,\ \cdots,\ X_a) = \begin{Bmatrix} X_{11} & X_{21} & \cdots & X_{a1} \\ X_{12} & X_{22} & \cdots & X_{a2} \\ \cdots & \cdots & \cdots & \cdots \\ X_{1b} & X_{2b} & \cdots & X_{ab} \end{Bmatrix} \tag{3-6}$$

第二，确定参考数据列。参考数据列应该是一个理想的比较标准，可以以各指标的最优值（或最劣值）构成。研究将每个操作型指标中专家的最高评分筛选出来作为该操作型指标的参考序列。记作

$$X_0{}' = \{X'_{01},\ X'_{02},\ \cdots,\ X'_{0b}\} \tag{3-7}$$

第三，初值化处理。对每一个操作型指标使用初值法进行数据标准化处理。公式记作

$$X_{ik} = X'^{ik}/X'^{i1} \quad i = 0,\ 1,\ 2,\ \cdots,\ a; \quad k = 1,\ 2,\ \cdots,\ b \tag{3-8}$$

经过初值法标准化后的数据序列形成如下矩阵：

$$(X_0,\ X_1,\ \cdots,\ X_a) = \begin{Bmatrix} X_{01} & X_{11} & \cdots & X_{a1} \\ X_{02} & X_{12} & \cdots & X_{a2} \\ \cdots & \cdots & \cdots & \cdots \\ X_{0b} & X_{1b} & \cdots & X_{ab} \end{Bmatrix} \tag{3-9}$$

第四，逐个计算每个操作性指标序列与参考序列差的绝对值，即：

$$\Delta_{ik} = |X_{0k} - X_{ik}|,\ i = 0,\ 1,\ 2,\ \cdots,\ a; \quad k = 1,\ 2,\ \cdots,\ b \tag{3-10}$$

从 $\Delta_i k$ 中找出最大值和最小值

$$M = \max_i \max_k \Delta_{ik}$$
$$m = \min_i \min_k \Delta_{ik} \tag{3-11}$$

第五，关联系数计算，分别计算每个比较序列与参考序列对应元素的关联系数，记作 $\rho$。

$$r_{ik} = \frac{m + \rho M}{\Delta_{ik} + \rho M} \tag{3-12}$$

其中 $\rho$ 为分辨系数，$0<\rho<1$。若 $\rho$ 越小，关联系数间差异越大，区分能力越强。通常 $\rho$ 取 0.5。

第六，关联度计算。记作

$$\beta_j = \frac{1}{k}\sum_{i=1}^{k} r_{ik}, \tag{3-13}$$

第七，配置权重，记作

$$W_j = \frac{\beta_j}{\sum_{i=1}^{j}\beta_{ij}},\ j = 1,\ 2,\ \cdots,\ a \tag{3-14}$$

通过以上运算，本研究所构建的地方政府基本公共服务均等化指标的权重如表 3-10 所示。

**表 3-10 地方政府基本公共服务均等化责任指标权重**

| 一级指标 | 二级指标 | 三级指标 | 权重 |
| --- | --- | --- | --- |
| A1 地方政府制定基本公共服务均等化政策的责任（0.141） | B1 地方政府有效收集民众基本公共服务诉求的责任（0.063） | C1 地方政府设置基本公共服务诉求表达平台的多样化 | 0.017 |
| | | C2 地方政府收集基本公共服务诉求在人群上的代表性 | 0.017 |
| | | C3 地方政府收集基本公共服务诉求在时间上的连续性 | 0.014 |
| | | C4 地方政府处理基本公共服务诉求的时效性 | 0.015 |
| | B2 地方政府制定基本公共服务总体规划的责任（0.047） | C5 地方政府制定基本公共服务总体规划的科学性 | 0.015 |
| | | C6 地方政府制定基本公共服务总体规划的及时性 | 0.016 |
| | | C7 地方政府制定基本公共服务总体规划的针对性 | 0.016 |
| | B3 地方政府制定各项基本公共服务具体方案的责任（0.031） | C8 地方政府各项基本公共服务均等化方案制定的周全性 | 0.015 |
| | | C9 地方政府各项基本公共服务均等化方案的易懂性 | 0.016 |

续表

| 一级指标 | 二级指标 | 三级指标 | 权重 |
| --- | --- | --- | --- |
| A2 地方政府为基本公共服务均等化实现筹划资源的责任（0.173） | B4 地方政府为基本公共服务提供人力资源保障的责任（0.062） | C10 地方政府职能部门人员专业的互补程度 | 0.017 |
| | | C11 地方政府职能部门人员专业与岗位匹配程度 | 0.016 |
| | | C12 地方政府工作人员履行基本公共服务清单中职责的程度 | 0.015 |
| | | C13 地方政府工作人员与基本公共服务相关的专业知识水平 | 0.014 |
| | B5 地方政府为基本公共服务提供财政保障的责任（0.055） | C14 地方政府公共财政总支出规模 | 0.018 |
| | | C15 地方人均基本公共服务财政投入强度 | 0.018 |
| | | C16 地方政府在本地区基本公共服务方面的资金投入及时性 | 0.019 |
| | B6 地方政府为基本公共服务提供物质保障的责任（0.056） | C17 地方每万人口拥有的各类基本公共服务设施达标程度 | 0.019 |
| | | C18 地方基本公共服务设施为民众生活带来的便利程度 | 0.019 |
| | | C19 地方基本公共服务设施的可及性 | 0.018 |
| A3 地方政府基本公共服务均等化实施与实现的责任（0.168） | B7 地方政府足量生产和提供各项基本公共服务的责任（0.037） | C20 地方基本公共服务用品的充足程度 | 0.019 |
| | | C21 地方基本公共服务智能平台的充足程度 | 0.018 |
| | B8 地方政府优质生产和提供各项基本公共服务的责任（0.057） | C22 地方基本公共服务基础设施质量的可靠性 | 0.020 |
| | | C23 地方基本公共服务人员的工作态度 | 0.018 |
| | | C24 地方基本公共服务政务互动平台的回应率 | 0.019 |
| | B9 地方政府保障基本公共服务实现满意水平的责任（0.074） | C25 地方政府保障基本公共服务均等化覆盖人群的满意水平 | 0.018 |
| | | C26 地方政府保障基本公共服务均等化强度的满意水平 | 0.019 |
| | | C27 地方政府保障基本公共服务均等化进度的满意水平 | 0.018 |
| | | C28 地方政府保障群众基本公共服务获得感提升的满意水平 | 0.019 |

续表

| 一级指标 | 二级指标 | 三级指标 | 权重 |
|---|---|---|---|
| A4 地方政府进行基本公共服务评估的责任（0.353） | B10 地方政府为基本公共服务均等化设置评估导向的责任（0.108） | C29 地方政府以结果均等为基本公共服务评估导向的程度 | 0.017 |
| | | C30 地方政府以条件均等为基本公共服务评估导向的程度 | 0.016 |
| | | C31 地方政府以过程均等为基本公共服务评估导向的程度 | 0.018 |
| | | C32 地方政府以弱势群体优先收益为基本公共服务评估导向的程度 | 0.019 |
| | | C33 地方政府以社会整体满意度为基本公共服务评估导向的程度 | 0.019 |
| | | C34 地方政府以持续提升最低基本公共服务水平为评估导向的程度 | 0.019 |
| | B11 地方政府为基本公共服务均等化确定评估指标的责任(0.074) | C35 地方政府基本公共服务均等化评估指标的科学性 | 0.019 |
| | | C36 地方政府基本公共服务均等化评估指标的合理性 | 0.018 |
| | | C37 地方政府基本公共服务均等化评估指标的全面性 | 0.018 |
| | | C38 地方政府基本公共服务均等化评估指标的适用性 | 0.019 |
| | B12 地方政府客观评估基本公共服务均等化实现现状的责任（0.095） | C39 地方政府实现基本公共服务均等化的广度（内容的广泛性） | 0.017 |
| | | C40 地方政府实现基本公共服务均等化的强度（人、财、物等投入的力度） | 0.019 |
| | | C41 地方政府实现基本公共服务均等化的深度（运行机制、供给方式等的科学合理性） | 0.019 |
| | | C42 地方政府基本公共服务设施均等化的实现程度 | 0.020 |
| | | C43 地方政府基本公共服务城区各区域均等化的实现程度 | 0.020 |
| | B13 地方政府将评估结果应用于提升基本公共服务的责任（0.076） | C44 地方政府将评估结果应用于基本公共服务规划制定的程度 | 0.019 |
| | | C45 地方政府将评估结果应用于基本公共服务实施举措改进的程度 | 0.019 |
| | | C46 地方政府将评估结果应用于界定基本公共服务监督问责对象的程度 | 0.019 |
| | | C47 地方政府将评估结果应用于规范基本公共服务监督问责内容的程度 | 0.019 |

续表

| 一级指标 | 二级指标 | 三级指标 | 权重 |
|---|---|---|---|
| A5 地方政府监督基本公共服务均等化工作的责任（0.165） | B14 地方政府对基本公共服务进行行政监督的责任（0.037） | C48 地方政府对基本公共服务进行行政监督的可操作性 | 0.018 |
| | | C49 地方政府基本公共服务的行政监督指标清晰程度 | 0.019 |
| | B15 地方政府对基本公共服务进行审计监督的责任（0.052） | C50 地方政府复合型、多学科审计队伍的建设程度 | 0.017 |
| | | C51 地方政府不同领域基本公共服务的协同审计水平 | 0.017 |
| | | C52 地方政府基本公共服务全过程审计的完备性 | 0.018 |
| | B16 地方政府对基本公共服务进行问责监督的责任（0.076） | C53 地方政府基本公共服务绩效问责对象的清晰程度 | 0.019 |
| | | C54 地方政府基本公共服务定期规范性问责的规范程度 | 0.019 |
| | | C55 地方政府基本公共服务问责程序的标准程度 | 0.019 |
| | | C56 地方政府基本公共服务问责政策法规的完善程度 | 0.019 |

## 第五节　基本公共服务均等化过程中地方政府履责指标的测度标准

通过以上环节，测出了我国地方政府基本公共服务均等化履责体系的具体指标和各项指标的权重，但是测度各地区各层级政府在基本公共服务均等化领域履责的程度，仅仅有指标和权重是不能满足要求的，还需要用统一的计量模型，以这一模型为工具，测量出样本中各省每一项指标的得分，进而测量出各地区各层级政府在履责方面的总得分。如果想要得出履责情况的优劣，还需要有得分的评级标准，也即是参照物。这个参照物就是履责质量分级标准。

### 一、建立指标分析计量模型

本研究采用了五点李克特量表评估各级地方政府基本公共服务均等化责任履行状况。李克特量表可以较为精确地反馈出被试者对问题持有的态度。诚然，任何统计方法都不是完美无缺的，传统的李克特量表由被试者给出自己的态度，不可避免地含有一定的主观性和不一致性。为了改善这一问题，在本研究中参考了“相对重要性指数（relative importance index，RII）”概念①，引入了“履责质量指数”概念来测量各地区各层级政府责任履行情况。这一概念的建立和统计分析的步骤为：

（1）设定李克特量表等级 $J$。相应的得分为 1，2，…，$J$。

（2）对每一个属性进行打分，该过程为定量打分。

（3）统计并记录每一个分制的频数。

（4）根据第 3 步的统计结果，计算每个属性的平均得分：

$$MS_i = \frac{\sum_{j=1}^{J} f_{ij}}{L} \times d_j,\ (0 \leqslant MS_i \leqslant J,\ i = 1,\ 2,\ \cdots,\ N) \tag{3-15}$$

其中，$MS_i$ 代表属性 $i$ 的平均得分，$d_j$ 代表分制，$f_{ij}$ 代表属性 $i$ 得分为 $d_j$ 的频数，$L$ 代表数据长度，对应于李克特量表的问卷填答人数。

（5）计算每个责任指标的履责质量指数：

$$PQI_i = \frac{MS_i}{J} \tag{3-16}$$

$J$ 为设定的李克特量表的等级数。得到相对重要性指数后，即可指标进行优先级排序。PQI 越高，表示履责质量越高。

## 二、基本公共服务均等化过程中地方政府履责质量测度标准

评定履责质量的前提是有较为合理的评级指标，因此在进行政府履责质量分析之前，需要进行以下说明，第一，履责质量指数的有效性与其分布有关，本研究中采用了五点李克特量表，所以等级 $J$ 设置为 5，相应的得分为 1、2、3、4、5；第二，根据李克特量表的五点设置，将履责质量指数（PQI）等级设置为 0%~20%（较差）、21%~40%（预警）、41%~60%（合格）、61%~80%（良好）、81%~100%（优秀），根据我国对政府体系和治理能力现代化的要求和对服务型政府的标准来看，对基本公共服务均等化履责的要求也与日俱增，因此按照惯例，将 80%设定为政府履责的优秀标准的起点；第三，确定采集数据的长度 $L$，本研究中不同样本 $L$ 的取值以样本数量为准。

---

① Gao HH，et al，*Systematic rationalization approach for multivariate correlated alarms based on interpretive structural modeling and Likert scale*，Chinese journal of Chemical Engineering，2015，23（12），1987–1996.

表 3-11　地方政府基本公共服务均等化履责的分级标准

| 质量等级 | 分级标准 |
| --- | --- |
| 地方政府基本公共服务均等化履责优秀 | 政府履责质量指数落在［0.8，1）之间 |
| 地方政府基本公共服务均等化履责良好 | 政府履责质量指数落在［0.6，0.8）之间 |
| 地方政府基本公共服务均等化履责合格 | 政府履责质量指数落在［0.4，0.6）之间 |
| 地方政府基本公共服务均等化履责预警 | 政府履责质量指数落在［0.2，0.4）之间 |
| 地方政府基本公共服务均等化履责较差 | 政府履责质量指数落在［0，0.2）之间 |

## 三、基本公共服务均等化过程中地方政府履责质量测度实例分析

研究选取南京市数据作为实例，表 3-12 展示了南京市一级政府在制定政策指标下的履责质量排序。

表 3-12　市级政府制定政策履责质量指数计算（以南京市一级政府为例）

| 一级指标 | 二级指标 | 编号 | 指标 | 得分 5 | 4 | 3 | 2 | 1 | 履责质量指数（PQI） | 评级 |
| --- | --- | --- | --- | --- | --- | --- | --- | --- | --- | --- |
| 制定政策 | 收集诉求 | A11 | 地方政府设置诉求表达平台的多样化 | 16 | 31 | 19 | 5 | 4 | 0.733 | 良好 |
| | | A12 | 地方政府收集诉求在人群上的代表性 | 15 | 40 | 16 | 4 | 0 | 0.776 | 良好 |
| | | A13 | 地方政府收集诉求在时间上的连续性 | 9 | 48 | 15 | 2 | 1 | 0.765 | 良好 |
| | | A14 | 地方政府处理诉求的时效性 | 31 | 33 | 11 | 0 | 0 | 0.853 | 优秀 |
| | 制定总体规划 | A21 | 地方政府制定基本公共服务总体规划的科学性 | 38 | 28 | 8 | 1 | 0 | 0.875 | 优秀 |
| | | A22 | 地方政府制定基本公共服务总体规划的优化性 | 29 | 42 | 4 | 0 | 0 | 0.867 | 优秀 |
| | | A23 | 地方政府制定基本公共服务总体规划的针对性 | 19 | 46 | 10 | 0 | 0 | 0.824 | 优秀 |
| | 制定具体方案 | A31 | 地方政府各项基本公共服务均等化方案制定的周全性 | 24 | 46 | 4 | 1 | 0 | 0.848 | 优秀 |
| | | A32 | 地方政府各项基本公共服务均等化方案的易懂性 | 18 | 49 | 8 | 0 | 0 | 0.827 | 优秀 |

从表 3-12 中可以看出，制定政策环节上，南京市一级政府在制定规划和制定具体方案方面得分较高，达到了优秀的程度，相比之下，对于收集诉求，了解民意，为人民群众提供耦合度更高的基本公共服务方面，履责质量测度结果为良好。

# 第四章　基本公共服务均等化过程中地方政府履责质量测评

在第三章中，本研究依据科学的方法确立了地方政府基本公共服务均等化责任指标体系，本章节要以该指标体系为依托，根据科学的抽样原则，对当前我国地方政府基本公共服务均等化责任的履行情况进行科学的测评。本研究抽取了我国东、中、西部6个省级政府、18个市级政府、36个县级政府并对其地方政府的责任履行情况进行实证测评。

## 第一节　样本框的建立与样本的分配

本书所进行的抽样调查是一种非全面的调查，它是从调查对象的总体中随机抽取一部分单位进行观察，并且依据所获得的数据对总体的数量特征做出具有一定可靠性的估计判断，从而达到对总体的认识。[①] 因而建立科学的样本框是地方政府基本公共服务均等化履责质量测评的开端。

### 一、抽样框和样本抽取过程

要从一个总体中抽选样本，需要一个包括全部总体单位的清册，以此来代表总体，从中抽选样本，实际工作中称之为抽样框（即样本框）。抽样框是进行抽样调查的基础，设计任何一项抽样调查都必须考虑可利用的抽样框的状况。因为它既是选取样本单位的基础，又是估计总量指标的基础。[②]

（一）构建抽样单位与抽样框

抽样单位指被抽样的总体中含有要素的基本单位，抽样基本要求是要保证所抽取的样本单位对全部样本具有充分的代表性。本研究意欲研究地方政府在

① 冯士雍：《抽样调查理论与方法》，中国统计出版社，1998，第301-304页。

② 胡健颖、孙山泽：《抽样调查的理论方法和应用》，北京大学出版社，2001，第30-33页。

基本公共服务均等化工作中的责任问题，因此以地方政府的层级划分为标准，采用分层的三阶段等概率抽样，各阶段的抽样单位为：

第一阶段：以省级行政区为初级抽样单位。

第二阶段：以地级区划（省会城市、地级市）为二级抽样单位。

第三阶段：以县级区划（县、县级市）为三级抽样单位。

在明确抽样单位后，研究需要在全国范围内构建抽样框，从理论上来说，抽样框是总体要素的列表或者准列表。要想保证样本对总体的代表性，抽样框就要包含所有的（或者接近所有的）总体成员。抽样框必须和所要研究的总体是一致的。[①] 根据行政区划资料，全国共有23个省、5个自治区、4个直辖市、2个特别行政区，合计34个省级行政区。根据国家统计局2017年的划分，[②] 我国东部地区包括北京、天津、河北、辽宁、上海、江苏、浙江、福建、山东、广东、海南11个省（市）；中部地区包括山西、吉林、黑龙江、安徽、江西、河南、湖北、湖南8个省；西部地区包括内蒙古、广西、重庆、四川、贵州、云南、西藏、陕西、甘肃、青海、宁夏、新疆12个省（市、自治区）。鉴于本研究的研究对象为省级、市级、县级等不同层级的地方政府，出于研究的同质性考虑，故没有选取具有同等级别但地位特殊或政府职责特殊的直辖市和自治区等。这些省级行政区单位作为初级抽样单元[③]（primay sampling units，PSU）构成调查总体，具体划分为3个抽样框：

抽样框1：东部地区省份：

河北、辽宁、江苏、浙江、福建、山东、广东、海南。

抽样框2：中部地区省份：

山西、吉林、黑龙江、安徽、江西、河南、湖北、湖南。

抽样框3：西部地区省份：

四川、贵州、云南、陕西、甘肃、青海。

（二）抽样步骤

本研究采用三阶段抽样方案，首先每个样本框以简单随机抽样的方式抽出

---

① 艾尔·巴比：《社会研究方法（第十一版）》，华夏出版社，2017，第199-200页。

② 国家统计局关于东中西部省份划分的相关网址 http：//www.stats.gov.cn/tjsj/zxfb/201701/t20170120_ 1455967.html。

③ 抽样单元：构成总体的个体项目，也是构成抽样框的基本要素。可分为初级抽样单元（primay sampling units）、二级抽样单元（secondary sampling units）等。

2 个 PSU，共计 6 个。所抽选的这 6 个省份中，江苏和浙江位于中国最具有影响力和经济活力的长三角经济圈；河南作为中华文化的发源地之一，是当今中国第一人口大省，同时代表了地处大江大河中下游流域的中部省份；湖南位列中部省份经济发展前列，具有经济层面的代表性；在西部地区中，陕西是目前西部大开发的桥头堡，是西部重点发展的省份之一；四川则是西部人口第一大省，这些成为选取以上西部三省的最重要因素。在以上每个抽选出的初级抽样单元（省）中抽出 3 个二级抽样单元（省会城市/地级市），在每个抽选出的二级单元中抽出 2 个三级抽样单元（县/县级市）。

**表 4–1　样本框与样本抽样步骤**

| 初级抽样单元 PSU | | 二级抽样单元（省会城市、地级市） | 三级抽样单元（区/县/县级市） |
|---|---|---|---|
| 抽样框 | 步骤一 | 步骤二 | 步骤三 |
| 抽样框一 | 江苏 | 南京市 | 溧水区 |
| | | | 高淳区 |
| | | 徐州市 | 新沂市 |
| | | | 邳州市 |
| | | 连云港市 | 东海县 |
| | | | 灌南县 |
| | 浙江 | 杭州市 | 淳安县 |
| | | | 桐庐县 |
| | | 绍兴市 | 诸暨市 |
| | | | 嵊州市 |
| | | 衢州市 | 龙游县 |
| | | | 江山市 |
| 抽样框二 | 湖南 | 长沙市 | 浏阳市 |
| | | | 宁乡市 |
| | | 岳阳市 | 岳阳县 |
| | | | 平江县 |
| | | 永州市 | 宁远县 |
| | | | 道县 |
| | 河南 | 郑州市 | 新郑市 |
| | | | 巩义市 |
| | | 洛阳市 | 宜阳县 |
| | | | 伊川县 |
| | | 开封市 | 杞县 |
| | | | 尉氏县 |

续表

| 初级抽样单元 PSU | | 二级抽样单元（省会城市、地级市） | 三级抽样单元（区/县/县级市） |
| --- | --- | --- | --- |
| 抽样框三 | 四川 | 成都市 | 都江堰市 |
| | | | 邛崃市 |
| | | 绵阳市 | 三台县 |
| | | | 江油市 |
| | | 乐山市 | 峨眉山市 |
| | | | 犍为县 |
| | 陕西 | 西安市 | 蓝田县 |
| | | | 周至县 |
| | | 榆林市 | 靖边县 |
| | | | 定边县 |
| | | 延安市 | 子长县 |
| | | | 延川县 |
| 总计 | 6 个省 | 18 个城市 | 36 个县 |

（三）样本量分配

要满足研究样本的代表性和一般统计分析的需要，就必须根据统计抽样理论计算和确定样本量。只有在样本量达到一定规模后，抽样误差才能降低到可以接受的水平。[①] 本研究在确定样本量和样本量的分配过程中主要考虑样本代表性和指标评价模型的需要。

1. 总样本量计算

由于调查的结果主要是估计各种比例数据以及比例数据之间的比较，所以在调查样本量的确定上是以估计简单随机抽样的总体比例时的样本量为基础。在95%的置信度下按抽样绝对误差不超过3%的要求进行计算，需要抽取样本量：

$$n_0 = \frac{u_\alpha^2 p(1-p)}{d^2} = 1067$$

这里 $n_0$ 代表需要抽取的样本量，$d$ 为抽样绝对误差取 0.03，$u_\alpha$ 在置信度为 0.95 时为 1.96，$p$ 为概率值，$p(1-p)$ 最大取 0.25。由于采用多阶段的复杂抽样，设计效应 deff 一般会在 2 和 2.5 之间，笔者把 deff 定为 2，这样需要的样本量就为 2000 个。

综合考虑精确度、费用以及调查实施的可行性等因素，以及以往若干全

① 梁燕、金勇进：《顾客满意度模型的样本量研究》，《统计研究》2007 年第 7 期，第 68 页。

国社会调查的经验；再加上考虑到在调查实施中通常会存在一部分无效问卷以及各种原因造成的无回答等情况，根据对回答率的估计把总体划分为三个抽样框，笔者把样本量初步确定为3000个。这3000个样本不仅能满足对总体的估计，而且也能满足对抽样框各自总体的估计，所以是比较合适的样本量。

2. 各级政府样本量分配

实证研究的目的在于借助科学的统计方法认识客观事实，研究事物的内在逻辑。在确定总体样本量后，本研究需要对各层级政府的样本量进行逐级确定和分配。在分配过程中既要考虑统计的科学性，也要考虑地方政府运行的现实性。

（1）县级政府样本数

本研究在抽样和样本量分配上有以下特点：从样本量的分配上，各层级地方政府是相互独立的，因此可以将其视作独立的行政区划个体；从行政区划范围来看，它们是包含与被包含的关系；从行政区划的数量来看，省市县的数量呈乘法级递增：每一个初级抽样单位（省）而言，内部存在1个省级地方政府、每个省下含有3个市级地方政府、每个市下含有2个县级地方政府，但从被调研总体体量来看，省人数最多，市次之、县最少，因此若按照乘法比例计算，势必会省样本人数最少，市次之，县最多，与调研总体体量相悖。故本研究反其道而行之，从县级样本计算入手，对应于三阶段抽样方案，研究以十万分之四为抽样系数，首先计算各县/县级市的样本数，对于样本量不足30[①]的县/县级市，笔者将样本数量补充到30，再根据县级政府的样本数，将省和市级政府看作平行但独立的个体，按照比例进行样本的分配县级政府样本在各抽样框中的具体分配数[②]如表4-2所示。

① 本研究按照统计学原理，样本容量只有达到30及以上，其要素的分布上倾向于服从正态分布，只有达到这样的要求才可以按照大样本统计原理来进行数理计算（Mendenhall，Sincich and Boudreau，2016）。

② 各级抽样单元样本数以我国第六次人口普查为依据。

**表 4-2 县级政府样本数**

| 初级抽样单元 PSU | | 二级抽样单元及人口数（省会城市、地级市） | 三级抽样单元（区/县/县级市） | 三级抽样单元人口数 | 三级抽样单元样本数 |
|---|---|---|---|---|---|
| 抽样框一 | 江苏 | 南京市 | 溧水区 | 421323 | 30 |
| | | | 高淳区 | 417729 | 30 |
| | | 徐州市 | 新沂市 | 920610 | 37 |
| | | | 邳州市 | 1458036 | 58 |
| | | 连云港市 | 东海县 | 952250 | 38 |
| | | | 灌南县 | 817629 | 33 |
| | 浙江 | 杭州市 | 淳安县 | 336843 | 30 |
| | | | 桐庐县 | 406450 | 30 |
| | | 绍兴市 | 诸暨市 | 115790（约） | 30 |
| | | | 嵊州市 | 679800（约） | 30 |
| | | 衢州市 | 龙游县 | 362400（约） | 30 |
| | | | 江山市 | 467900（约） | 30 |
| 抽样框二 | 湖南 | 长沙市 | 浏阳市 | 1278928 | 51 |
| | | | 宁乡市 | 1168056 | 47 |
| | | 岳阳市 | 岳阳县 | 717032 | 30 |
| | | | 平江县 | 947774 | 38 |
| | | 永州市 | 宁远县 | 700759 | 30 |
| | | | 道县 | 605799 | 30 |
| | 河南 | 郑州市 | 新郑市 | 758079 | 30 |
| | | | 巩义市 | 807857 | 32 |
| | | 洛阳市 | 宜阳县 | 601001 | 30 |
| | | | 伊川县 | 756616 | 30 |
| | | 开封市 | 杞县 | 956465 | 38 |
| | | | 尉氏县 | 879651 | 35 |

续表

| 初级抽样单元 PSU | | 二级抽样单元及人口数（省会城市、地级市） | 三级抽样单元（区/县/县级市） | 三级抽样单元人口数 | 三级抽样单元样本数 |
|---|---|---|---|---|---|
| 抽样框三 | 四川 | 成都市 | 都江堰市 | 657996 | 30 |
| | | | 邛崃市 | 612753 | 30 |
| | | 绵阳市 | 三台县 | 1042064 | 42 |
| | | | 江油市 | 762142 | 30 |
| | | 乐山市 | 峨眉山市 | 437068 | 30 |
| | | | 犍为县 | 434409 | 30 |
| | 陕西 | 西安市 | 蓝田县 | 514026 | 30 |
| | | | 周至县 | 562768 | 30 |
| | | 榆林市 | 靖边县 | 355939 | 30 |
| | | | 定边县 | 319370 | 30 |
| | | 延安市 | 子长县 | 216910 | 30 |
| | | | 延川县 | 168375 | 30 |
| 总计 | 6个省 | 18个城市 | 36个县 | | 1199 |

（2）市级政府样本数计算

本研究以县级政府样本数入手，以倒推法为思路，按照6省18市共24个行政区划的比例，18个城市的样本数为1350，按照18个城市人口比例，样本在各抽样框中的具体分配数目如表4-3所示（对于样本量不足30的市，笔者将样本数量补充到30）。

**表4-3　市级政府样本数**

| 初级抽样单元 PSU | | 二级抽样单元及人口数（省会城市、地级市） | 二级抽样单元人口数 | 二级抽样单元样本数 |
|---|---|---|---|---|
| 抽样框一 | 江苏 | 南京市 | 8004680 | 75 |
| | | 徐州市 | 8580500 | 81 |
| | | 连云港市 | 4393914 | 41 |
| | 浙江 | 杭州市 | 8700373 | 82 |
| | | 绍兴市 | 4912200 | 46 |
| | | 衢州市 | 2122700 | 30 |

续表

| 初级抽样单元 PSU | | 二级抽样单元及人口数（省会城市、地级市） | 二级抽样单元人口数 | 二级抽样单元样本数 |
|---|---|---|---|---|
| 抽样框二 | 湖南 | 长沙市 | 7044118 | 66 |
| | | 岳阳市 | 5477911 | 51 |
| | | 永州市 | 5180235 | 49 |
| | 河南 | 郑州市 | 8626505 | 81 |
| | | 洛阳市 | 6549486 | 62 |
| | | 开封市 | 4676159 | 44 |
| 抽样框三 | 四川 | 成都市 | 14047625 | 132 |
| | | 绵阳市 | 4613862 | 43 |
| | | 乐山市 | 3235756 | 30 |
| | 陕西 | 西安市 | 8467837 | 80 |
| | | 榆林市 | 3351437 | 31 |
| | | 延安市 | 2187009 | 30 |
| 总计 | 6 个省 | 18 个城市 | | 1055 |

（3）省级政府样本数计算

沿着市级政府样本数计算的思路，按照 6 省 18 市共 24 个行政区划的比例，6 个省级政府问卷样本量为 450，按照 6 省人口比例，样本在各抽样框中的具体分配数目如表 4-4 所示。

**表 4-4　省级政府样本数**

| 初级抽样单元 PSU | | 初级抽样单元人口数 | 初级单元样本数 |
|---|---|---|---|
| 抽样框一 | 江苏 | 78659903 | 86 |
| | 浙江 | 54426900（约） | 60 |
| 抽样框二 | 湖南 | 65683722 | 72 |
| | 河南 | 94023567 | 103 |
| 抽样框三 | 四川 | 80418200 | 88 |
| | 陕西 | 37327378 | 41 |
| 总计 | 6 个省 | | 450 |

## 二、调研基本情况

问卷回收后，笔者运用SPSS25.0对数据进行了录入和统计分析，样本基本情况如表4-5所示。从表4-5中呈现了本研究的调查对象在性别、年龄、学历、政治身份、职业等各方面的基础数据，且从收集回来的数据描述统计上可以看出分布比较均衡，基本覆盖各类居民，能够较普遍反映我国东、中、西部地方各级地方政府基本公共服务均等化责任实施的现状。

**表4-5　调研对象基本情况数据**

| 项目 | | 浙江 | | 四川 | | 陕西 | | 江苏 | | 湖南 | | 河南 | |
|---|---|---|---|---|---|---|---|---|---|---|---|---|---|
| | | 人数 | 百分比(%) | 人数 | 百分比(%) | 人数 | 百分比(%) | 人数 | 百分比(%) | 人数 | 百分比(%) | 人数 | 百分比(%) |
| 性别 | 男 | 264 | 60.3 | 299 | 54.7 | 231 | 59.1 | 327 | 57.7 | 346 | 67.2 | 343 | 62.4 |
| | 女 | 174 | 39.7 | 248 | 45.3 | 160 | 40.9 | 240 | 42.3 | 164 | 32.2 | 207 | 37.6 |
| 年龄 | 25岁及以下 | 87 | 19.9 | 129 | 23.6 | 83 | 21.2 | 40 | 7.1 | 109 | 21.4 | 124 | 22.5 |
| | 26到35岁 | 260 | 59.4 | 294 | 53.7 | 220 | 56.3 | 314 | 55.4 | 298 | 58.4 | 302 | 54.9 |
| | 36到45岁 | 81 | 18.4 | 112 | 20.5 | 79 | 20.2 | 191 | 33.7 | 88 | 17.3 | 109 | 19.8 |
| | 46到55岁 | 7 | 1.6 | 12 | 2.2 | 8 | 2.0 | 22 | 3.9 | 13 | 2.5 | 14 | 2.5 |
| | 56到65岁 | 3 | 0.7 | 0 | 0 | 1 | 0.3 | 0 | 0 | 2 | 0.4 | 1 | 0.2 |
| | 66岁及以上 | 0 | 0 | 0 | 0 | 0 | 0 | 0 | 0 | 0 | 0 | 0 | 0 |
| 学历 | 小学以及以下 | 0 | 0 | 2 | 0.4 | 1 | 0.3 | 1 | 0.2 | 1 | 0.2 | 0 | 0 |
| | 初中 | 5 | 1.1 | 18 | 3.3 | 6 | 1.5 | 3 | 0.5 | 6 | 1.2 | 8 | 1.5 |
| | 高中(中专等) | 43 | 9.8 | 47 | 8.6 | 56 | 14.3 | 48 | 8.5 | 63 | 12.4 | 44 | 8.0 |
| | 专科(高职等) | 77 | 17.6 | 113 | 20.7 | 74 | 18.9 | 94 | 16.6 | 95 | 18.6 | 106 | 19.3 |
| | 本科 | 286 | 65.3 | 322 | 58.9 | 226 | 57.8 | 384 | 67.7 | 313 | 61.4 | 342 | 62.2 |
| | 硕士及以上 | 27 | 6.2 | 45 | 8.2 | 28 | 7.2 | 37 | 6.5 | 32 | 6.3 | 50 | 9.1 |
| 政治身份 | 群众 | 146 | 33.3 | 174 | 31.8 | 126 | 32.2 | 231 | 40.7 | 107 | 21 | 155 | 28.2 |
| | 共青团员 | 152 | 34.7 | 193 | 35.3 | 132 | 33.8 | 151 | 26.6 | 232 | 45.5 | 229 | 41.6 |
| | 民主党派 | 11 | 2.5 | 20 | 3.7 | 17 | 4.3 | 18 | 3.2 | 21 | 4.1 | 15 | 2.7 |
| | 中共党员(含预备) | 118 | 26.9 | 153 | 28 | 106 | 27.1 | 154 | 27.2 | 142 | 27.8 | 144 | 26.2 |
| | 无党派人士 | 11 | 2.5 | 7 | 1.3 | 10 | 2.6 | 13 | 2.3 | 8 | 1.6 | 7 | 1.3 |

续表

| 项目 | | 浙江 | | 四川 | | 陕西 | | 江苏 | | 湖南 | | 河南 | |
|---|---|---|---|---|---|---|---|---|---|---|---|---|---|
| | | 人数 | 百分比（%） | 人数 | 百分比（%） | 人数 | 百分比（%） | 人数 | 百分比（%） | 人数 | 百分比（%） | 人数 | 百分比（%） |
| 职业 | 国家机关、党群组织、企业、事业单位负责人 | 46 | 10.5 | 42 | 7.7 | 29 | 7.4 | 65 | 11.5 | 63 | 12.4 | 56 | 10.2 |
| | 专业技术人员 | 184 | 42 | 218 | 39.9 | 169 | 43.2 | 216 | 38.1 | 242 | 47.5 | 250 | 45.5 |
| | 办事人员和有关人员 | 77 | 17.6 | 85 | 15.5 | 49 | 12.5 | 111 | 19.6 | 54 | 10.6 | 71 | 12.9 |
| | 商业、服务业人员 | 57 | 13 | 108 | 19.7 | 68 | 17.4 | 73 | 12.9 | 61 | 12.0 | 79 | 14.4 |
| | 农林牧渔、水利业生产人员 | 5 | 1.1 | 13 | 2.4 | 12 | 3.1 | 14 | 2.5 | 14 | 2.7 | 8 | 1.5 |
| | 生产、运输设备的操作人员及有关人员 | 24 | 5.5 | 28 | 5.1 | 23 | 5.9 | 62 | 10.9 | 32 | 6.3 | 32 | 5.8 |
| | 军人 | 2 | 0.5 | 2 | 0.4 | 3 | 0.8 | 1 | 0.2 | 2 | 0.4 | 5 | 0.9 |
| | 不便分类的其他从业人员 | 43 | 9.8 | 51 | 9.3 | 38 | 9.7 | 25 | 4.4 | 42 | 8.2 | 49 | 8.9 |

## 第二节　地方政府基本公共服务均等化履责整体状况

本研究采用 SPSS12.0 统计软件，按照前文的公式对我国 6 省 18 市 36 县的样本数据进行了统计分析，将基本公共服务均等化履责的测评原始数据转换为政府质量履责指数。

### 一、分省地方政府基本公共服务均等化履责质量整体状况

本研究首先对样本所涉及的东中西部 6 个省份地方政府基本公共服务均等化履责质量进行了分析。通过测算制定政策责任、筹划资源责任、实施与实现责任、评估责任和监督责任中二级指标的均值，可以全面清晰地掌握 6 个省份地方政府基本公共服务均等化履责质量的基本情况。

**表 4-6　分省地方政府基本公共服务均等化履责质量均值**

| 指标 | | 江苏省 | | 浙江省 | | 河南省 | | 湖南省 | | 陕西省 | | 四川省 | |
|---|---|---|---|---|---|---|---|---|---|---|---|---|---|
| 制定政策责任 | 有效收集民众基本公共服务诉求的责任 | | 0.762 | | 0.755 | | 0.778 | | 0.726 | | 0.703 | | 0.725 |
| | 制定基本公共服务总体规划的责任 | 0.799 | 0.832 | 0.779 | 0.790 | 0.778 | 0.787 | 0.757 | 0.771 | 0.736 | 0.760 | 0.755 | 0.770 |
| | 制定基本公共服务具体方案的责任 | | 0.803 | | 0.791 | | 0.768 | | 0.775 | | 0.745 | | 0.769 |
| 筹划资源责任 | 为基本公共服务提供人力资源保障的责任 | | 0.840 | | 0.816 | | 0.802 | | 0.798 | | 0.776 | | 0.797 |
| | 为基本公共服务提供财政保障的责任 | | 0.730 | 0.775 | 0.747 | 0.763 | 0.742 | 0.754 | 0.728 | 0.742 | 0.719 | 0.758 | 0.724 |
| | 为基本公共服务提供物质保障的责任 | 0.771 | 0.743 | | 0.762 | | 0.746 | | 0.735 | | 0.730 | | 0.753 |
| 实施与实现责任 | 足量生产和提供各项基本公共服务的责任 | | 0.809 | | 0.798 | | 0.762 | | 0.783 | | 0.738 | | 0.772 |
| | 优质生产和提供各项基本公共服务的责任 | | 0.814 | 0.798 | 0.795 | 0.778 | 0.782 | 0.780 | 0.776 | 0.750 | 0.755 | 0.777 | 0.781 |
| | 保障基本公共服务实现满意水平的责任 | 0.814 | 0.819 | | 0.800 | | 0.790 | | 0.781 | | 0.757 | | 0.779 |
| 评估责任 | 为基本公共服务均等化设置评估导向的责任 | | 0.852 | | 0.830 | | 0.820 | | 0.818 | | 0.798 | | 0.812 |
| | 为基本公共服务均等化确定评估指标的责任 | | 0.869 | 0.831 | 0.851 | 0.817 | 0.822 | 0.818 | 0.833 | 0.791 | 0.796 | 0.807 | 0.818 |
| | 客观评估基本公共服务均等化实现现状的责任 | 0.852 | 0.847 | | 0.823 | | 0.813 | | 0.812 | | 0.786 | | 0.798 |
| | 将评估结果应用于提升基本公共服务的责任 | | 0.841 | | 0.820 | | 0.811 | | 0.808 | | 0.785 | | 0.800 |
| 监督责任 | 对基本公共服务进行行政监督的责任 | | 0.862 | | 0.843 | | 0.836 | | 0.839 | | 0.806 | | 0.828 |
| | 对基本公共服务进行审计监督的责任 | 0.860 | 0.854 | 0.837 | 0.830 | 0.828 | 0.820 | 0.829 | 0.819 | 0.800 | 0.796 | 0.817 | 0.808 |
| | 对基本公共服务进行问责监督的责任 | | 0.863 | | 0.837 | | 0.827 | | 0.830 | | 0.797 | | 0.814 |
| 均值 | | 0.819 | | 0.804 | | 0.793 | | 0.788 | | 0.764 | | 0.783 | |

从东中西部6个省份地方政府基本公共服务均等化履责情况来看，各省份目前在履责情况良好。研究发现，基本可以依据履责质量将6个省份划分为两大梯队，一是［0.8，1）之间的第一梯队，表示履责质量非常好，达到了优秀的级别；另一个是落在了［0.6，0.8）之间的第二梯队，表示履责质量良好。没有出现0.6以下的不合格情况，这就说明，总体上我国地方政府履责质量达到了让人民群众满意的地步。综合均值来说，江苏省和浙江省总体履责质量都达到了第一梯队，分别为0.819和0.804，其他省份均在良好之列，属于第二梯队，在第二梯队中，中部省份河南（0.793）排名前列，西部省份陕西（0.764）排在末尾。

第一，制定政策的责任履责质量分析。从制定政策责任履责质量看，所有省份在这一方面的履责质量的均值都落在了［0.6，0.8）之间的第二梯队，没有任何一个省份在这一方面的总均值达到了优秀的级别。尽管如此，得分最高的江苏（0.799）与得分最低的陕西（0.736）也有较大的差距，差了0.063个质量级。进一步分析，二级指标中，仅有江苏在“制定基本公共服务总体规划的责任”“制定基本公共服务总体规划的责任”两个细化的方面履责质量指数达到了［0.8，1）的第一梯队，这说明，江苏省作为沿海发达省份之一，其在制定政策方面虽然仍然存在上升的空间，但是也有其可圈可点之处，在责任前端，即制定总体规划和具体方案等方面达到了［0.8，1）的第一梯队，表现优秀。其他省份中在制定政策责任中细化的指标也没有达到优秀级别。因此，可以说，所有省份在这一方面的履责质量都有待加强。

第二，筹划资源责任履责质量分析。与制定政策履责质量相似的是，6个样本省份在筹划资源方面的总体均值都没有达到［0.8，1）的第一梯队的程度，不约而同地落在了良好等级的第二梯队中。与制定政策履责质量有所区别的是，江苏省在制定政策履责质量中已经到了0.799的数值，与0.8几乎仅有分毫的差距，但在筹划资源履责程度中，均值最高的浙江省也仅仅得到了0.775的分数，最低的陕西省得分仅有0.742，说明总体而言，6个省份在筹划资源方面还在良好的梯队里大踏步，距离迈进优秀的行列还有一定的距离。进一步分析，二级指标中，江苏、浙江、河南三个省份在“为基本公共服务提供人力资源保障的责任”中都进入了［0.8，1）的第一梯队，留在第二梯队的省份中，湖南、四川也分别取得了0.798和0.797的测评成绩，与0.8有非常微弱的差距，仅有陕西省在这一二级指标上表现平平。这说明，我国各个省份都非常重视人力资源对基本公共服务均等化履责的影响。除了“人”的保障责任之外，各省份在“财”和“物”两个方面都没有达到优秀级别的指标。

第三，实施与实现责任履责质量分析。实施与实现责任的履责测评中，各个省份表现出了较为明显的差异。就均值而言，江苏省既实施与实现责任中表现优秀，进入了［0.8，1）的第一梯队，其他省份均在第二梯队，但同为第二梯队，浙江省紧随其后，以0.798的分数位列第二梯队首位，得分最低的依然是陕西省（0.750）。进一步分析，二级指标中，江苏省在“足量生产和提供各项基本公共服务的责任”“优质生产和提供各项基本公共服务的责任”“保障基本公共服务实现满意水平的责任”三项具体二级指标中都表现优秀，进入了［0.8，1）的第一梯队，说明江苏省既注重量的积累，同时也注重质的提高，最终整体达到了人民群众满意的地步。相较于其他省份，仅有浙江省在“保障基本公共服务实现满意水平的责任”指标中“踩线”通过，“惊险”到达第一梯队，其他各省份、各指标均在［0.6，0.8）之间的第二梯队徘徊。

第四，评估责任履责质量分析。评估责任的履责测评中，除了陕西省之外的各个省份均表现惊喜，均值都进入了［0.8，1）的第一梯队，在第一梯队中进行实力的较量。其中江苏省以0.852的高分位列第一位，浙江省（0.831）紧随其后。其他三个省份都处于第一梯队的边缘，差距不大。陕西省则排在末尾，属于第二梯队的良好行列。进一步分析，二级指标中，在一级指标得分普遍优秀的前提下，除了陕西省之外的各个省份在每一个二级指标中几乎都进入了［0.8，1）的第一梯队（四川省在“客观评估基本公共服务均等化实现现状的责任”中得分0.798，位列良好行列），不仅如此，打头阵的江苏省在“为基本公共服务均等化确定评估指标的责任”指标中已经得到了0.869的高分，说明这一环节是各省政府都比较重视的，在履责能力和履责方法上都花了大力气下了大功夫。

第五，监督责任履责质量分析。监督责任的履责测评成为本环节测评中最为抢眼的亮点。含陕西省在内的所有的省份在均值上都进入了［0.8，1）的第一梯队，没有出现任何一个省份掉队的情况。在各省均表现出色的前提下，江苏省依然以0.860的高分位列第一，浙江省（0.837）紧随其后，陕西省则以0.800“险胜”，刚刚迈进了第一梯队中。其他省份则在第一梯队中表现稳定。进一步分析，二级指标中，除了陕西省在“对基本公共服务进行审计监督的责任”“对基本公共服务进行问责监督的责任”两个指标表现平平，获得了

0.796、0.797 的成绩，其他所有省份的在这一环节上的所有二级指标均没有悬念地进入了［0.8，1）的第一梯队。这说明，我国各省政府在监督环节表现都非常亮眼，监督环节成为我国各省政府履责的优质环节。

## 二、分区域地方政府基本公共服务均等化履责质量整体状况

本部分研究对样本所涉及的 6 个省份划为按区域划为东中西部，对东中西部各地方政府基本公共服务均等化履责质量进行了分析。通过测算制定政策责任、筹划资源责任、实施与实现责任、评估责任和监督责任的总体均值和各个二级指标的均值，总体上可以对我国目前已有样本省份为代表的东西部地区地方政府在基本公共服务均等化履责质量方面有全面的把握。

**表 4-7 分区域地方政府基本公共服务均等化履责质量均值**

| 指标 | | 东部 | | 中部 | | 西部 | |
|---|---|---|---|---|---|---|---|
| 制定政策责任 | 有效收集民众基本公共服务诉求的责任 | 0.789 | 0.759 | 0.768 | 0.752 | 0.745 | 0.714 |
| | 制定基本公共服务总体规划的责任 | | 0.811 | | 0.779 | | 0.765 |
| | 制定各项基本公共服务具体方案的责任 | | 0.797 | | 0.772 | | 0.757 |
| 筹划资源责任 | 为基本公共服务提供人力资源保障的责任 | 0.773 | 0.828 | 0.759 | 0.800 | 0.750 | 0.787 |
| | 为基本公共服务提供财政保障的责任 | | 0.739 | | 0.735 | | 0.722 |
| | 为基本公共服务提供物质保障的责任 | | 0.753 | | 0.741 | | 0.742 |
| 实施与实现责任 | 足量生产和提供各项基本公共服务的责任 | 0.806 | 0.804 | 0.779 | 0.773 | 0.764 | 0.755 |
| | 优质生产和提供各项基本公共服务的责任 | | 0.805 | | 0.779 | | 0.768 |
| | 保障基本公共服务实现满意水平的责任 | | 0.810 | | 0.786 | | 0.768 |
| 评估责任 | 为基本公共服务均等化设置评估导向的责任 | 0.842 | 0.841 | 0.817 | 0.819 | 0.799 | 0.805 |
| | 为基本公共服务均等化确定评估指标的责任 | | 0.860 | | 0.828 | | 0.807 |
| | 客观评估基本公共服务均等化实现现状的责任 | | 0.835 | | 0.813 | | 0.792 |
| | 将评估结果应用于提升基本公共服务的责任 | | 0.831 | | 0.810 | | 0.793 |
| 监督责任 | 对基本公共服务进行行政监督的责任 | 0.848 | 0.853 | 0.829 | 0.838 | 0.808 | 0.817 |
| | 对基本公共服务进行审计监督的责任 | | 0.842 | | 0.820 | | 0.802 |
| | 对基本公共服务进行问责监督的责任 | | 0.850 | | 0.829 | | 0.806 |
| 均值 | | 0.811 | | 0.790 | | 0.773 | |

从东中西部地方政府基本公共服务均等化履责质量总体情况来看，我国地方政府履责质量基本依然自上而下保持着东—中—西的阶梯状形态，总体得分依然保持了全部落在［0.8，1）之间的第一梯队和［0.6，0.8）之间的第二梯队中的态势，没有出现不合格的情况。东部区域得分以并不明显的优势进入了

第一梯队，而中部和西部的总体得分均落在了第二梯队中。环节上，从指定政策责任到监督责任，基本公共服务均等化履责的每一个环节都呈现出东部得分优于中部，中部得分优于西部的态势。而且从总体差异上，东西部差距较为显著，东部与中部的差距和中部与西部的差距并没有太多的规律可循。

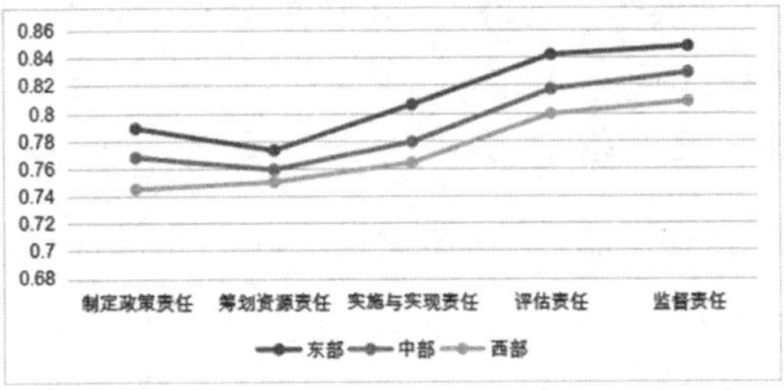


**图 4-1　分区域地方政府基本公共服务均等化履责质量均值图**

第一，制定政策的责任履责质量分析。从制定政策责任的履责质量看，以研究样本为代表的东中西部地方政府在制定政策的履责质量上不约而同地落在了［0.6，0.8）之间的第二梯队中，东中部之间的差距（0.021）比中西部之间的差距（0.023）少了0.002个质量级。进一步分析，二级指标中，仅有东部地区“制定基本公共服务总体规划的责任”迈进了［0.8，1）之间的第一梯队，其他所有地区，所有二级指标责任均落在［0.6，0.8）之间的第二梯队，在“有效收集民众基本公共服务诉求的责任”上，东西部差距（0.045）>中西部差距（0.038）>东中部差距（0.007），在“制定基本公共服务总体规划的责任”“制定各项基本公共服务具体方案的责任”细节指标上，东西部差距（0.046，0.004）>东中部差距（0.032，0.025）>中西部差距（0.014，0.015）。并且无论是制定政策责任的均值还是细节指标的均值，都保持了东中西部逐渐降低的趋势，呈现出倒梯形的趋势。

第二，筹划资源责任履责质量分析。从筹划资源责任的履责质量看，东中西部逐渐降低的趋势，呈现出倒梯形的趋势依然没有改变，东西部差距（0.023）>东中部差距（0.014）>中西部差距（0.009），且与制定政策责任相似的是，筹划资源责任履责质量测评数据也全部落在了［0.6，0.8）之间的第二梯队中。进一步分析，二级指标中，东部地区和中部地区在“为基本公共服务提供人力资源保障的责任”指标中，其履责质量指数落在了［0.8，1）之间的第一梯队，其余所有地区、所有二级指标均落在了［0.6，0.8）之间的第二梯队中。就东中西部的差距而言，“为基本公共服务提供人力资源保障的责任”上，东西部差距（0.041）>东中部差距（0.028）>中西部差距（0.013）、“为基本公共服务提供财政保障的责任”上，东西部差距（0.017）>中西部差距（0.013）>东中部差距（0.004），“为基本公共服务提供物质保障的责任”上，东中部差距（0.012）>东西部差距（0.011）>中西部差距（0.001），尽管中西部差距（0.001）非常微弱，但是笔者仍然观察到了一个特殊的情况，即这0.001的差距中，是西部地区“险胜”，成为本研究指标中，西部地区为数不多的超过中部地区的指标之一。

第三，实施与实现责任履责质量分析。在实施与实现责任履责质量测评中，除了东中西部的梯形态势没有改变之外，仅有东部地区以0.806的分数落在了［0.8，1）之间的第一梯队中，中部和西部地区地方政府在实施与实现的履责质量指数都落在了［0.6，0.8）之间的第二梯队，且东西部差距（0.042）>东中部差距（0.027）>中西部差距（0.015）。进一步分析，二级指标中的履责质量指数规律性较强，即东部地区所有的二级指标数值都以微弱的优势迈进了［0.8，1）之间的第一梯队，中部和西部所有的二级指标数值都均落在［0.6，0.8）之间的第二梯队，且全部二级指标在东中西部的差距都呈现出东西部差距（0.049，0.037，0.042）>东中部差距（0.037，0.026，0.024）>中西部差距（0.018，0.011，0.018）的态势。

第四，评估责任履责质量分析。从评估责任的履责质量看，相比于制定政策、筹划资源、实施与实现等前端和中端责任，评估责任履责质量在区域分析层面上首次给出了不俗的成绩，即东部地方政府和中部地方政府的测评数据都迈进了［0.8，1）之间的第一梯队，且东部地区履责质量分数优势明显。只有西部地区履责质量分数落在［0.6，0.8）之间的第二梯队，但是其0.799的测评分数与第一梯队也只有非常微弱的差距。说明整体上，以样本为代表的东中部地方政府都比较重视评估责任的履行，并且取得了很好的效果。总体均值上，和实施与实现责任类似，东西部差距（0.043）>东中部差距（0.025）>中西部差距（0.018）。进一步分析，二级指标中，落在［0.8，1）之间的第一梯队的细节指标占了绝大多数，仅有西部地区在“客观评估基本公共服务均等化实现现状的责任”“将评估结果应用于提升基本公共服务的责任”两方面得到了0.792、0.793的成绩，落在了［0.6，0.8）之间的第二梯队。细节指标在地区之间的差距依旧延续着评估责任均值之间差距的态势，即东西部差距（0.036，0.053，0.043，0.038）>东中部差距（0.022，0.032，0.022，0.021）>中西部差距（0.014，0.021，0.021，0.017）。

第五，监督责任履责质量分析。监督责任履责质量的表现更优于评估责任，所有的监督责任履责均值都落在了［0.8，1）之间的第一梯队，且东部地区还取得了0.848的亮眼成绩。就各个区域的差距而言，东西部差距(0.04）>中西部差距（0.021）>东中部差距（0.019）。进一步分析，二级指标中的表现就更加抢眼，所有的二级指标的测评数据都落在了［0.8，1）之间的第一梯队，连较为弱势的西部地区都没有留下“死角”，从各个区域的细节差距而言，监督责任在细节指标的差距上没有给出太为明显的规律，需要分情况讨论。即“对基本公共服务进行行政监督的责任”“对基本公共服务进行问责监督的责任”两个指标，均呈现了东西部差距（0.036，0.044）>中西部差距（0.021，0.023）>东中部差距（0.015，0.021），而在“对基本公共服务进行审计监督的责任”指标中，中部地区地方政府的表现则比西部地区要优秀一些，呈现出东西部差距（0.04）>东中部差距（0.022）>中西部差距（0.018）的状态。

## 三、分层级地方政府基本公共服务均等化履责质量整体状况

本部分研究对样本所涉及的6个省份按地方政府层级划分为省级政府、市级政府、县级政府，通过将制定政策责任、筹划资源责任、实施与实现责任、评估责任和监督责任的总体均值和各个二级指标的均值，对省市县级地方政府在基本公共服务均等化履责质量进行系统和全面的分析。

**表4-8　分层级地方政府基本公共服务均等化履责质量均值**

| 指标 | | 省级政府 | | 市级政府 | | 县级政府 | |
|---|---|---|---|---|---|---|---|
| 制定政策责任 | 有效收集民众基本公共服务诉求的责任 | 0.753 | 0.738 | 0.790 | 0.765 | 0.750 | 0.703 |
| | 制定基本公共服务总体规划的责任 | | 0.736 | | 0.814 | | 0.789 |
| | 制定各项基本公共服务具体方案的责任 | | 0.785 | | 0.791 | | 0.756 |
| 筹划资源责任 | 为基本公共服务提供人力资源保障的责任 | 0.786 | 0.797 | 0.818 | 0.816 | 0.692 | 0.789 |
| | 为基本公共服务提供财政保障的责任 | | 0.784 | | 0.828 | | 0.618 |
| | 为基本公共服务提供物质保障的责任 | | 0.776 | | 0.810 | | 0.669 |
| 实施与实现责任 | 足量生产和提供各项基本公共服务的责任 | 0.787 | 0.773 | 0.800 | 0.797 | 0.765 | 0.761 |
| | 优质生产和提供各项基本公共服务的责任 | | 0.788 | | 0.800 | | 0.767 |
| | 保障基本公共服务实现满意水平的责任 | | 0.799 | | 0.804 | | 0.767 |

续表

| 指标 | | 省级政府 | | 市级政府 | | 县级政府 | |
|---|---|---|---|---|---|---|---|
| 评估责任 | 为基本公共服务均等化设置评估导向的责任 | 0.831 | 0.830 | 0.832 | 0.833 | 0.801 | 0.806 |
| | 为基本公共服务均等化确定评估指标的责任 | | 0.842 | | 0.846 | | 0.812 |
| | 客观评估基本公共服务均等化实现现状的责任 | | 0.828 | | 0.824 | | 0.794 |
| | 将评估结果应用于提升基本公共服务的责任 | | 0.822 | | 0.824 | | 0.792 |
| 监督责任 | 对基本公共服务进行行政监督的责任 | 0.839 | 0.848 | 0.843 | 0.850 | 0.809 | 0.816 |
| | 对基本公共服务进行审计监督的责任 | | 0.827 | | 0.835 | | 0.804 |
| | 对基本公共服务进行问责监督的责任 | | 0.841 | | 0.844 | | 0.806 |
| 均值 | | 0.799 | | 0.817 | | 0.763 | |

将研究的视角置于政府层级，按照省、市、县的划分标准考察我国地方政府基本公共服务均等化履责质量，可以发现，从履责质量得分上，只有市级政府的履责质量指数落在了［0.8，1）之间的第一梯队，省级和县级政府的履责指数都落在了［0.6，0.8）之间的第二梯队中，从与第一梯队（0.8）的差距而言，省级政府以0.799的分数非常接近第一梯队，而县级政府则还存在一定的差距。从总体态势上，我国政府层级之间在基本公共服务均等化履责质量上差异明显，保持了市级政府（0.817）>省级政府（0.799）>县级政府（0.763）的梯形态势，且从差距而言，市级与县级的差距（0.054）>省级和县级的差距（0.036）>省级和市级的差距（0.018）。

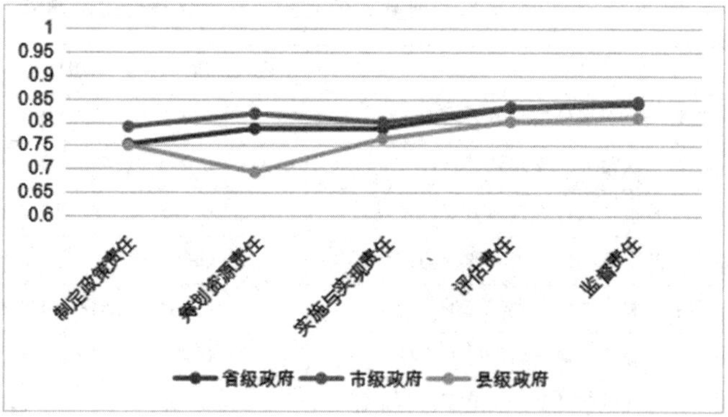


**图4-2　分层级地方政府基本公共服务均等化履责质量均值图**

第一，制定政策的责任履责质量分析。从制定政策责任的履责质量看，以研究样本为代表的省、市、县级地方政府在制定政策责任治理的均值上没有悬念的全部落在了［0.6，0.8）之间的第二梯队中，并且没有非常接近第一梯队（0.8）的履责质量指数。从分布形态来说，市级与县级的差距（0.04）>省级和市级的差距（0.037）>省级和县级的差距（0.003）。进一步分析，二级指标中，绝大多数履责质量指数都落在了［0.6，0.8）之间的第二梯队中，只有市一级政府在“制定基本公共服务总体规划的责任”上进入了［0.8，1）之间的第一梯队。从二级指标的差距而言，在“有效收集民众基本公共服务诉求的责任”和“制定各项基本公共服务具体方案的责任”方面，都保持了市级与县级的差距（0.062，0.035）>省级和县级的差距（0.035，0.029）>省级和市级的差距（0.027，0.006）的态势，但是“制定基本公共服务总体规划的责任”则有所不同，其一，县一级地方政府在这一方面的责任超出预期，履责质量指数得分高于省级政府，而且高出了0.053个质量级。其二，从差距对比上，省级和市级的差距（0.078）>省级和县级的差距（0.053）>市级与县级的差距（0.025），此种差距的排序在本部分的研究中为数不多。

第二，筹划资源责任履责质量分析。从筹划资源履责质量指数结果来看，市级政府依然领先于省级和县级政府得分，进入了［0.8，1）之间的第一梯队，省级和县级政府则在第二梯队中。值得注意的是，尽管二者都处于第二梯队，但是县级政府在筹划资源履责指数中得分为0.692，跌破0.7，属于本章节分析进行到目前为止的最低分，从差距排序上来说，市级与县级的差距（0.126）>省级和县级的差距（0.094）>省级和市级的差距（0.032）。进一步分析，二级指标的得分，市级政府在筹划资源中的所有二级指标都迈进了［0.8，1）之间的第一梯队，省级和市级政府则全部落在［0.6，0.8）之间的第二梯队中，但是省级政府的具体指标得分都在0.77~0.8之间，但是县一级政府在“为基本公共服务提供财政保障的责任”“为基本公共服务提供物质保障的责任”两项指标中的得分都非常低，在0.6~0.7之间，前者甚至低至了0.618。由此可见，县一级政府在基本公共服务均等化的财政保障是亟待解决的关键问题，是县级政府履责质量整体的短板所在。从二级指标的差距而言，“为基本公共服务提供人力资源保障的责任”指标上，市级与县级的差距（0.027）>省级和市级的差距（0.019）>省级和县级的差距（0.008）；在“为基本公共服务提供财政保障的责任”和“为基本公共服务提供物质保障的责任”指标上，则呈现出市级与县级的差距（0.21，0.141>省级和县级的差距（0.166，0.107）>省级和市级的差距（0.044，0.034）的态势。

第三，实施与实现责任履责质量分析。实施与实现责任的履责质量上各层级政府的表现与总体趋势差异不大。市级政府以0.800的得分进入了［0.8，1）之间的第一梯队，但是处于第一梯队的边缘。而省级政府和县级政府都处于［0.6，0.8）之间的第二梯队中。其差距排序为，市级与县级的差距（0.035）>省级和县级的差距（0.022）>省级和市级的差距（0.013），基本符合整体的排序规律。进一步分析，二级指标的得分中，依然是市级政府中“优质生产和提供各项基本公共服务的责任”“保障基本公共服务实现满意水平的责任”两个指标进入了［0.8，1）之间的第一梯队，而省级政府和县级政府在细节指标履责质量得分中，均处于［0.6，0.8）之间的第二梯队。从细节指标的差距排序而言，实施与实现责任中，“优质生产和提供各项基本公共服务的责任”和“保障基本公共服务实现满意水平的责任”两个指标都跟随大趋势，即市级与县级的差距（0.033，0.037）>省级和县级的差距（0.021，0.032）>省级和市级的差距（0.012，0.005）；“为基本公共服务均等化设置评估导向的责任”指标的差距排序为市级与县级的差距（0.036）>省级和市级的差距（0.024）>省级和县级的差距（0.012）。

第四，评估责任履责质量分析。评估责任是本小节研究中结果较为优秀的环节。整体来说，省级、市级和县级政府的评估责任的均值全部进入了［0.8，1）之间的第一梯队，尽管县级政府得分是0.801，在第一梯队的边缘徘徊，但是进入第一梯队的行列也说明这一责任环节上比同级政府其他环节表现的更好。差距对比中，市级与县级的差距（0.031）>省级和县级的差距(0.03）>省级和市级的差距（0.001），符合差距排序的大趋势。进一步分析，二级指标的得分也令人欣慰，仅有县级政府在“客观评估基本公共服务均等化实现现状的责任”“将评估结果应用于提升基本公共服务的责任”两个指标的履责质量指数落入了［0.6，0.8）之间的第二梯队，其他均处于［0.8，1）之间的第一梯队。这说明我国地方政府在评估方面整体向好。在细节的差距排序上，评估责任下设四个指标有三个都与大趋势一致，即“为基本公共服务均等化设置评估导向的责任”“为基本公共服务均等化确定评估指标的责任”和“将评估结果应用于提升基本公共服务的责任”上都呈现出市级与县级的差距（0.027，0.034，0.032）>省级和县级的差距（0.024，0.03，0.03）>省级和市级的差距（0.003，0.004，0.002）的态势，但是在“客观评估基本公共服务均等化实现现状的责任”指标上，市级政府的得分没有占据优势，反而是省级政府高出市级政府0.004个质量级，因此这一指标的差距排序为省级和县级的差距（0.034）>市级与县级的差距（0.03）>省级和市级的差距（0.004）。

第五，监督责任履责质量分析。从监督责任履责质量指数来看，这一环节无论从整体均值还是细节指标上，都无可辩驳地成为地方政府基本公共服务均等化履责质量指数中最为抢眼的环节，是地方政府履责情况最好的环节。整体均值上，省市县级地方政府所有履责得分指标都进入了［0.8，1）之间的第一梯队。差距的排序依然与整体大趋势一致，市级与县级的差距（0.034）>省级和县级的差距（0.03）>省级和市级的差距（0.004）。进一步分析，二级指标得分也依然维持亮眼的态势，所有层级地方政府的所有二级指标都进入［0.8，1）之间的第一梯队。尽管县级政府在细节指标的得分上还处于第一梯度的边缘（0.8），但是全员进入第一梯队对于表现较弱的县级政府而言，就已经是一个非常可喜的成绩了。

## 第三节　基本公共服务均等化过程中地方政府履责质量均衡性分析

统计学中，变差系数（CV）被用于比较单位不同或者单位相同但平均数不同的数据之间的离散程度。因为数据变化程度的大小，不仅仅取决于绝对离散程度（标准差），还与数据平均水平的高低有密切关系，对具有不同平均水平的数据总体，一般无法直接从标准差进行差异比较，而需要将标准差与其相对应的平均数进行对比，即用变差系数进行对比，方能得出不同数据之间的差异程度。本研究以基本公共服务均等化为研究对象，不仅仅希望发现各省、各地区、各层级之间的履责质量概括，还需要了解省、地区、政府层级之间履责质量的均衡度如何，即还需要对其内部的差异进行进一步分析，变差系数较大，表示地区之间或政府层级之间的履责质量均衡度越低，反之，变差系数较小，则表示地区之间或政府层级之间的履责质量均衡度越高，发展相对比较均衡，在本省、地区或层级之间的“均等化”工作中表现更为优异。

通常情况下，变差系数（CV）的表示方法为：$CV=\frac{S_x}{\bar{I}_x}$

CV 为变差系数；$S_x$ 为标准差，$\bar{I}_x$ 为样本平均值。在这里需要说明的是，在本研究筛选指标部分，笔者采用了修正后的变差系数公式，原因在于当数据的来源不是实际的测量值而是被人为限制在某一范围内的数值（例如李克特 N 级量表），这样就避免了当平均数 $N/2-N$ 以内的数据，平均数与方差成反比函数，不能进行科学比较的问题，能够确保以李克特量表为数据来源的数据计算的变差系数更加精准。但是在本章节的研究中，不存在认为限定范围的数据，因此在这里采用了传统意义上的变差系数计算方法来测量各省、各地区、各层级地方政府在履责质量上的均衡性。

## 一、各省地方政府基本公共服务履责质量均衡性分析

本研究延续了前部分研究的思路，首先对样本所涉及的各省之间地方政府基本公共服务均等化履责质量的差异进行了比较。主要对制定政策责任、筹划资源责任、实施与实现责任、评估责任和监督责任五个方面及其细节指标进行了全面的侦测。

研究发现，各省在基本公共服务均等化履责质量方面的差异数值的绝对值都比较小（在0~0.16之间），这说明从绝对值来看，各省份内部基本公共服务均等化履责质量差异总体不大，说明我国在基本公共服务均等化领域真正做到了纾困托底，“雨露均沾”。但是从研究的角度，学术研究就是要用“放大镜”的视角来观察整体向好的背后还存在哪些隐患和问题，继而有针对性地查缺补漏，完善政府在基本公共服务均等化履责工作。因此本部分研究以“见微知著”为原则，观察和对比各省份地方政府履责质量的差异。为了行文方便，按照惯例做法，笔者将差异绝对值分为5个档次，［0，0.03）为均衡度优秀；［0.03，0.06）为均衡度良好；［0.06，0.09）为均衡度中等，［0.09，0.12）为均衡度弱，［0.12，0.5）为均衡度较差。

从总体上各省地方政府的履责质量异质性不强，均为中等水平，江苏省（0.068）比以河南、湖南为代表的省份高了0.01个质量级，比以浙江、四川为代表的省份高了0.018个质量级。结合表4-9中所呈现的江苏省在基本公共服务均等化履责质量上的一骑绝尘的表现，笔者判断江苏省在全省范围内的基本公共服务均等化履责呈现出质量平均分高，但地区或城乡之间差异较大的问题。

我们将各省基本公共服务均等化过程中的履责质量与均衡度结合分析，发现在各省份履责均衡度总体相当的基础上，江苏和浙江省的履责质量更胜一筹。

从制定政策责任方面，河南省得分最高（0.096），省内履责均衡性较弱，浙江省内各地区、各层级地方政府在制定政策责任履责方面的都有良好的表现，得分最低（0.035）。进一步从二级指标上来说，浙江省（0.009）和陕西省（0.008）在“制定基本公共服务具体方案的责任”方面表现为全场最佳，说明浙江和陕西各层级各地区地方政府注重基本公共服务各领域具体方案的规划。值得注意的是，

表 4-9 分省地方政府基本公共服务均等化履责质量均衡性差异

| 指标 | | 江苏省 | | 浙江省 | | 河南省 | | 湖南省 | | 陕西省 | | 四川省 | |
|---|---|---|---|---|---|---|---|---|---|---|---|---|---|
| 制定政策责任 | 有效收集民众基本公共服务诉求的责任 | 0.050 | 0.039 | 0.035 | 0.026 | 0.096 | 0.140 | 0.045 | 0.036 | 0.044 | 0.033 | 0.044 | 0.038 |
| | 制定基本公共服务总体规划的责任 | | 0.030 | | 0.036 | | 0.033 | | 0.038 | | 0.024 | | 0.029 |
| | 制定基本公共服务具体方案的责任 | | 0.011 | | 0.009 | | 0.018 | | 0.012 | | 0.008 | | 0.021 |
| 筹划资源责任 | 为基本公共服务提供人力资源保障的责任 | 0.127 | 0.021 | 0.081 | 0.017 | 0.073 | 0.013 | 0.087 | 0.010 | 0.075 | 0.009 | 0.078 | 0.011 |
| | 为基本公共服务提供财政保障的责任 | | 0.157 | | 0.108 | | 0.091 | | 0.100 | | 0.096 | | 0.106 |
| | 为基本公共服务提供物质保障的责任 | | 0.138 | | 0.079 | | 0.075 | | 0.100 | | 0.080 | | 0.069 |
| 实施与实现责任 | 足量生产和提供各项基本公共服务的责任 | 0.008 | 0.000 | 0.012 | 0.004 | 0.021 | 0.007 | 0.013 | 0.000 | 0.022 | 0.003 | 0.013 | 0.005 |
| | 优质生产和提供各项基本公共服务的责任 | | 0.010 | | 0.014 | | | | 0.021 | | 0.018 | | 0.018 |
| | 保障基本公共服务实现满意水平的责任 | | 0.007 | | 0.013 | | 0.010 | | 0.004 | | 0.023 | | 0.010 |
| 评估责任 | 为基本公共服务均等化设置评估导向的责任 | 0.015 | 0.011 | 0.018 | 0.014 | 0.014 | 0.017 | 0.017 | 0.015 | 0.014 | 0.011 | 0.016 | 0.011 |
| | 为基本公共服务均等化确定评估指标的责任 | | 0.014 | | 0.014 | | 0.015 | | 0.019 | | 0.015 | | 0.016 |
| | 客观评估基本公共服务均等化实现现状的责任 | | 0.004 | | 0.008 | | 0.007 | | 0.007 | | 0.009 | | 0.012 |
| | 将评估结果应用于提升基本公共服务的责任 | | 0.003 | | 0.008 | | 0.005 | | 0.010 | | 0.013 | | 0.010 |
| 监督责任 | 对基本公共服务进行行政监督的责任 | 0.021 | 0.029 | 0.020 | 0.022 | 0.020 | 0.019 | 0.026 | 0.028 | 0.020 | 0.016 | 0.023 | 0.015 |
| | 对基本公共服务进行审计监督的责任 | | 0.013 | | 0.010 | | 0.015 | | 0.013 | | 0.013 | | 0.011 |
| | 对基本公共服务进行问责监督的责任 | | 0.020 | | 0.023 | | 0.022 | | 0.028 | | 0.024 | | 0.028 |
| 总体履责质量差异 | | 0.068 | | 0.050 | | 0.058 | | 0.057 | | 0.051 | | 0.050 | |

“有效收集民众基本公共服务诉求的责任”指标上，除了浙江与河南，其他四个省份在该项上的数据都大于其他指标，说明我国政府在收集民意的责任履行方面还存在“面子工程”问题，收集民意方面，省内存在的差异还比较大，部分地区没有落到实处。

筹划资源责任履责的差异上，除了江苏省之外的各省总体均值都处于中等水平，唯有江苏省在这一项中得分较高，显示出其省内地方政府基本公共服务均等化履责异质性较强的问题。进一步从二级指标来看，江苏省在“为基本公共服务提供财政保障的责任”“为基本公共服务提供物质保障的责任”两项上的省内异质性达到了最高分，说明江苏在筹划资源方面的责任履行不均衡，主要问题出现在“财力”和“物力”方面。事实上，这并不是江苏省独有的问题，而是包含江苏省在内的所有省份在该项责任上表现都欠佳，基本徘徊在中等和较弱的边界上，究其原因，问题基本都出在“财力”和“物力”上，说明了财政的合理分配对地方政府筹划资源责任的履行至关重要。

实施与实现责任与筹划资源责任履责的均衡性方面走向了两个极端，各省在这一责任履行的均衡性方面都有很好的表现，总体得分和各项细节得分都在优秀行列中。江苏省在这一责任履行的对比上尤为明显，江苏在实施与实现履责均衡性上分数为0.008，位列末尾，说明江苏各地各级政府都在积极履行实施与实现责任。江苏作为东部发达省份，在2020年全国GDP50强中占据了9个席位，属于我国发展较为均衡的省份。尽管江苏省内财政收入及其分配还有相当大的差距，但各市的人财物的储备相较于基本公共服务均等化工作而言还是比较充沛的，因此就出现了在实施与实现责任中表现优异的状况。其他省份在本项责任中均有良好的表现，说明各地各级地方政府在基本公共服务均等化的落实上铆足了干劲。进一步分析，再用“显微镜”的视角观察各细节指标，发现在“优质生产和提供各项基本公共服务的责任”上，河南、湖南、陕西、四川等省份还有提升的空间，地方政府在“足量”的基础上，更要注重“优质”，确保人民群众的获得感和幸福感。

评估责任履责的均衡性测评中，各省表现相当，也都位列“优秀”之列。表4-9中所呈现的各省在评估责任中的优秀表现，说明总体而言，各省份的各地各级地方政府在评估责任中“优秀且均衡”，进一步从二级指标上看，在整体优秀的前提下，“为基本公共服务均等化确定评估指标的责任”成为各省可以进一步优化的指标，笔者猜测“确定评估指标”之所有存在一定的异质性，可能存在两方面因素：从实践方面，还没有一个统一的标准去界定基本公共服务均等化履责的指标，各地各级政府还处于摸着石头过河的状态中；从理论方面，我国学者对基本公共服务均等化履责指标也众说纷纭，由此造成理论没有成功的服务于实践的问题。

监督责任履责的均等性测评结果与评估责任相当，即都处于优秀的行列中。但相较于评估责任，监督责任的履责均衡性略弱。表4-9中，监督责任的履责质量最优，因此综合来看，监督和评估是我国各地各级地方政府最为重视、成效最为显著的。从二级指标上看，“对基本公共服务进行行政监督的责任”中，江苏省与湖南省的测评数据非常接近优秀与良好的边界（0.03），“对基本公共服务进行问责监督的责任”中，湖南省与四川省的测评数据非常接近良好的边界（0.03），但是总体而言，各省的表现还是可圈可点的。

## 二、各区域地方政府基本公共服务履责质量均衡性分析

本小节以各省地方政府基本公共服务均等化履责质量差异测评为基础，进一步对我国东中西部地方政府履责质量均衡性进行了分析。分析仍然以制定政策责任、筹划资源责任、实施与实现责任、评估责任与监督责任为测评单元，对各个责任环节的履责质量差异及其细节指标进行了分析。

**表4-10 分区域地方政府基本公共服务均等化履责均衡性差异**

| 指标 | | 东部 | | 中部 | | 西部 | |
|---|---|---|---|---|---|---|---|
| 制定政策责任 | 有效收集民众基本公共服务诉求的责任 | 0.045 | 0.033 | 0.078 | 0.111 | 0.045 | 0.039 |
| | 制定基本公共服务总体规划的责任 | | 0.042 | | 0.037 | | 0.028 |
| | 制定各项基本公共服务具体方案的责任 | | 0.012 | | 0.016 | | 0.023 |
| 筹划资源责任 | 为基本公共服务提供人力资源保障的责任 | 0.107 | 0.024 | 0.080 | 0.012 | 0.077 | 0.016 |
| | 为基本公共服务提供财政保障的责任 | | 0.135 | | 0.096 | | 0.101 |
| | 为基本公共服务提供物质保障的责任 | | 0.112 | | 0.089 | | 0.076 |
| 实施与实现责任 | 足量生产和提供各项基本公共服务的责任 | 0.015 | 0.007 | 0.017 | 0.015 | 0.025 | 0.023 |
| | 优质生产和提供各项基本公共服务的责任 | | 0.017 | | 0.022 | | 0.025 |
| | 保障基本公共服务实现满意水平的责任 | | 0.016 | | 0.010 | | 0.023 |
| 评估责任 | 为基本公共服务均等化设置评估导向的责任 | 0.021 | 0.018 | 0.016 | 0.016 | 0.018 | 0.014 |
| | 为基本公共服务均等化确定评估指标的责任 | | 0.017 | | 0.019 | | 0.020 |
| | 客观评估基本公共服务均等化实现现状的责任 | | 0.016 | | 0.007 | | 0.013 |
| | 将评估结果应用于提升基本公共服务的责任 | | 0.014 | | 0.008 | | 0.015 |

续表

| 指标 | | 东部 | | 中部 | | 西部 | |
|---|---|---|---|---|---|---|---|
| 监督责任 | 对基本公共服务进行行政监督的责任 | 0.025 | 0.028 | 0.023 | 0.024 | 0.024 | 0.021 |
| | 对基本公共服务进行审计监督的责任 | | 0.019 | | 0.014 | | 0.014 |
| | 对基本公共服务进行问责监督的责任 | | 0.026 | | 0.025 | | 0.028 |
| 总体履责质量差异 | | 0.060 | | 0.057 | | 0.052 | |

我们将各区域基本公共服务均等化过程中的履责质量与均衡度结合分析，发现在各区域履责均衡度总体良好的基础上，东部地区的履责质量更胜一筹。

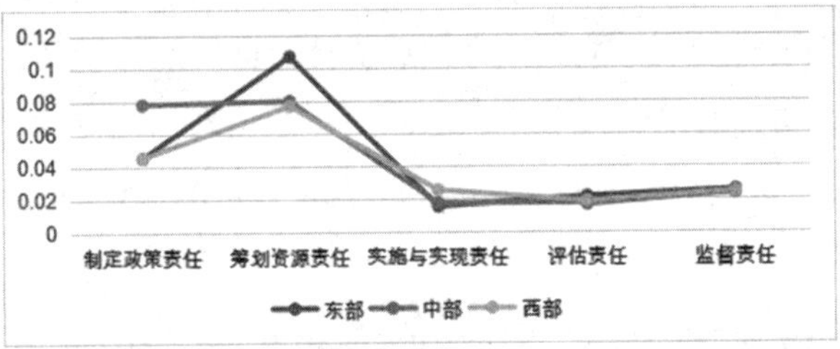


**图 4-3　分区域地方政府基本公共服务均等化履责均衡性差异图**

制定政策的履责质量差异上，测评数据显示东中西部的履责质量均为良好。在东部与西部水平相当的基础上，中部地区以 0.078 的得分略显弱势。在表 4-10 中，东中西部在制定政策履责质量上均仅仅位于第二梯队，没有表现优异的区域，将这一结论放在本小节的研究中，发现整体而言，制定政策责任在我国区域范围内显示出一种低水平的平均态势。进一步从二级指标上看，以研究样本为代表的中部地区在“有效收集民众基本公共服务诉求的责任”方面的履责质量均衡度偏弱，这一弱势导致中部地区在制定政策责任一项上整体表现偏弱，因此对于木桶的短板效应，在下一阶段可以有针对性地加以改进。

筹划资源的履责质量差异上，可以看出全国范围内地方政府对资源的分配都呈现出不同程度的旱涝不均的态势。以江浙为代表的东部地区最为明显，地方政府在筹划资源方面的履责非均衡度已经到了较弱的地步，中部和西部处于中等行列但是测评数值也比较大。进一步分析发现，出现这种情况的主要原因与本研究对各省的分析较为一致，都在于“为基本公共服务提供财政保障的责任”和“为基本公共服务提供物质保障的责任”方面的均衡性较差，这提示地方政府，尤其是较高层级的地方政府（如省较之于市、市较之于县）合理划拨财政资源，这一举措的合理性直接决定了地方政府在筹划资源责任方面履职的均衡性，进一步决定了人民群众获得基本公共服务的层级和水平以及人民群众在改革中的幸福感和获得感。评价基本公共服务均等化履责质量的高低，除了从政府各类文件报告中的数字比较，更加直观的评价来自与相邻区域，如镇、县、区或者市的横向对比。筹划资源责任在均衡上的弱势直接可能导致地方政府做了“百”，但是人民群众只能感受到“十”，因此合理分配财政资源，推进“财力”和“物力”上的履责质量均衡性，有利于强化人民群众对政府的认同感。进一步从指标上来说，依然是东部在上述两个细节指标中表现较弱，“为基本公共服务提供财政保障的责任”一项中已经进入了“均衡度较差”的行列，这是以研究样本为代表的作为东部发达省份地方政府需要格外注意的。

与省域之间的研究结果类似，实施与实现责任的履责质量的均衡度在全国各个区域都表现优秀。可以说明，从普遍意义上而言，我国各地各级政府都是实干型的政府，是为人民服务的政府，无论本地得到的资源程度如何，都会尽力确保实施和实现的履责质量得到人民群众的满意。从二级指标上讲，西部地区在这一环节的履责质量均衡度上表现略逊于东部和西部地区，结合表 4-10，西部地区在实施与实现的履责质量上也略逊一筹，因此西部区域省份应该有意识地加强本地实施与实现的质量，同时避免在低水平的态势中仍然出现“洼地效应”。

评估责任的履责质量的均衡度上，东中西部测评结果都进入了优秀的行列，结合表 4-10，评估责任是我国各地各级地方政府表现较为亮眼的责任环节，优秀的均衡度说明评估已经成为我国的政府文化，在履责质量和均衡程度上表现都非常抢眼。从二级指标上说，东中西部地方政府在评估责任下设的细节指标中表现也均为优秀，在这一前提下，“为基本公共服务均等化确定评估指标的责任”不仅仅是研究样本中六个省的重点攻克对象，也是以样本为代表的东中西部地方政府要解决的关键问题。尽快开发一套科学合理、使用范围广的评估指标对进一步强化我国地方政府评估责任的履行有重要意义。

监督责任的履责质量均衡度测评结果与评估责任有类似之处，总体都呈现出“优质且均衡”的态势。东中西部在监督责任履责质量的均衡度上，表现几乎无差异，都处于优秀的行列。从二级指标分析，东中西部地区“对基本公共服务进行行政监督的责任”和“对基本公共服务进行问责监督的责任”的略显弱势表明需要强调各地各层级政府都要注重实现高品质的行政监督和问责监督。

## 三、各层级地方政府基本公共服务履责质量均衡性分析

本节研究的目的在于不仅仅要厘清各层级政府在各环节、各指标中履责情

况如何，更要廓清是“均衡的优秀”还是资源汇集效应下的“被平均”的优秀，不仅仅要厘清各层级政府中履责质量优劣势的大致分布，还必须针对质量分布的均衡性给出合理的政策建议。基于此，本研究继省域对比、区域对比之后，对以研究样本为代表的省、市、县级政府在基本公共服务均等化履责质量方面的均衡性做了对比性研究，从整体均衡性、各个环节以及各指标均衡性三个方面做了详细的对比。

**表 4-11　分层级地方政府基本公共服务均等化履责质量差异**

| 指标 | | 省级政府 | | 市级政府 | | 县级政府 | |
|---|---|---|---|---|---|---|---|
| 制定政策责任 | 有效收集民众基本公共服务诉求的责任 | 0.079 | 0.059 | 0.062 | 0.063 | 0.052 | 0.054 |
| | 制定基本公共服务总体规划的责任 | | 0.110 | | 0.055 | | 0.052 |
| | 制定各项基本公共服务具体方案的责任 | | 0.029 | | 0.043 | | 0.027 |
| 筹划资源责任 | 为基本公共服务提供人力资源保障的责任 | 0.104 | 0.111 | 0.038 | 0.035 | 0.138 | 0.025 |
| | 为基本公共服务提供财政保障的责任 | | 0.111 | | 0.042 | | 0.237 |
| | 为基本公共服务提供物质保障的责任 | | 0.081 | | 0.034 | | 0.226 |
| 实施与实现责任 | 足量生产和提供各项基本公共服务的责任 | 0.042 | 0.065 | 0.037 | 0.031 | 0.021 | 0.023 |
| | 优质生产和提供各项基本公共服务的责任 | | 0.032 | | 0.038 | | 0.031 |
| | 保障基本公共服务实现满意水平的责任 | | 0.029 | | 0.039 | | 0.025 |
| 评估责任 | 为基本公共服务均等化设置评估导向的责任 | 0.033 | 0.029 | 0.034 | 0.032 | 0.023 | 0.024 |
| | 为基本公共服务均等化确定评估指标的责任 | | 0.040 | | 0.037 | | 0.033 |
| | 客观评估基本公共服务均等化实现现状的责任 | | 0.029 | | 0.033 | | 0.026 |
| | 将评估结果应用于提升基本公共服务的责任 | | 0.027 | | 0.028 | | 0.026 |
| 监督责任 | 对基本公共服务进行行政监督的责任 | 0.037 | 0.038 | 0.035 | 0.030 | 0.026 | 0.033 |
| | 对基本公共服务进行审计监督的责任 | | 0.037 | | 0.028 | | 0.023 |
| | 对基本公共服务进行问责监督的责任 | | 0.035 | | 0.039 | | 0.037 |
| 总体履责质量差异 | | 0.072 | | 0.047 | | 0.098 | |

从整体上看，与表 4-11 所呈现出的基本公共服务均等化履责质量大体上市级政府优于省级政府，省级政府优于县级政府的趋势有所差别，我国各层级政府在基本公共服务均等化履责质量的均衡性上的规律不甚明显，需要分环节、分情况逐一讨论。从整体上，省市县级政府在基本公共服务供给的均衡性上的表现跨度较大，跨越了良好、中等、弱三个等级。市级政府在履责质量均衡性上的表现尚可，省级政府中等、县级政府较弱。结合表 4-11，笔者判断我国县级政府整体上呈现出履责质量低、均衡性弱的“双低”的不利局面。市级政府表现仅仅能进入中等行列，说明以研究样本为代表的我国市级政府在履责质量

的均衡度上还有待提升。结合表 4-8 与 4-11 的结论，我国市级政府则基本呈现出履责质量高、均衡器良好的“双优”局面，整体上，省市县级政府呈现出强者愈强弱者愈弱的马太效应。

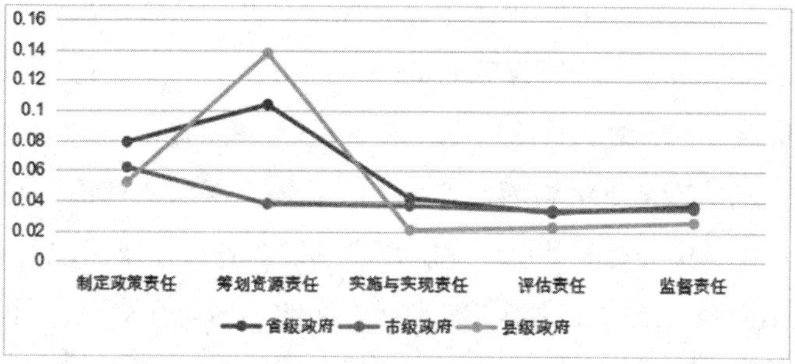


**图 4-4　分层级地方政府基本公共服务均等化履责均衡性差异图**

制定政策的履责质量均衡性差异上，省级和市级政府处于中等行列，县级政府则位列良好。省级政府和市级政府在基本公共服务均等化工作中，相对于于下一级政府（市、县）都是有较大的决策权的高层级政府，目前整体上所呈现出的均衡性中等的状态说明高层级政府在政策制定能力上还存在一定的差异。从二级指标上讲，“有效收集民众基本公共服务诉求的责任”指标在省市县级政府中都呈现出弱势的状态，这说明，以样本为代表的我国各层级地方政府中，尽管有些地区已经将这一理念纳入工作，但是仍然不是工作的常态。县级政府在这一指标上表现较好，可能是因为县级政府既接触民众，又能够下情上达的“操作性基层”,① 从这个逻辑上也解释了省级政府在这一指标上表现差强人意的原因，但是作为“指令性高层”政府，这并不是脱离群众的理由，省级政府理应从理顺吸纳民意与制定政策之间的逻辑关系。“制定基本公共服务总体规划的责任”中，省级政府表现优秀，说明我国省一级地方政府对于自身的定位主要集中于“规划”上，市县级政府则在拥有一定自主权的基础上，听令于上级政府。

在筹划资源的履责质量均衡性差异上，省级政府和县级政府的表现分别跌入“弱”和“较差”的行列，市级政府的表现（如表 4-11 所示）属于良好。省级政府作为地方政府中的高层级政府，很大程度上拥有资源的分配权，在履

① 尚虎平、雷于萱:《我国政府潜绩评估研究——面向东中西部 50 个县级政府的探索性实证评价》,《甘肃行政学院学报》2018 年第 6 期，第 5 页。

行筹划资源责任的过程中，需要注重履责的均衡性。而县级政府作为“操作性基层”，筹划资源履责方面本身就存在一定困难，财政能力较强的县级政府在筹划资源上尚有空间，财政能力较弱的县级政府大部分民生支出还是依靠上级政府划拨，因此在筹划资源的非均衡性方面比较突出。从二级指标上讲，筹划资源履责质量的非均衡性主要体现在“为基本公共服务提供财政保障的责任”和“为基本公共服务提供物质保障的责任”两方面，因此“财力”和“物力”的非均衡性应该成为省级和县级地方政府主要关注的问题。

实施与实现的履责质量均衡性差异上，总体上各层级政府表现较为均衡，跨度基本在良好和中等之间徘徊。一定程度上说明各层级政府均本着“为人民服务”的基本原则，虽然在筹划资源责任方面的不均衡性明显，但是在不同的资源筹备情况下，我国各层级地方政府在基本公共服务均等化的实施与实现履责的均衡性上均表现较好。这从侧面说明了无论哪一层级的地方政府，都在基本公共服务均等化工作中尽力履行责任，确保人民群众能够共享改革成果。从二级指标上讲，省一级政府在“足量生产和提供各项基本公共服务的责任”方面得分不甚理想，以 0.065 位列中等行列，其他层级政府在各个指标上得分均在优秀和良好的中间状态徘徊。作为“指令性高层”政府，直接由省级政府实施与实现的基本公共服务项目在数目上少于市级和县级政府，市县级政府与人民群众的接触更加频繁和密切；同时省级政府之间在资源筹划均衡性差异较大的背景下，资源储备能力偏弱的省级政府参与实施实现的基本公共服务数量偏少，这些原因可能导致了省级政府在这一指标上履责质量均衡性稍弱。

上至省级政府，下至县级政府，在评估履责质量的均衡性中表现相当平均，都在优秀和良好的行列中。从前文对省域和区域之间的研究就能发现，无论从哪一个角度而言，评估已经成为我国地方政府不可或缺的政治文化的一部分，政治实践上，2007 年，《中国人事报》统计发现我国已有超过 1/3 的省份使用了政府绩效评估。从二级指标上讲，在整体优良的前提下，各层级地方政府都应该加快“为基本公共服务均等化确定评估指标”的进程，用科学合理的指标对履责质量和均衡程度等进行系统的分析。

监督履责质量的均衡性差异表现整体上与评估相当，各层级地方政府均注重责任链条上的末端责任——监督。我国著名思想家熊十力在其著作《心书》中称，“报章者，国民喉舌之司。所以监督政府，指导社会，责任重矣。”对政府工作的监督已经成为政府、社会和民众的共识。随着新媒体的发展，监督政府的方式逐渐多样化和多元化，地方政府面对监督的态度也从被动接受到关注舆情、积极面对，并且政府内部也构建了不同层面的监督体系。进一步从二级指标上讲，省市县级地方政府在监督责任的各个细节指标上均表现尚可。说明目前我国地方政府在履行监督责任的均衡度上具有一定的优势。

# 第五章 基本公共服务均等化过程中地方政府履责影响因素侦测

我国地方政府不仅在基本公共服务均等化履责质量上存在差异，在履责质量的均衡性上也存在比较明显的内部差异。但是究竟是何种因素影响和制约了地方政府在基本公共服务均等化履责的质量？李连江教授曾深入浅出地指出，“世界不是一条线，而是一个复杂的多面体”，在中国 960 万平方公里的土地上，各地区各层级地方政府在经济、社会、历史、文化、自然环境等诸多方面千差万别，这些异质性因素在不同程度上影响着地方政府的行政能力和行政效率。本研究意图以科学的实证研究方法“抽丝剥茧”，在纷繁复杂的影响因素中挖掘出影响地方政府履责的质量的因素，以此解释地方政府履责的动力机制和地区差异，继而为如何进一步提升地方政府基本公共服务均等化履责质量提出有借鉴意义的政策建议。

## 第一节 影响因素理论分析及研究假设

影响因素分析一般是运用数学方法对数据进行处理，把一组反映事物性质、状态、特点等的变量简化为少数几个能够反映出事物内在联系的、固有的、决定事物本质特征的因素。影响因素是“中性”的，既可能从正面对社会组织发展质量进行影响，也可能从负面对社会组织发展质量进行影响。[①] 基于此，本部分研究对可能影响我国地方政府基本公共服务履责质量的影响因素进行理论论证，从理论层面分析其合理性和可行性。

---

① 范逢春：《县级政府社会治理质量测度标准研究》，中国人民大学出版社，2015，第 153 页。

## 一、基本公共服务均等化过程中地方政府履责影响因素指标的获取途径

通常意义上，面对研究的目的、对象和任务的不同，影响因素指标的获取途径也不尽相同。通过多样化的途径获取的影响因素之间可以起到互相参考和补充的作用：对于不同的途径中共同涉及的因素，本研究认为该因素影响地方政府基本公共服务均等化履责的可能性较大，对于不同的途径中涉及的比较单一的因素则需要有针对性地进行甄别。通过不同途径的“火花”碰撞，去粗取精，筛选出对地方政府基本公共服务均等化履责影响可能性最大的因素集合。

### （一）文献研究法

文献研究法也称为历史研究法，无论理论研究或实证研究，文献研究法都是最为重要的方法之一，也是在本探索性分析中不可忽视的研究方法。通过查阅相关理论著作，理论政治学和实证政治学相关理论书籍，学术期刊、网络数据库等各种资料中的相关研究成果，深入了解相关理论的影响因素和目前研究成果背后的源动力。文献研究不仅仅局限在理论文献，还通过查阅国家级、省级、市级相关统计年鉴和政府工作报告等政策文本，对已有文献和研究成果进行综合分析，并采用频率统计法，对目前已有文献中研究政府责任、基本公共服务均等化影响因素的指标进行频率统计，提炼出那些出现频率较高的变量和影响因素。

### （二）案例研究比较法

随着中央层面对基本公共服务均等化的顶层设计愈加完善，随着管理型政府向服务型政府的转型，越来越多的地方政府在基本公共服务均等化供给方面成绩斐然，交出了一份令人民群众满意的答卷。本研究是对现实政府责任的理论和实证研究，因此在获取地方政府基本公共服务均等化的影响因素过程中，必须格外关注那些取得了亮眼绩效的地方政府，关注其与区域、本层级地方政府的不同之处，这些不同之处往往就是影响地方政府基本公共服务均等化履责的关键与核心要素。例如在实际操作中笔者关注到 2019 年底我国评选出“全国农村公共服务领域首批 18 个典型案例”，关注这些经典基本公共服务案例中的地方政府与众不同之处，就有可能获取影响因素的“真谛”。

### （三）系统分析法

基于政府责任履行的认知过程和基本规律，本研究将基本公共服务均等化

过程中地方政府履责看作一个由各个环节构成的系统，构建起地方政府履行责任的系统的分析框架。在这个系统研究框架下，对政府履责的影响因素进行系统的分析。换句话说，用马克思主义整体和部分的眼光来看，在这个研究框架下，对各个环节、各个构成要素有影响的因素也应该纳入整体的考量范围，用系统分析方法认识与揭示地方政府基本公共服务均等化履责的本质和规律

## 二、基本公共服务均等化过程中地方政府履责影响因素指标的获取原则

地方政府基本公共服务均等化履责影响因素与后续研究中理论模型的构建密切相关，因此影响因素获取应该以科学合理的构建理论模型为总原则。具体来说，研究以靠近现实与简化现实为影响因素获取原则。

### （一）靠近现实

靠近现实，就是要全面考虑各种可能的影响因素，尽可能剔除与地方政府履责不相关的因素，构建最大限度描绘现实的模型。靠近现实原则要注意以下两点。

第一，影响因素符合政治常识。地方政府基本公共服务均等化履责的影响因素与其他模型影响因素不同之处在于，地方政府和基本公共服务都与民众的生活息息相关，因此要最大限度地贴近现实。

第二，影响因素要符合理论现实。本研究的落脚点在于政府责任的履行，作为政治学学科中的重要议题之一，这与日常政治生活又有一定的距离和区别，因此影响因素也必须具有一定的学术性和专业性。兼顾二者，简而言之，就要最大限度地靠近现实，以现实的视角尽可能准确地构建模型。

第三，分析结果要靠近现实。影响因素的获取不是一蹴而就的，必然是选取—验证—筛选—再验证的反复的过程，反复地尝试和验证，才能确保分析结果靠近现实。此时反观地方政府基本公共服务均等化履责的影响因素，可以说，影响因素不能与常识性知识有悖，必须符合理论现实。

### （二）简化现实

简化现实原则就是要求构建最简单的模型。在计量统计的世界中，可以说，计量是用复杂的数理知识尽可能描绘出简单的世界。因此影响因素的选取要考虑以下几点：第一，要考虑操作的便易性，符合情报学原理中的“最小省力法则”。第二，影响因素的可计量性。前文提及，世界是一个复杂的多面体，

不是简单地因果关系的一一对应，经济发展、政治文化甚至领导者的行为方式都有可能影响地方政府基本公共服务均等化履责的质量和成效，简化实现原则要求影响因素的选择需要具备可计量性，剥离部分可有可无、可大可小的灰色地带的影响因素，以披沙拣金的态度将可计量的有效因素纳入模型中来。

## 三、基本公共服务均等化过程中地方政府履责影响因素的构建

国内外已经有不少学者对于地方政府基本公共服务均等化履责的影响因素做出了探索和分析，本研究是站在前人的肩膀上，从地区发展因素和地区人口因素两方面入手，在总结前人的探索经验基础上探索这些客观存在的因素究竟是以何种方式影响政府基本公共服务均等化履责的。

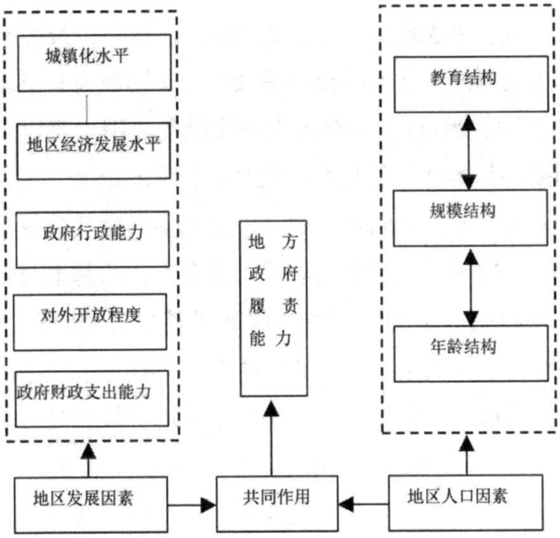


**图 5-1 地方政府基本公共服务均等化履责影响因素研究设计**

第一，城镇化水平（以地区城镇化率为表征）对地方政府基本公共服务供给的影响。2018 年上海世界博览会以“城市，让生活更美好”为主题，重点在于强调城市为民众带来的便捷、美好生活的体验。2021 年《安徽日报》报道了山东省全面放开城镇落户限制的政策，并提出“山东走的这条以放开落户限制倒逼城镇加快公共服务供给和能力建设的路子，不失为一招高明的‘快棋’”。由此可见城镇化对基本公共服务有积极影响基本成为共识。另一方面，城乡之间在基本公共服务均等化方面存在不容小觑的差距也是各地方政府积极推进城镇化的内在逻辑，韩增林等（2015）研究了城乡基本公共服务均等化供给存在

的差异，结果显示相比于城市而言，农村地区基本公共服务水平的提升对“均等化”更为敏感。但是也有学者提醒地方政府必须正视快速城镇化过程中，由于过于追求城市空间规模扩张和城镇人口比重提升，配套公共服务供给跟不上城镇化进程，导致地方政府财政负担加重，供给意愿不强。有学者指出，新型城镇化建设中基本公共服务均等化目标导向对这些负面问题的修正作用还未充分发挥出来，短期内大规模人口集聚不仅降低了本地区公共服务供给效率，其抑制性还向周边区域扩散。

第二，地区经济发展水平（以地区国民经济发展水平为表征）对地方政府基本公共服务供给的影响。民主政治时代，民众的认可和同意是政治统治合法性的来源，全球任何一个希望长治久安的政府都必须高度重视民众的感受，因此亲民政策被越来越多的国家广泛推行，尤其后发展中国家在政治转型过程中为了取得执政合法性，更表现为“亲民的政府”。然而，亲民政策是需要以深厚的财政实力作为支撑的，日益增长的民众需要驱动政府只能以不断攀升的财政开支来满足（陈毅，2012）。从对国内外文献的梳理中可以看出，西方文献中鲜有以发达国家的基本公共服务为研究对象的学术论文，更多的是关于发展中国家基本公共服务的现状、问题和测度以及相关的发展建议，这从一定程度上说明，相比于发展中国家，发达国家关于民众生存的基本公共服务问题已经基本得到解决，发展中国家的经济实力限制了基本公共服务的供给。阿马蒂亚·森认为，对教育水平的重视，对贫困的重视，对健康水平的重视，这一切都取决于经济发展的能力。可见经济发展水平对地方政府履行基本公共服务责任起到了关键性作用。Rassouli-Currier（2007）对俄克拉荷马州的公共教育进行了绩效评价，提出地区的社会经济发展水平是基本公共服务供给效率高低的决定性因素。我国诸多学者也对经济发展总体水平与基本公共服务供应之间的关系进行了探索。李淑婷等（2021）认为经济差异是引发区域基本医疗卫生资源供给不均衡的重要因素。李少惠（2020）选取我国 30 个省 242 个地级市 2008—2018 年面板数据，发现经济增长与公共文化服务均等化之间呈现显著的正相关关系，说明经济增长的确有利于地区公共文化服务均等化水平的提升。

第三，政府行政能力（以地区人均固定资产投资为表征）对地方政府基本公共服务供给的影响。政府的行政能力是政府在既定的体制内，通过对公共政策正确的制定和有效的执行，引导和推动本国快速、均衡、健康、持续发展的能力，以及有效地对社会实施公共行政管理的能力。[①] 古语有云，“兵马未动粮草先行”，没有基础设施的不断完善和更新换代，政府履行基本公共服务均等化责任就犹如纸上谈兵。近些年来，国家财政对城乡固定资产投资体量显著提高，据统计，自 2003 年以来，我国财政在城镇固定资产投资方面的环比增长率保持在 24%以上，农村固定资产投资方面的环比增长率保持在 15%以上，2019 年，国家发展改革委和社会司测算了上半年我国在教育、卫生和社会工作，文化、体育和娱乐业，公共管理、社会保障和社会组织四类民间固定资产投资同比分别增长 17.3%、56.9%、18.2%、20.0%，均高于同期全社会民间固定资产投资 11.4%的增速，打造公共产品和公共服务新引擎，进一步带动基本公共服务均等化供给水平提升。

第四，对外开放程度（以地方人均利用外资为表征）对地方政府基本公共服务供给的影响。随着改革的深入推进，我国一直坚定不移地扩大对外开放，积极参与国际交换和国际竞争。将对外开放程度作为地方政府基本公共服务供给的影响因素主要出于以下三个方面考虑。其一，以市场为导向的经济体制改革，将原来单一的集体和国家所有制经济结构转变为多种所有制经济结构，经济体制的变革为外资的进入提供了可能性。近年来，以 PPP（public-private partnership）为代表的政府与社会资本合作建设基础设施、提供公共服务的新机制在我国得到发展，公共服务设施在与外资合作的过程中得到了进一步发展，强化了我国基本公共服务均等化的物质供给基础。其二，对外开放度与各地经济增长有显著的正相关性（兰宜生，2002），一方面，地方政府为了经济发展有意愿大力引进外资。另一方面，外资的注入成为地方政府新的税源，提升了地方政府的财力，为提升基本公共服务均等化供给水平提供了物质保障。其三，对外开放水平的提升倒逼地方政府提升地区完善公共服务设施、提升公共服务水平，形成“提升基本公共服务供给水平为对外开放创造环境、对外开放为提升基本公共服务供给水平提供税收支持”的良性循环。

第五，政府财政支出能力（以地方人均财政支出为表征）对地方政府基本公共服务供给的影响。Dao（2012）采用联立方程模型研究政府的不同领域的财政支出方案对经济增长的影响。陈毅（2012）认为，国家处理税收问题就是要处理好税收的合法化问题，以及税收为国家权力结构配置关系带来了哪些新变化的问题，那么处理预算问题就是要解决如何合理地支出公共财政资金，保

① 张国庆：《现代公共政策导论》，北京大学出版社，1997，第 101 页。

证新变化的权利义务关系得到实现。预算国家要做到“取之于民用之于民”，“用钱受监督，花钱必负责”。王胜华（2021）探讨了地方政府公共支出决策对城乡公共服务发展的影响机制，徐换歌、蒋硕亮（2020）从基本公共服务支出规模等视角检验经济增长目标的设定对基本公共服务供给的影响，都表明地方政府财政支出对基本公共服务存在直接影响，研究中为了平滑地区之间的差异性，采纳了均值，即人均财政支出指标。

第六，人口统计学研究中，其变量主要以人口结构系统为思路，选择了包括教育结构（ED）、规模结构（DEN）、年龄结构（AGE）等在内的统计变量。其中，大专及以上人口数占比表征教育结构，人口密度表征规模结构，15~64岁人口数占比表征年龄结构。

## 四、变量测量与研究假设

本研究的被解释变量为地方政府基本公共服务均等化履责质量指数，由前文构建的地方政府基本公共服务均等化责任测度指标实证测量和计算得来。通过上文对影响因素的理论分析，本研究确定了“4+3”共7个影响因素解释变量。所谓“4+3”，是从地区发展因素和地区人口因素两方面进行分析。地区发展因素的理论变量包括：（1）城镇化水平，用常住人口城镇化率来表示；（2）地区经济发展水平，用地区生产总值来表示；（3）政府行政能力，用固定资产投资来表示；（4）对外开放程度，用人均利用外资来表示；（5）政府财政支出能力，以地方人均财政支出为表征。地区人口因素的理论变量包括：（1）教育结构，用大专及以上人口数占比来衡量；（2）规模结构，用人口密度来衡量；（3）年龄结构，用15~64岁人口数占比来衡量。据此，本研究提出了七个研究假设，并制作了研究假设汇总表。

H1：城镇化水平越高，地方政府基本公共服务均等化履责质量越好。

H2：地区经济发展水平越高，地方政府基本公共服务均等化履责质量越好。

H3：政府行政能力越强，地方政府基本公共服务均等化履责质量越好。

H4：地区对外开放程度越高，地方政府基本公共服务均等化履责质量越好。

H5：政府财政支出能力越强，地方政府基本公共服务均等化履责质量越好。

H6：地区人口学历越高，地方政府基本公共服务均等化履责质量越好。

H7：地区人口密度越大，地方政府基本公共服务均等化履责质量越好。

H8：地区劳动力人口占比越大，地方政府基本公共服务均等化履责质量越好。

**表 5-1 研究假设汇总表**

| 影响因素维度 | 影响因素 | 研究假设 | 具体内容 | 测量指标 | 简称 |
|---|---|---|---|---|---|
| 地区发展因素 | 城镇化水平 | H1 | 城镇化水平越高，地方政府基本公共服务均等化履责质量越好 | 常住人口城镇化率 | UR |
| | 地区经济发展水平 | H2 | 地区经济发展水平越高，地方政府基本公共服务均等化履责质量越好 | 地区生产总值 | GDP |
| | 政府行政能力 | H3 | 政府行政能力越强，地方政府基本公共服务均等化履责质量越好 | 人均固定资产投资 | PI |
| | 对外开放程度 | H4 | 地区对外开放程度越高，地方政府基本公共服务均等化履责质量越好 | 人均利用外资 | PF |
| | 政府财政支出能力 | H5 | 政府财政支出能力越强，地方政府基本公共服务均等化履责质量越好 | 人均财政支出 | PE |
| 地区人口因素 | 教育结构 | H6 | 地区人口学历越高，地方政府基本公共服务均等化履责质量越好 | 大专及以上人口数占比 | ED |
| | 规模结构 | H7 | 地区人口密度越大，地方政府基本公共服务均等化履责质量越好 | 人口密度 | DEN |
| | 年龄结构 | H8 | 地区劳动力人口占比越大，地方政府基本公共服务均等化履责质量越好 | 15—64 岁人口数占比 | AGE |

资料来源：本研究整理而得

## 五、样本选取与数据来源

本研究采用的样本与第四章中对地方政府基本公共服务均等化履责质量及其均衡度分析时的样本一致，都是根据科学的抽样原则，以我国东中西部 6 个省级政府、18 个市级政府、36 个县级政府为研究对象。

数据来源于客观的统计资料。地区生产总值、固定资产投资、一般公共预算支出等来源于 2011—2019 年《中国城市统计年鉴》《中国省市经济发展年鉴》等，城镇化率与地区人口因素等数据来自各地人口发展报告、国民经济和社会发展统计公报。

# 第二节　经典多元回归模型构建

## 一、回归模型构建

依据上文的分析，本章节将城镇化水平、地区经济发展水平、政府行政能力、政府财政支出能力、教育结构、规模结构、年龄结构等作为自变量，将地方政府基本公共服务均等化履责质量得分作为因变量，构建如下模型。

$$Q_{ij} = \beta_0 + \beta_1 * \mathrm{UR}_{ij} + \beta_2 * \mathrm{GDP}_{ij} + \beta_3 * \mathrm{PI}_{ij} + \beta_4 * \mathrm{PF}_{ij} + \beta_5 * \mathrm{PE}_{ij} + \beta_6 * \mathrm{ED}_{ij} + \beta_7 * \mathrm{DEN}_{ij} + \beta_8 * \mathrm{AGE}_{ij}$$

其中，$i$ 指代研究区域，$j$ 代表年份，UR 代表城镇化率，GDP 代表地区经济发展水平，PI 代表人均固定资产投资，PF 代表人均利用外资程度，PE 代表人均财政支出，ED 代表大专及以上人口占比，DEN 代表地区人口密度，AGE 代表地区劳动力人口占比。$\beta_0$ 为截距。$\beta_1$、$\beta_2$、$\beta_3$、$\beta_4$、$\beta_5$、$\beta_6$、$\beta_7$、$\beta_8$ 等是本书关注的影响系数。

## 二、变量描述性统计分析

其描述性统计详见表 5-2。

**表 5-2　变量描述性统计**

| | 最小值 | 最大值 | 均值 | 标准偏差 |
|---|---|---|---|---|
| H1 城镇化率（UR） | 0.473 | 70.610 | 52.480 12 | 15.393 486 |
| H2 地区生产总值（GDP） | 12 391.300 | 99 631.500 | 39 352.717 96 | 19 563.310 006 |
| H3 人均固定资产投资（PI） | 17 331.979 | 72 821.421 | 42 657.465 01 | 14 742.659 164 |
| H4 人均利用外资（PF） | 406.385 | 2 850.162 | 1 303.162 04 | 626.934 215 |
| H5 人均财政支出（PE） | 928.904 | 17 184.598 | 9 711.165 39 | 3 148.269 539 |
| H6 大专及以上人口占比（ED） | 6.138 | 16.575 | 11.365 98 | 3.080 759 |
| H7 地区人口密度（DEN） | 167.221 | 786.550 | 428.309 78 | 223.476 578 |
| H8 劳动力人口占比（AGE） | 62.030 | 78.800 | 71.922 18 | 3.536 836 |

## 三、回归模型检验与结论

本研究通过回归分析检验了以上若干潜在因素对地方政府基本公共服务均等化履责质量的影响，确立了本研究的静态回归模型。通过回归结果分析我国地方政府基本公共服务均等化履责质量的影响因素，并对本研究提出的8个研究假设进行了检验并得出了假设检验结论。

（一）回归模型检验

在进行回归模型检验之前，为了确保研究变量之间不存在多重共线性，本研究首先对自变量之间的VIF值进行检验。根据进入模型找变量的似然比统计量的概率值必须小于10%的统计原则，通过逐步筛选回归不显著变量，研究发现方差膨胀因子（VIF）都小于10，这就表明变量之间不存在多重共线性的问题。本书回归结果如表5-3所示。

**表5-3 回归结果分析**

| 影响因素 | 系数 | 显著性 | 共线性统计 | |
|---|---|---|---|---|
| | | | 容差 | VIF |
| H1 城镇化水平 | 0.157 | 0.000*** | 0.416 | 2.404 |
| H2 地区经济发展水平 | 0.518 | 0.000*** | 0.171 | 5.846 |
| H3 政府行政能力 | -0.496 | 0.000*** | 0.244 | 4.103 |
| H4 对外开放程度 | 0.302 | 0.000*** | 0.209 | 4.777 |
| H5 政府财政支出能力 | -0.025 | 0.587 | 0.200 | 4.988 |
| H6 大专及以上人口占比 | 0.062 | 0.116 | 0.269 | 3.724 |
| H7 地区人口密度 | 0.318 | 0.000*** | 0.168 | 5.935 |
| H8 劳动力占比 | -0.002 | 0.928 | 0.557 | 1.795 |

说明：***表示在1%以上的显著性水平上显著。

（二）假设检验结论

本研究通过回归分析检验了以上若干潜在因素对地方政府基本公共服务均等化履责质量的影响，确立了本研究的静态回归模型。通过回归结果分析我国地方政府基本公共服务均等化履责质量的影响因素，并对本研究提出的8个研究假设进行了检验。假设检验结论如表5-4所示。

**表 5-4　假设检验汇总表**

| 影响因素维度 | 影响因素 | 研究假设 | 具体内容 | 检验结果 |
|---|---|---|---|---|
| 地区发展因素 | 城镇化水平 | H1 | 城镇化水平越高，地方政府基本公共服务均等化的履责质量越好 | 成立 |
| | 地区经济发展水平 | H2 | 地区经济发展水平越高，地方政府基本公共服务均等化的履责质量越好 | 成立 |
| | 政府行政能力 | H3 | 政府行政能力越强，地方政府基本公共服务均等化的履责质量越好 | 不成立 |
| | 对外开放程度 | H4 | 地区对外开放程度越高，地方政府基本公共服务均等化的履责质量越好 | 成立 |
| | 政府财政支出能力 | H5 | 政府财政支出能力越多，地方政府基本公共服务均等化的履责质量越好 | 不成立 |
| 地区人口因素 | 教育结构 | H6 | 地区人口学历越高，地方政府基本公共服务均等化的履责质量越好 | 不成立 |
| | 规模结构 | H7 | 地区人口密度越大，地方政府基本公共服务均等化的履责质量越好 | 成立 |
| | 年龄结构 | H8 | 地区劳动力人口占比越大，地方政府基本公共服务均等化履责质量越好 | 不成立 |

# 第六章　基本公共服务均等化过程中地方政府履责的研究发现与优化路径

## 第一节　基本公共服务均等化过程中地方政府履责质量评价发现

20世纪30年代，毛泽东同志为了反对红军中存在的教条主义思想，曾提出了“没有调查，没有发言权”的著名论断。责任议题是政治学的核心议题之一，政府是政治学的主要研究对象，但是要对目前我国地方政府在基本公共服务均等化方面履责的情况作为判断，不能仅仅停留在“仰望星空”的层面上，更要“脚踏实地”对各级各地政府进行实证调研，以调研数据为依托，以数据分析为参考，得出目前在基本公共服务均等化过程中我国地方政府履责的质量和均衡度的研究结论。

### 一、各地区地方政府履责质量不均，东中西存在差距但有弱化之势

改革开放以来，中国社会生产力水平显著提高，人民生活水平明显改善，与此同时国内不同区域间经济发展却呈现出不一致的步调，区域发展非均衡态势愈发明显。区域非均衡发展带来的直接影响就是不同区域地方政府之间对基本公共服务的投入和建设差异，地方政府基本公共服务履责区域性差异成为我国推进基本公共服务均等化的主要阻碍之一。这里从地方政府履责的质量和均衡性两个方面探讨我国地方政府目前在基本公共服务均等化领域的异质性特征。

从履责质量来看，通过对我国东中西部地方政府在基本公共服务均等化领域的履责质量进行对照和比较，可以发现，我国地方政府在基本公共服务均等化履责方面的水平和能力保持着东部—中部—西部的大致排序，东部地区各级政府的综合实力表现较为突出，以江苏、浙江为代表的东部省份几乎在基本公共服务均等化各个环节中的责任履行情况都处于前列，尤其是江苏，在所有调

研省份中各个环节都处于领先地位，在每一个环节都体现出一定程度的分数优势。而东部和中西部地区的差异，远比中西部之间的差异要大，中部和西部地方政府整体表现水平相当，差距不大，定势思维中，中部并没有表现出全方位碾压西部的绝对优势。在一些环节上，西部省份的得分甚至已经超过了中部省份，这说明，东部发达省份政府在基本公共服务均等化方面的行政能力和经验依然领跑全国，值得中西部省份借鉴。第二，随着西部大开发和一带一路的推进，中西部省份在经济基础、执政能力和水平方面都取得了很大的提升，西部地区已经在逐渐缩小与中部地区的差距，曾经固有的“东—中—西”的格局已经开始动摇。

从履责质量的均衡性上，笔者发现区域层面上我国地方政府履责质量的均衡度良好。这一结论一方面说明我国地方政府对基本公共服务均等化的建设与投入以及后期的评估和监督都较为平均，洼地效应存在但不是非常明显，真正使基本公共服务均等化发挥了纾困托底的作用，保障了人民群众的基本生活权益。另外，从东中西部地方政府总体履责质量均衡性来看，西部地区的整体表现要比东部和中部地方政府更为优秀，这一结论可以从两个方面解释，一方面西部地区地方政府大多秉承着“先有再优”的原则，在基本公共服务供给方面整体上能够跟上国家节奏，保证西部各行政区域的人民群众都能享受到最底线的基本公共服务，因此在均衡性上表现优秀。另一方面也要注意到，平均也有高水准平均和低水准平均之分，例如西部地区在履责质量上弱于东中部，但履责质量的均衡性上与东中部地区同属一个级别且微弱领先，因此必须警惕基本公共服务均等化履责质量的弱势地区地方政府出现的低水平均衡的态势。

## 二、各层级地方政府履责质量不均，基层政府成为短板

本研究亮点在于没有将省、市、县等各级地方政府“一锅烩”，而是分层次比较不同层级的地方政府在基本公共服务均等化履责的质量和均衡性。这里依旧从地方政府履责质量和均衡性两个层面探讨各层级政府在基本公共服务履责方面目前存在的差异。

我国各层级政府在履责质量上整体表现良好，从大趋势上呈现出“市—省—县”的梯形态势，市级政府，尤其是东部和中部地区的市级政府，相较于省级政府而言，是“操作性基层政府”；相较于县级政府而言，是“指令性高层政府”，在省市县地方政府体系中承担着上传下达的任务，肩负着重要的责

任，从调研结果看，我国市级政府的表现不负众望，在高质量完成基本公共服务均等化责任方面表现得较为突出。但是相比之下县一级政府的表现则差强人意，成为我国地方政府基本公共服务履责质量的短板。由此可见，我国基层政府履责质量亟待提升。

从履责质量的均衡性上，伴随市级政府履责质量较好，其履责质量的均衡性也尚可。因此研究认为，我国市一级地方政府在基本公共服务均等化履责中综合实力突出。而对于整体履责质量本身处于弱势的县级政府而言，其均衡性也远远落后于市级政府。党的十八届三中全会提出要推进“国家治理体系和治理能力现代化”，从基本公共服务的层面，实现这一目标的重点在基层。只有改变基层政府履责质量和均衡性双双落后的不利局面，才能从根本上为国家基本公共服务均等化实现提供源动力。

## 三、制定政策履责水平整体平均，整合民意成为重点

制定政策责任是地方政府基本公共服务均等化责任链路的开端，各地各级地方政府能否履行好制定政策的责任，很大程度上会影响到后续责任的履行。本研究从各地各级地方政府履责质量和均衡性两个方面探讨目前我国地方政府制定政策责任的履行情况。

我国地方政府在制定政策履责质量和均衡性方面整体表现比较均衡，总体在良好的界限上下徘徊。但是通过不同层面的研究，笔者发现在各地各层级地方政府整体水平较为平均的背景下，“有效收集民众基本公共服务诉求的责任”呈现出弱势状态。我国两千多年的封建专制文化使得“官本位”的思想意识深入到中国社会的方方面面。近年来随着管理型政府向服务型政府转变，官本位的思想开始有所转变，随着大数据技术的发展，地方政府采集民意的技术壁垒已经被打破，但从调研结果可以看出，地方政府在基本公共服务供给层面一定程度上还延续着“给予—获得”的传统模式。尽管关于地方政府采纳民意的新闻不时出现，但是之所以能成为“新闻”，也说明这一环节还没有被地方政府统一纳入基本公共服务履责流程，没有成为工作的常态。作为基本公共服务的受众，人民群众的满意度才是衡量地方政府基本公共服务履责成效的根本标准，因此如何能够有效收集并积极整合民众在基本公共服务方面的诉求，因地制宜地为民众量身打造基本公共服务，是我国各地各层级地方政府都应该思考的问题。

## 四、筹划资源履责局部缺失，公共财政体制有待完善

通过测算，笔者发现不同地区，不同层级的地方政府在筹划资源履责质量和均衡性上差异比较大。从区域角度，表现最好的是东部地区地方政府，很多人力、物力和财力方面的责任指标履行质量得分都优于中西部。这也比较符合现实政治中常识性的认知：我国东部地区无论从经济、社会等各个方面的发展都领跑全国，在人力物力财力等多方面储备充足，有能力为本地区地方政府基本公共服务均等化履责提供充足的“粮草”。然而本书采用了政治学研究的实证模式，目的不在于发现优势，而在于窥探劣势，从而有针对性地解决问题。相较于东部地区地方政府，中西部地区资源筹备方面还面临比较大的压力。这说明优质资源依然向东南沿海地区汇聚，中西部各级地区不同程度地成了“洼地效应”的弱势一方。从履责质量的均衡性上，表现最为优异的东部地区却陷入了履责质量不均衡的怪圈。仍以江苏为例，该省地方政府在所有省份的履责质量中表现非常突出，但是履责质量的均衡性却处于弱势。研究认为，以江苏省为代表的发达省份和地区可能存在“高水平的非均衡”态势。因此判断区域地方政府履责的整体状况不仅仅要从质量上，还要从其均衡性上全面考量。从层级角度，以县级政府为代表的基层地方政府既缺乏吸引资源的能力，又不具备整合资源的能力，在筹划资源责任上面临有心无力的困境。基层政府亟待打破目前的不利局面。

值得一提的是，无论从地区研究还是层级研究上，笔者都发现造成地方政府基本公共服务均等化履责质量差异较大的根源在“财力”和“物力”两方面，而“物力”归根到底也是由“财力”支持的，因此完善基本公共服务均等化的公共财政体制，逆转基本公共服务履责的失衡表现是我国各地各级地方政府应该重视的问题。

## 五、实施实现履责整体均衡，优质供给有待提升

党的十八大以来，习近平主席提出，“制定出一个好文件，只是万里长征走完了第一步，关键还在于落实文件”，可见地方政府基本公共服务均等化责任的履行重点在于实施与实现责任的落实，没有实施与实现责任的落实，任何关于民生的顶层设计和美好构想都将成为水中花、镜中月。通过本研究对东中西部各层级政府基本公共服务均等化实施与实现责任履行的测评，发现我国各

地各层级政府在基本公共服务均等化的实施与实现履责方面，都秉承了习近平主席所要求的“不消极，不观望，主动揽起责任”，在履责质量和质量的均衡性方面基本都交出了合格的答卷。如果观察的标准进一步严格，那么西部地区在这一环节上不仅仅质量略弱，均衡性上也略逊一筹，因此西部地区各级地方政府应该在基本公共服务履责方面积极作为，积极创新，进一步提升自身服务能力。

各项指标显示，我国地方政府基本公共服务供给在“量”上基本满足了人民群众的要求，但是在“质”的差异性上还存在可上升空间。从对我国东中西部地方政府基本公共服务均等化履责质量均衡性差异的研究就能比较明显地看出，在整体均衡、普遍向好的背景下，用“显微镜”观察数据，基本公共服务的优质供给不均衡在各区域内表现得较为明显，说明“洼地效应”导致优质资源流向不均，影响了地方政府优质供给基本公共服务的均衡性。事实上，基本公共服务涵盖领域广，覆盖人口基数大，因此对于质的提升不仅仅是某个对口部门的责任，也不是某一类资源的充沛程度决定的，而是需要地方政府统筹协调有关单位，分工合作密切配合，打造宜居宜业的社会环境，确保人民群众安居乐业。

## 六、评估监督履责势头向好，西部与基层仍是重点

相比于我国部分地区的地方政府在前端责任和中端责任的履行的质量上有所欠缺的情况，在监督和评估的末端责任上，很多地方政府下足了功夫。在见证了发达国家政府绩效评估的良好效果之后，我国也对地方政府的评估和监督加以研究和规划，理念也相对比较先进。这也就能解释为何各地各级政府在监督责任和评估责任两方面表现得较为优异。从测评结果来看，不仅仅是东部地区，不仅仅是省级和市级政府，中部地区的各级政府在这一责任上也贡献了亮眼的成绩，其大部分指标的履责情况也达到了“优秀”或者“良好”的程度。第一，纵向比较。西部地区政府和基层政府在监督和评估责任环节上的表现也比其他环节要亮眼，这说明即使是履责质量稍弱的西部地方政府，也很大程度地受到了绩效评估风潮的影响，并且在这一趋势下有意识地提升自身的服务水平和服务质量，并且已经取得了效果。第二，横向比较。相比东中部地区，西部和基层地方政府在这一环节责任上还需要进一步借鉴经验，提升水平。第三，从监督责任和评估责任明显亮眼的表现来看，要警惕在政府绩效评估中，以结

果为导向模式的实践操作的误用。假设地方政府重视评估和监督责任的履责，并且将评估与监督的工作内容层层下移，不但会出现下级政府为了应付上级频繁的检查而绩效造假，欺骗上级糊弄群众的情况，也有可能继续强化“上面千条线，基础一根针”的尴尬局面。因此地方政府监督责任和评估责任势头向好，说明我国地方政府确实在基本公共服务均等化领域持续发力并且取得良好效果，但是，要透过现象看到问题的实质，意识到可能存在的问题并且防微杜渐。

## 第二节 基本公共服务均等化过程中对地方政府履责的影响因素

### 一、地区发展因素对地方政府基本公共服务均等化履责质量的影响

表征“地区发展因素”的五大变量中，“城镇化水平”“地区经济发展水平”和“对外开放程度”对地方政府基本公共服务均等化履责质量产生了显著的正向影响。用统计学术语表示，城镇化水平每提升一个标准差，地方政府履责质量就会提升 0. 157 个标准差；地区经济发展水平提升一个标准差，地方政府履责质量就会提升 0. 518 个标准差；对外开放程度提升一个标准差，地方政府履责质量就会提升 0. 302 个标准差。

#### （一）城镇化水平对基本公共服务均等化过程中地方政府履责质量的影响

城镇化是由科技进步、社会生产力发展所引发的，分散聚居在农村功能区域的农业人口转为集中聚集在非农功能区的非农人口，进而传统乡村社会转为现代城市社会的历史过程。[①] 基本公共服务作为保障民生民权、实现公平正义、建设美好生活的基本社会条件，能够体现出以人为本的社会价值观和政策理念，是城镇化质量提升的基本要义之一。[②]

城镇化水平主要从两个方面影响地方政府基本公共服务均等化履责质量。第一，提升城镇化水平可以带来商业繁荣和经济增长，为地方政府履责提供坚实的财力基础，《国家新型城镇化规划（2014—2020 年）》中提出，城镇化是保持经济持续健康发展的强大引擎。内需是我国经济发展的根本动力，扩大内

---

① 倪鹏飞：《新型城镇化的基本模式、具体路径与推进对策》，《江海学刊》2013 第 1 期，第 87 页。

② 方创琳：《中国新型城镇化高质量发展的规律性与重点方向》，《地理研究》2019 第 1 期，第 13 页。

需的最大潜力在于城镇化。2019 年统计数据显示，我国常住人口城镇化率为 60.6%，户籍人口城镇化率只有 44.38%左右，远低于发达国家 80%的平均水平，还有较大的发展空间。城镇化水平持续提高，会使更多农民通过转移就业提高收入，通过转为市民享受更好的公共服务，从而使城镇消费群体不断扩大、消费结构不断升级、消费潜力不断释放，也会带来城市基础设施、公共服务设施和住宅建设等巨大投资需求，这将为经济发展提供持续的动力；第二，城乡发展失衡是现阶段我国经济社会发展失衡的主要原因之一，直接导致城乡之间的基本公共服务供给差异。正如习近平总书记所指出的，当下中国，“农业还是现代化建设的短腿，农村还是全面建成小康社会的短板”①。中央农村工作领导小组原副组长兼办公室主任陈锡文也指出，中国的特殊国情决定了我国在未来二三十年的现代化进程中，在城镇和工业发展过程中，必须高度重视“三农”问题。现阶段我国实现基本公共服务均等化的主要目标在于补足短板，促进城乡之间基本公共服务要素流动和自由融合，进而促进地方政府从管理型履责向服务型履责转变，促进地方政府履责从有向优转变。

（二）地区经济发展水平对基本公共服务均等化过程中地方政府履责质量的影响

在地方政府基本公共服务均等化履责的影响因素中，地区经济发展水平每增加 1%，地方政府基本公共服务履责质量会提升 0.518，这是一个非常高的系数值，印证了以地方总体经济发展水平对地方政府履责质量的重要作用和意义。正如庇古在其名著《福利经济学》中提出的基本命题，“国民收入总量越大，社会经济福利就越大”，该命题首次将经济发展与社会福利问题相联系，成为西方公共服务均等化的重要理论基础。经济水平越高的地区，意味着更加细化的社会分工和民众对于地方政府基本公共服务更加细化的履责要求。民众作为基本公共服务均等化的需求主体，民众利益的一致诉求成为地方政府提升履责质量的动力和基础。中外学者对这二者之间的关系进行了深入研究，吕炜、王伟同（2008）研究随着国家经济实力和财政能力的不断提升，公共服务供给水平也会逐步提升。刘璐（2020）研究发现，自 2010 年以来，京津冀地区基本公共服务与经济发展的协调度均等化程度逐渐提高。Charnes（1978）认为收入较高地区的居民会更加关注公共服务的质量，这也有助于政府公共服务效率的

① 王子晖：《习近平对深化农村改革有何最新部署》，新华网，http：//www.xinhuanet.com/politics/2016—04/29/c_ 128945969.htm，2016 年 4 月 29 日。

提高。

（三）对外开放程度对基本公共服务均等化过程中地方政府履责质量的影响

随着市场经济的逐步成熟，政治和社会也进行了与之相适应的转型，计划经济体制下那种单一的行政管理模式已经不能适应市场经济对于管理体制的要求。公众对基本公共产品和基本公共服务需求在数量和质量上均提出了更高水平的要求，原本低效的公共产品供给体制为外资介入其中参与供给提供了良好的契机。一方面，改革开放以来，我国每一个阶段的发展都有外资的参与，作为市场经济条件下社会资本的类型之一，外资也成为近年来政府购买公共服务的备选项。事实上，我国地方政府与外资合作建设基础设施、提供公共服务惯常采用的 PPP 模式的制度框架和市场体系在我国已经初步建立，以人均利用外资为代表的地方政府对外开放程度已经在不同地区影响了我国基本公共服务供给水平和地方政府履责质量。另一方面，对外开放程度的提升意味着地方政府需要提供良好的基本公共服务，营造安全、稳定的社会环境，清洁、美丽的自然环境，和谐、自然的人文环境等。事实证明，良好的市场环境是地方政府引进外资的重要条件，因此政府首先应当从职责出发，建设各类公共设施，完善相关教育体系、社会保障体系以及维护市场秩序必备的各类法律体系。只有各种健全的基础设置和规章制度建立后，市场才有机会在良好的秩序中得到充分的发展。因此提升地方政府的软实力，扩大对外开放，成为当代地方政府的责任。在吸引外资有序参与基本公共服务均等化建设过程中，地方政府在这一过程中有责任扮演“守门员”的角色，维护良好的市场竞争秩序。

## 二、地区人口因素对地方政府基本公共服务均等化履责质量的影响

表征“地区人口因素”的三大变量中，“人口规模结构”对地方政府基本公共服务均等化履责质量产生了显著的正向影响。用统计学术语表示，地区人口密度每提升一个标准差，地方政府履责质量就会提升 0.318 个标准差。

人口规模结构对基本公共服务均等化过程中地方政府履责质量的影响主要表现在两个方面。其一，基本公共服务存在规模效应，随着人口的增加，政府以有限的投入创造最大规模的效益，基本公共服务供给的人均成本、管理和监督成本都会随之变小。尽管也有学者提出，人口的过度膨胀必然引起交通问题、污染问题，从而降低民众的体验感和政府履责效率。但是就本书以 6 省 18 市 36 县为代表的全国大范围研究来看，人口规模结构与地方政府履责质量成正比获

得了数据支持。其二，从“个体”的角度看，“个体”对于地方政府的要求不是单一的，不是静态的，而是呈现出多样化和动态趋势。人口密度的增加意味着多样化的利益诉求必然重叠，重叠的“个体”的诉求逐渐演化成有机的整体的诉求，必然对地方政府履责形成压力，倒逼地方政府正视人民群众的诉求，解决人民群众的利益相关问题。

## 第三节　基本公共服务均等化过程中地方政府履责优化路径

地方政府基本公共服务均等化履责是一个多环节参与的链式过程，提升我国政府基本公共服务均等化履责质量不是依靠某一级政府完成的，也不是依靠某几个政策环节的“亮眼”表现实现的，更不是依靠某些发达省份和发达地区的地方政府“单挑大梁”完成的，而是随着全国范围内各地各级地方政府治理体系的完善和治理能力的逐步提升，地方政府的履责质量的“平均值”才会水涨船高，与人民日益增长的基本公共服务诉求相吻合。本研究验证了地方政府基本公共服务均等化履责质量的提升是各个环节共同作用的结果，也是地区发展因素和地区人口因素交错作用的结果，意欲提升和优化地方政府基本公共服务均等化的履责质量，就要在全面考察基本公共服务均等化过程中地方政府履责质量的基础上，针对目前地方政府在基本公共服务均等化责任履行方面存在的地区水平不均、层级水平不均、决策环节民意整合式微、中西部及基层优质资源匮乏、高水平实施实现乏力等运行困境，从强化管理、增加投入、自我成长和多元治理等维度着手，完善地方政府基本公共服务均等化履责的高效管理制度和财政体制保障，强化地方政府基本公共服务均等化履责的自身能力建设和资源配置效率等，在促进政府转型，提升治理能力的政策逻辑下，补足中、西部地区和基层地方政府的短板，促进同区域地方政府之间履责质量的均衡性，推进基本公共服务均等化供给从量足向质优的转变，确保地方政府在责任链路中的实证性“在场”。

### 一、强化管理，构建地方政府基本公共服务均等化履责的高效管理制度

新制度主义学派的代表人物道格拉斯·C. 诺思提出：“制度是一个社会的

游戏规则，更规范地说，它们是决定人们的相互关系的系列约束。制度是由非正式约束（道德的约束、禁忌、习惯、传统和行为准则）和正式的法规（宪法、法令、产权）组成的”。[①] 高效的管理制度对地方政府在基本公共服务均等化领域的履责有巨大的推动作用。

（一）建立以基本公共服务为导向的绩效评价体系

2018 年两会期间，习近平总书记在参加山东代表团审议时强调：功成不必在我并不是消极、怠政、不作为，而是要牢固树立正确政绩观，既要做让老百姓看得见、摸得着、得实惠的实事，也要做为后人作铺垫、打基础、利长远的好事，既要做显功，也要做潜功。近年来党和政府大力推进的基本公共服务均等化工程就是习近平主席所强调的“实事”和“好事”，地方政府是基本公共服务均等化推进的责任主体，没有地方政府的推动，中央政府的战略规划就将落空。地方政府动力的根本来源是官员的晋升激励。在目前我国行政体制下，政绩评价机制成为各级地方政府“政治锦标赛”（周黎安，2004）的指挥棒。举例而言，如果在省一级干部之间推行以 GDP 为基础的锦标赛竞争，那么这种激励导向就必然会下移到市一级地方政府及其官员之间，如此层层向下推进（周黎安，2017），构成了全国各层级地方政府之间的绩效评估导向。

无论是从理论上还是道义上，为民众提供保底的基本公共服务对政府而言是义不容辞的责任。从政治运行的角度，基本公共服务外溢性较弱，如果没有科学的政绩评价体系，各级地方政府和官员很难有动力积极提供基本公共服务。因此，树立以基本公共服务为导向的绩效评价体系势在必行。基本公共服务均等化是一项复杂的民生工程，目前在地域、城乡之间还存在较为明显的差距，对于基本公共服务基础薄弱的地区，政绩提升可能更多涉及基础设施建设、受益人群增加等量化“显绩”指标；而对于基本公共服务体系相对完整、服务相对完善的地区，基本公共服务的提升可能更多涉及流程的减少、便捷度的增加等“看不见”却需要人力、物力、财力投入的潜绩。后者在量化指标上并不“亮眼”，但却能显著提升民众的幸福感和获得感，符合地方政府为人民服务的初衷。因此新常态下地方政府必须按照“显绩”和“潜绩”相结合、效率与公平相结合、客观与主观相结合、直接与间接相结合的原则合理设计绩效评价体系。在评价体系的设计中，既注重中央提出的兜底标准，又要从政府责任出发，从政策制定、资源筹划、实施实现、评估与监督等各个环节设计地方政府的潜

① 道格拉斯·C. 诺思：《经济史中的结构与变迁》，上海人民出版社，1994，第 3 页。

绩标准，全面系统地衡量政府在基本公共服务均等化方面的“潜绩”，引导各部门官员和地方政府有动力真正从民众出发，顾及民众感受，切实解决基本公共服务均等化的最后一公里问题。

（二）完善基本公共服务的监督评估制度

经济学鼻祖亚当·斯密曾言：“在任何国家，如果没有正规的司法行政制度，人民对自己的财产所有权不能感到安全，人民对于人们遵守契约的信任心没有法律予以支持，以致人民设想政府未必经常地行使其权力强制一切有支付能力者偿还债务，那么，那里的商业制造业很少能够长久发达。”① 这就强调了制度的重要性。建立完善的监督评估制度既要选好题又要做好题。选好题就是：一要明确监督评估的对象。基本公共服务均等化工作具有宽度广、内容细的特点，所谓宽度广，就是涉及政府部门的方方面面；所谓内容细，就是基本公共服务均等化只属于部门工作中的一部分。因此在对基本公共服务均等化进行监督评估时，不能大包大揽，而是要在党委机关、行政部门、群团组织、事业单位等组织中准确界定基本公共服务的责任主体。二要明确行使监督评估的责任主体，对地方政府的考核在政府组织的内循环中，由上级政府、人大代表、政协委员对下级政府进行监督评估，在政府组织的外循环中，由社会组织、新闻媒体、社会公众等共同进行监督和评估；做好题就是要完善评估标准和程序。从可操作性、执行效果等角度对监督评估的制度进行完善，建立健全、完备、符合实际情况的监督评估制度。以浙江省宁波市为例，宁波市政府对全民阅读立法，以法律形式对基本公共文化服务进行监督。

案例②：2019年宁波出台《“书香宁波2020”建设计划》，为了进一步落实市一级政府的战略计划，2019年底，浙江省人大批准了《宁波市全民阅读促进条例》，并于2020年4月开始正式施行，宁波成为浙江省首个立法促进全民阅读的城市。《条例》对市和区县（市）有关部门在保障和监督责任上做出了明确的规定，相关部门有责任对全民阅读实际状况、社会效果进行评估，同时有义务向全社会公布；强调市和区县（市）人民政府应当加强对全民阅读促进工作资金的补助使用、实施效果、服务效能的监督和评估。

---

① 亚当·斯密：《国民财富的性质和原因研究（下册）》，商务印书馆，1981，第473页。

② 案例来源：新浪财经，公共服务均等化十大经典案例展示，http：//finance.sina.com.cn/roll/20111128/232710895372.shtml，下同。

（三）强化基本公共服务履责评估结果运用机制

没有评估就没有管理，地方政府基本公共服务均等化责任机制作为一套涵盖各个政策环节的责任约束与追究惩罚机制，要使这套具有逻辑严密性的循环系统有效运作就必须加强政府评估结果的运用，以此不断优化政府责任的“戴明循环”。如果没有评估结果的合理运用，评估的结果就会戛然而止，前期地方政府的探索和创新得不到有效利用和推广，存在的问题和隐患得不到及时解决，继而导致地方政府失去提升基本公共服务供给水平的动力。要形成地方政府责任的有效循环，主要从以下几个方面入手。第一，将评估结果作为调节基本公共服务领域服务人员的薪酬待遇的依据。这里的服务人员既包含一线的工作人员，也包含决策层面的管理人员。将评估结果与工资、福利、晋升等切身利益挂钩，奖优惩劣，激励服务人员提供高标准的基本公共服务，同时，对于决策层面的管理人员而言，评估结果还可以成为判断其是否具有领导力、创新力的依据，为其个人的发展做出必要的铺垫。第二，将评估结果作为判断资源配置合理性的依据。举例而言，为促进职业教育的发展，2006 年中央要求教育费附加的 30%必须用于职业教育。一些地方政府为了维持普职比大体相当，对普高和中职的扶持力度存在显著差别，在经费和政策上优先向中职倾斜，一些贫困县甚至为了“投入达标”，不得不拖欠巨额的教育经费以完成指标，这在一定程度上挤占了普通高中教育发展的空间，同时造成了公共教育资源的浪费。[①] 通过评估可以发展基本公共服务资源配置的不合理问题，进而以最短的政策周期解决这一问题，优化公共服务资源配置。第三，将评估结果作为公共服务部门预算划拨的依据。我国目前地方政府各部门以层层下拨的方式划拨财政预算，将评估结果纳入财政部门预算划拨的影响因素，将以最快的方式触碰部门敏感的“神经”，倒逼基本公共服务部门提高服务水平改善服务质量。

（四）依托大数据实现地方政府履责规范化

互联网、新媒体与大数据的结合推动了一个新时代——新媒体时代的来临。日新月异的传播技术、持续爆炸的信息增量，都表明地方政府必须把握新时代的脉搏，应对新媒体时代带来的机遇与挑战。多元化的信息平台打破了所处地域、政府层级的桎梏，打破了自然、社会、文化的限制，所有的地方政府在信息公开上都可以站在同一条起跑线上，这就为基层地方政府提供了更加多

① 于璇：《我国中西部贫困地区普通高中教育发展困境与治理路径研究》，华东师范大学博士学位论文，2019 年 5 月，第 205 页。

元化的机会。互联网与新媒体以极快的速度传播和放大地方政府及其公职人员的一言一行。因此新媒体对于地方政府在基本公共服务均等化履责而言，是一把双刃剑，如何用好这把双刃剑，是对地方政府执政能力的考验。

2008 年《政府信息公开条例》实施以来，我国各级政府的信息公开情况有了一定程度的改善，但是上到省级政府的信息公开程度，下到村委会的村务公开栏，保障民众的知情权始终是我国地方政府的痛点。在新媒体时代，依托互联网平台，地方政府有更加多元的方式改善这一痛点，例如我国外交部目前已经开通了包括微信、微博、抖音、快手、微信视频号和哔哩哔哩在内的新媒体平台，并且获得了人民的广泛赞扬和支持。在"互联网+"时代，各区域各层级地方政府应该依托互联和各类社会媒体，将涉及民生的政策、计划等有序地向民众公开，从而接受各类意见和建议，创新政治参与形式。同时，面对复杂混乱的网络舆论平台和负面的舆论评价，地方政府首先应该自省信息公开的方式和技巧，同时积极合理地引导舆论走向，借助大数据技术过筛掉其中的噪音，通过与民众进行充分的沟通和交流，通过信息交换和不同观点的碰撞，实现决策与民意的良性互动，以科学的方法助推地方政府政策制定的科学性。以浙江省"书香宁波"和苏州的"公共卫生间"为案例，可以发现宁波和苏州市级政府借力大数据，交出了一份基本公共文化服务履责的高分答卷。

案例 1：2014 年宁波获评"中国电子商务最具创新活力城市"，2018 年获评中国创新力最强的 30 个城市之一。宁波市一级政府在落实基本书化服务的过程中，以先进的信息技术和大数据平台为依托，逐步推进线上阅读平台的建设。宁波市将微信、手机 App 等载体与线下实体图书馆互联互通，连成了互通有无的信息网络。融合图书资源信息，实现资源综合集成，推进"互联网+"的阅读体验落地。具体到实施与实现的措施上，宁波市建成 5 个"线上图书馆"平台，同时在主要公共场所实现 Wi-Fi 免费覆盖，推进"线上图书馆"的阅读服务向纵深发展。对于如何能够将线上和线下的图书资源互通有无，最大程度上提升资源的利用率的问题，宁波市政府推动公共电子阅览室、公共图书馆共享、数字图书馆推广、有声阅读推广等文化惠民工程，充分利用数字图书不受地域、环境限制的优势，实现图书馆数字资源服务镇乡、村（社区）图书馆（室）全覆盖，在基本阅读权利上创造机会均等的先决条件。

案例 2：党的十八大指出要以信息化推进国家治理体系和治理能力现代化，

统筹发展电子政务。电子政务的目的是为公众提供高效便捷的公共服务。[①] 苏州市一级政府研发了“智慧环卫”App，帮助市民找厕所、用厕所、评厕所。为了进一步方便市民和游客使用，苏州市政府相关部门还在无线苏州App、苏州微城管公众号、微信支付城市服务以及高德地图App中都添加了“找公厕”功能模块，实现“地图导航—意见评价—信息反馈—质量提升”四大功能。

建立在电子平台上的苏州市公共卫生间的数据资源整合有助于提升政府的信誉和公正性，对于政府各部门实现上下联动、快速响应、公开透明，及时避免、发现、纠正管理不到位问题。更重要的是，公共卫生间问题作为基本公共服务均等化过程中卫生领域的一个缩影，市一级政府花大力气将其推上电子政务的平台解决了民众的大问题，成为电子政务在解决民生问题中的一个样本。

## 二、增加投入，完善地方政府基本公共服务均等化履责的财政体制保障

通过研究发现，我国地方政府在资源筹备环节中履责质量整体一般，主要体现在“财力”和“物力”的筹备能力和履职均衡性上略逊一筹，尤其是以县级政府为代表的“操作性基层”，面临着履责质量与均衡性双低的不利局面，这一定程度上反映出我国需要进一步完善地方政府公共财政体制。

### （一）推动地方政府层级间财权与事权的关系改革

党的十八届三中全会《决定》明确提出“建立事权和支出责任相适应的制度”，国务院2018年出台的《中央与地方财政事权和支出责任划分改革的指导意见》的落实也有效改善了1994年分税制改革后存在的政府事权范围不清晰、事权划分不规范、事权主体不明确、事权和支出责任不适应等问题，明确规定了8大类18项基本公共服务中中央与地方支出责任的划分情况，但是对于省级以下支出责任划分改革规定还较为含糊，只提及了“省以下共同财政事权”和“支出责任”，其他的责任划分还未涉及。对于基层政府而言，没有财力保障的事权只能是空中楼阁。我国目前存在地方政府支出与收入不对等的情况，越是低层级政府，这种困境就越是明显。我国分税制改革以后，中央政府相对于地方政府而言获得了绝对的财政支配权，在地方政府层面，省级政府和市级政府效仿中央，也将财政大权层层上移，基层政府财力有限，同时因为县级政府或

---

① 徐双敏：《电子政务概论》，武汉大学出版社，2009，第4-5页。

者乡镇政府无法通过跑部钱进、收费罚款、地方举债三种常见的方式筹集资金，基层政府的预算外收入主要是土地出让金，2000 年以前土地财政是其最主要的预算外收入，但是伴随着可开发的土地越来越少，国家的耕地红线严格控制土地开发，乡镇政府土地出让金返还比例低的问题凸显，① 种种因素造成基层政府在财政上“哭天喊地”，在基本公共服务供给中处境艰难，限制了基层政府履行基本公共服务责任的能力。

要改善这一情况，首先需要明确各级政府在解决基本公共服务过程中的职能和事权的划分，将涉及全省统一市场建设、促进区域协调发展等受益范围全省的事务集中到省级政府，同时减少上级政府对下级政府的委托事务，避免“上级只点菜不买单”“上级点菜部分买单”的行为。同时，将地域性质属性较强的经济社会事项的事权与相应的财权一并下放给市级和县级地方政府，更好地满足基层地方政府基本公共服务供给的需要。我们可以适当参考西方发达国家的经验，以德国为例，法律规定公共服务供给主要由地方政府实施，即将含基本公共服务在内的公共服务职能授权于地方政府（事权的下移），但是若要地方政府提供公共服务的话，就需要有一些必要的基金。根据《宪法》第二十八条第 1 款，地方自治政府的保障就包括财政自治（财权的匹配）。只有赋予地方政府尤其是基层政府与事权相匹配的财权，基层政府基本公共服务责任的履行才能得到保障。

（二）完善公共财政转移支付制度

新中国成立以来，我国财税体制大致经历了“统收统支”“分灶吃饭”和“分税制改革”三个历史阶段。其中 1994 年实施的分税制改革在我国财税体制改革进程中具有里程碑意义，随着中央政府财权的集中和财力的充实，财政转移支付制度应运而生。这一制度对加强中央政府的宏观调控能力，平滑各区域之间的财政差异，促进基本公共服务均等化水平提高起到了巨大的作用。但同时，结合财政转移支付的时代背景与“摸着石头过河”的逻辑，公共财政转移制度也存在很多亟待完善的问题。

首先，改善转移制度立法位阶不高。为了推进公共财政转移支付制度，我国陆续出台了《关于印发 2016 年中央对地方均衡性转移制度办法的通知》《中央对地方资源枯竭城市转移支付办法》等政策，但是从法律位阶的角度，目前

① 于海燕：《新居民公共服务供给机制研究》，吉林大学博士学位论文，2016，第 226 页。

转移支付的具体实施主要依靠“通知”“决定”“办法”等行政规章，没有正式的法律依据，这直接影响了转移支付的规范化。在实践中，转移支付的项目和资金数额很多是“跑部钱进”的结果，是中央与地方政府博弈的结果，这就为转移支付制度埋下了风险。改善这一问题需要首先提升转移支付的立法位阶，加快立法进程。参考加拿大联邦宪法、日本地方财政法、美国州和地方政府补助法等，通过立法对中央与地方政府之间的财政关系进行规范和调整，减少政府间机会成本。在过往的财政转移支付中，革命老区、民族地区、边疆地区、贫困地区这四类“老少边穷”地区往往成为转移制度的重点扶持对象，但是随着我国扶贫工程的推进，在规范的法律条文中，应该以更加具有边界性、规范性的语言来重新定义“老少边穷”。

第二，优化转移支付制度的内部结构。转移支付制度对于基本公共服务均等化建设的意义不言而喻，目前我国转移支付主要由一般性转移支付、专项转移支付和税收返还组成。一般性转移支付是指中央对财力紧张的地方政府给予一定数额的补助，其标准主要有经济发展程度、人口总量、地区因素，相对而言，经济发展水平较弱、人口偏多和地域偏僻的省份获得的支付额度较大；而“中央与地方的博弈”“跑部钱进”“跑步政策进”等现象基本出现在专项转移支付的运作中；税收返还则是中央政府意图弥补地方政府在新财税体制中的损失，将划归中央的税收部分返还给地方。一般性转移支付对地方政府基本公共服务均等化供给的影响最为深远，但从2016年的数据看，一般性转移支付只占中央划拨地方财政资金的51%，专项转移支付占据40%，事实上，这三者应该如何搭配在国际上并无定数，若以推进基本公共服务均等化为目标，应当优化财政转移支付的内部结构，提升一般性转移支付比重。另外，“税收返还”政策是对地方政府的激励手段，但从现实角度考量，我国地方政府之间财政能力差异巨大，在返还比例相同的前提下，容易持续拉大地区间贫富差距，造成地区之间的“马太效应”。有学者研究表明，我国税收返还的比例已经从2009年的17.27%下降到2016年的9%，在下一阶段可以借完善财政体制改革的契机，调整一般性转移支付和专项转移支付的比例，进一步缩小税收返还的比例，弱化“富者恒富，贫者恒贫”的现象。

第三，强化公共财政纾困托底的作用。公共财政的含义在于以满足社会的公共需要为目标来界定财政的职能范围，并以此为基础来构建财政收支体系的基本财政模式。如果公共财政体制加剧了社会主义国家的贫富不均现象，就有悖于公共财政体制建立的初衷。2018 年《关于建立健全基本公共服务标准体系的指导意见》明确指出，到 2035 年，基本公共服务均等化基本实现。要实现这一里程碑式的目标，就要格外关注现阶段我国基本公共服务供给的弱势地区和地方政府，除了要提升地方政府治理能力和水平，还要从财政上进行专项支援。本研究业已发现，经济发展水平是影响地方政府基本公共服务均等化履责的最重要因素，同时我国中西部地区地方政府和县级政府都更大程度上面临着资源筹划的难题，因此下一阶段公共财政的一般转移支付和专项转移支付都要向履责能力弱的地方转移，增强转移支付地区财力均衡效应。同时，以科学合理的评估和监督问责制度来保障公共财政资金的用途和取得的成效，助力我国 2035 年基本公共服务均等化实现的伟大目标。

（三）以科学的财政激励制度扭转地方政府支出偏好

周黎安在其中国故事的讲述中深刻论证我国经济独特的增长逻辑，地方政府官员通过“政绩”向上级政府传达信号，以获得认可和职位升迁。创造政绩的过程就是刺激经济发展的过程。但与此同时，财权利益、政治利益和为获得政绩而制造的短期效应从长远看不利于我国经济发展的良性运行。要建立公共财政体制与基本公共服务均等化的联动机制，建立科学合理的转移支付资金使用考核标准，既要考虑均等，也要顾及激励，既要考虑财政转移支付制度对基本公共服务均等化基础设施等“显绩”的促进，也要顾及用于民生细微之处的改善而提升民众幸福感和获得感的“潜绩”，既要确保考虑转移支付制度对弱势地方政府的支持作用，也要顾及转移支付的正面激励作用。通过转移支付资金绩效考核体系设计，将基本公共服务评价指标纳入考核体系，将资金使用效果与转移支付分配方法挂钩，建立转移支付—财政正向激励—基本公共服务水平三者间的良性互动机制。① 在科学的财政激励制度引导下，逐渐扭转地方政府的支出偏好，引导公共财政资金回到“公共”的轨道上来。

## 三、自我成长，强化地方政府基本公共服务均等化履责的自身能力建设

地方政府自身能力建设是履责的重要前提，直接影响履责质量的高低，只有加强地方政府自身能力建设，理顺政府部门之间纵向与横向之间的关系，基

① 严雅娜：《基本公共服务均等化的财政对策研究》，山西财经大学博士学位论文，2017，第 143 页。

本公共服务的供给才有依托、有保障、有动力。

（一）加快资源流动，加速经济和社会发展

基本公共服务均等化是政府作为政策主体为一定政策目标的实现而进行的人力、物力、财力资源的配置和组合。① 弗里德曼认为，只有打破区域壁垒，增强要素的流动性，形成一体化态势，才有可能实现整体经济的均衡发展，最终实现基本公共服务均等化目标。资源配置的总体目标在于将各类管理要素进行有效合理配置，力图根据地方经济、社会发展的不同情况采取不同的人、财、物的搭配，实现资源配置效率的最大化。因此，促进区域之间要素的流动有助于突破区域壁垒，促进区域基本公共服务均等化。

**表 6-1　地方政府基本公共服务管理要素分析表**

| 构成 | 释义 | 示例 | 要素动态流动 |
|---|---|---|---|
| 内部要素 | 资源 | 人力资源、财力资源、物力资源等 | 人员组织和调配、人力资本培训、选拔 |
| | 制度 | 流程管理 | 治理体系的借鉴 |
| 外部要素 | 独立组织 | 私营企业、第三部门等 | 招商引资、公民社会的培育 |
| | 组织的“外部单位” | “上下左右”的其他管理部门 | 经验借鉴 |
| | 外部舆论 | 新闻媒体、公众、社会舆论 | 政府引导媒体，媒体监督政府 |

资料来源：《公共管理导论》，中国人民大学出版社，2015 年。

*1. 以资源要素的流动加快经济发展*

从基本公共服务溢出效应的视角，基本公共服务的供给在全国范围内表现出较强的层次性，例如中央政府提供的国防、外交等，受益对象是国家疆域内的整体公民，此类基本公共服务的外溢性不大；地方政府提供的，同时具有“跨区域”效应的基本公共服务，例如铁路、公路、邮电等，溢出效应明显。同时有研究表明，由于空间外溢性的存在，文教科卫支出对整体经济增长率影响更大，远远高于基本建设支出。② 从现实经济活动角度，一个区域的科教文卫、交通设施、基础设施建设等基本公共服务的投入，必然会一定程度上降低

① 王莹、武少芩：《上海市基本公共服务均等化：路径选择与制度框架》，中国财政经济出版社，2010，第 53 页。

② 李真、刘小勇：《外溢性、公共产品与经济增长——基于空间面板模型的实证检验和效应分解》，《统计与信息论坛》2012 年第 10 期，第 62 页。

居民生活成本和产业成本，引发规模效应递增，尤其是知识和技术等基本公共服务的溢出效应对区域经济的积极影响已经被很多学者所证实。因此较高层级的政府（省相对于市县，市相对于县）理应积极引导资源要素流动。本研究发现，地区经济总量的增长对地方政府基本公共服务履责质量具有显著的积极影响。马克思认为，社会生产力的发展是实现社会公平正义的决定条件和物质基础，因此注重经济发展是第一要务，是推动基本公共服务均等化水平提升的源动力，没有经济发展作为基础，遑论对外开放程度、固定资产投资、公共预算支出等具体事项。高层级政府要从大局着眼，根据区域内行政单位的经济社会发展现状，结合历史、人文、自然等资源禀赋，刺激全域经济整体提升。同时，面对绝大部分省会城市存在的洼地效应，高层级地方政府应积极引导资源要素向周边卫星城辐射，一来减少省会城市的人口、交通、教育、医疗等基本公共服务供给压力，提升民众幸福感。二来将可转移的配套附属产业向周边或更偏远地区的产业园区辐射，形成产业集聚效应，为弱势地区带来基本公共服务供给最需要的财源，解决县级政府筹备资源责任的履行中财力资源筹备困难和均衡性差的现象。

2. *以资源要素的流动促进社会发展*

地区经济的快速发展必然带来人口的迁移，以 2019 年江苏省各县级市的人口流入流出情况看，苏南的昆山、常熟、江阴、张家港、太仓等 11 个县级市人口处于流入状态，而苏北的邳州市、睢宁市等 30 个县级市处于流出态势，邳州市人口流出占比甚至高达 25. 53%。人口流动的方向必然是经济发展程度高、基本公共服务优良的地区，正因城镇的基本公共服务水平普遍高于农村地区，因此人口的流入也直接影响着城镇化的进程。而本研究发现，城镇化率和地区人口规模都对地方政府基本公共服务均等化履责有显著的正向影响。因此地方政府要积极提高生产力，提高产业集聚能力，拉动上下游相关产业的发展，引导人口流入，同时提高城镇化率。城市是人类文明和智慧的结晶，联合国人居组织在 1996 年发布了《伊斯坦布尔宣言》，“我们的城市必须成为人类能够过上有尊严的，健康、安全、幸福和充满希望的美满生活的地方。”樊娜娜（2017）研究了城镇化与公共服务水平之间的关系，提出公共服务发展与城镇化的协调度越高，民众的幸福感和获得感达到最高点时对应的城镇化水平越高。因此协调城镇化与基本公共服务之间的协调度是地方政府不可推卸的责任，各政府职能部门应在一定的范围内积极引导人口流动，完善基本公共服务体系，实现城镇化与基本公共服务的协调互动发展。

（二）强化地方政府内部组织协调能力

政府内部纵向职责同构、横向部门交叉的情况常常造成上下级之间甩包袱、同级部门之间踢皮球的现象存在，职责不清、协调困难、争功诿过等诸多问题一定程度上造成了基本公共服务供给效率低下，降低了人民群众的获得感和幸福感。这并不是仅仅出现在中西部地方政府的问题，而是我国政府的通病，但是对于履责水平本就偏低的中西部地区而言，地方政府内部组织协调能力低下会与基本公共服务供给形成恶性循环和彼此制约的局面。因此明确部门职责，同时强化地方政府组织内部协调能力是提高中西部地方政府基本公共服务供给能力的有效突破口。2018 年，中央树立了到 2035 年基本实现基本公共服务均等化的宏伟目标，为了达成这一目标，可以效仿我国扶贫专项工作的运行机制，即中央牵头设立“国务院扶贫开发领导小组办公室”，继而在省市县等地方政府层层下设专门的政府组织机构。鉴于扶贫工作和基本公共服务均等化工作都属于阶段性的工作，从长远来看，机构的设立并不会造成政府行政机构的冗余和膨胀。“基本公共服务均等化领导小组办公室”在各级地方政府下设的专业机构主要履行以下责任：第一，对基本公共服务均等化工作进行大局性整体性的规划，对于一些外溢性较强的公共服务，统一规划是节省成本、提高效率的良策，以高速公路为例，如果完全按照国家高速公路规划来进行建设，理论上是不会出现重复建设和过剩问题。但事实上，我国高速公路建设已经有中央层面的统一规划，在此基础上，各个省级政府又制定了本省的高速公路建设规划，这就导致在国家高速公路统一规划的基础上另外添加了不少项目。再以民众最为关心的食品安全问题为例，目前我国食品监管环节涉及林业、工商、质检、食品药品监督等众多政府部门，部门众多会造成“九龙戏珠”的多头管理局面，此类缺乏统一的规划的情形就会造成地方政府职能碎片化。第二，理顺基本公共服务工作对应的政府部门，准确界定权责关系，杜绝多个部门管理同一个问题或者有的问题没有部门过问的情况出现，减少部门之间职责交错的事项。第三，在基本公共服务领域努力克服职责同构问题，以省—市、市—县的模式，明确规定本级地方政府和下一级地方政府的职责，对上下级政府纵向间职能、职责和机构设置上的高度统一的问题进行有针对性的调整。除了政府内部专业的组织部门的建立，还可以积极向东部省份学习，参考全国各省在广东设立驻穗办的方法，异地之间建立信息对接和交流服务平台，促进各地区各部门基本公共服务质量有效衔接，在目前全国人员流动速度加快的背景下，异地政府之间保持沟通，加快人员、技术等要素的流动，解决基本公共服务政策异地“打架”的问题。

（三）提升地方政府跨部门合作能力

巧匠理论认为，潜在的跨部门合作能力（potential-interagency collaborative capacity）可以促使公共机构通过相互合作从而创造机会和价值。基本公共服务的多元供给已经成为理论界和实践界的共识，与此相对应的是地方政府对基本公共服务的主导性责任，这一责任不仅仅体现在“放手”和“监督”等方面，更重要的是对地方政府提出了更高层次的要求，即如何协调多元参与主体的利益，“合作本身是一项艰巨的任务，比表面看起来复杂得多。它涉及协调观念和专业意识……在一个以有意分割为特征的行政体系内部，协同部门之间的工作难上加难”①。这就对中西部各级地方政府提出了更高的要求，要求其必须准确把握部门之间合作的界限和程度，要求其要转变意识，认识到互动与契合是各方主体在基本公共服务供给中的重要性，加强各方沟通；有意识地将各方主体的目的性、创造力和工作环节与过程有机整合起来。可以说，地方政府能否对各部门、组织进行有效的协调和沟通，能否成为管理的“巧匠”，是基本公共服务均等化工作能否更上台阶的关键性因素。本研究列出浙江省诸暨市以信息技术为润滑剂，打破政府部门之间的壁垒，进一步实现政府履责流畅化的优秀案例，可以供中西部地方政府参考。

案例：如何能在就业、社会保障、公共医疗等诸多公共服务领域中将人力资源与社会保障、财政、卫生、公安、民政等诸多部门的资源整合，实现跨部门、跨行业的互认共享，除了政府的规划和决心，在新时代的数据共享也是极其重要的推手。浙江省诸暨市依托数据共享系统，实现了“一证通办”，建成涉民涉企25个主要数据库，纳入并可实时调集相关信息72类3300余万条次，制作设计电子证照模板72份、单位电子公章28枚，发放CA个人数字证书2133张。目前，已累计应用“一证通办”系统153万余次，有效减少证明材料877万余件，同比减少办事材料71%以上。

（四）厘清地方政府权力与职能之间的边界

正如麦迪逊所言：在全国政府和州政府的权力之间划出一条适当界线，必

① 尤金·巴达赫：《跨部门合作——管理“巧匠”的理论与实践》，北京大学出版社，2011，第234页。

然是一项艰难的工作[①]，我们可以参考西方分权理论，对地方政府之间的事权与职能的划分做出有益的探索。第一，在公众受益和边际成本相同的情况下，将基本公共服务提供职责优先配置给相对低层级的政府。美国经济学家奥茨（Oates）认为，越是低层级政府，越易于了解和处理当地居民对于公共服务的偏好信息。从国家权力结构的角度分析，在国家政治行政的金字塔结构中，越是位于塔顶的，政治性职能越多；越是位于塔基的，政治性职能越少，公益服务性职能越多。根据这一原理，市县级政府应更多地配备公益服务职能，以便就近、快捷地为辖区内居民提供服务，满足人民群众的日常生活需要；而省级政府则应更多地发挥承上启下的作用，配备规划、指导、协调地区发展职能等。[②] 因此基本公共服务职能的划分应该以民众的满足程度作为标准，向基层政府倾斜，使基本公共服务资源的配置效率发挥到最大程度。与此同时，职能的繁多必须伴随着事权的增加，有事权无职能会造成权力的滥用和膨胀，有职能无事权会造成基层政府“有心无力”，效率降低。要改善目前基层政府对上级政府“接受器”的角色，就要赋予更多的事权，激发基层政府的创造力和能动性。第二，事权的划分从行政化走向法制化。法学家庞德曾言：“今日，法律秩序成了一种最重要的、最有效的社会控制形式。其他所有的社会控制方式，都从属于法律方式，并在后者的审察之下运作。”[③] 改革开放以来，我国一直在探索央地政府之间事权划分的方法，自党的十八届三中全会提出“完善立法、明确事权”后，政府事权划分改革才真正被纳入政策议题。但是这类探索相对而言缺少法律的依据和规范，因此需要从完善法律制度的角度规范事权的划分，明确各级地方政府的事权内容、职能范围，为强化事权履行奠定基础。

（五）关注基层政府基本公共服务履责能力

从前文的研究可以非常清晰地看到，推进地方政府基本公共服务均等化履责水平的重点在基层，具体到本书的研究对象，就是县级政府。从基本公共服务供给角度，县级政府既要关注县城（城镇）的发展，又要关注辖区内广大农村的发展。众所周知，我国基本公共服务均等化的重点在农村地区，因此县级政府以并不丰富的人力、物力、财力资源肩负了改善我国基本公共服务均等化短板的重要任务。既然工作的重点在农村，那么提升基层政府基本公共服务履

① 汉密尔顿等：《联邦党人文集》，程逢如等译，商务印书馆，1980，第 181 页。

② 潘小娟：《中央与地方关系的若干思考》，《政治学研究》1997 年第 3 期，第 18 页。

③ 罗斯科·庞德：《法律与道德》，陈林林译，中国政法大学出版社，2003，第 37 页。

责能力就是要将农村问题放在首位，重点研究地方政府如何能在农村基本公共服务供给中履行好自己应有的责任。

1. 完善农村基本公共服务均等化供给体制

新中国成立初期“城市支持农村”的发展战略确立了城乡不平等的地位，改革开放后“让一部分人先富起来”加剧了城乡之间的不平等。尽管我国各级地方政府都在缩小城乡差距上花力气下功夫，但是地区发展的惯性和城市的“虹吸效应”使得城乡之间的差距成为值得关注的社会问题，随之带来的，是城乡之间基本公共服务水平的不均等。

从现实出发，基本公共服务均等化并不绝对要求平等化，但也绝不是纵容城乡基本公共服务水平差距扩大的理由。缩小城乡基本公共服务水平差距工作重点在农村，其责任主要落在了县一级地方政府肩上。具体来说，要建立基本公共服务的一主多元机制，有意识地引导市场、社会参与共建。此类先进的模式在我国发迹于深圳、上海等改革前沿城市，目前已经广泛地被全国各地方政府接纳和使用，事实证明，适当的引入市场机制，可以节省政府财政资源，提高供给效率。但是目前在农村，市场参与基本公共服务供给还不普及，主要原因在于，农村经济发展水平相比城市落后，地方政府优先发展生产力的偏好更为强烈；地方政府的理念转变还不到位，对上级公共财政资金的“等靠要”现象还比较严重；对于市场主体而言，在农村的基本公共服务参与和投入相比于城市的回报收益率低，吸引力不够等等。地方政府是基本公共服务均等化责任主体，必须从强大自身入手，强化“绿水青山就是金山银山”的绿色科学发展理念，在发展生产力的同时保护农村发展环境，建立“‘生产力+环境’—生产力—投入”的良性循环，将更多的财政资源投入到基本公共服务建设中，增强群众的改革获得感；摆脱“等靠要”的思想，积极汲取先进地区发展经验中的合理内核并为自己所用，引导市场、社会中的营利性组织和非营利性组织等参与到农村基本公共服务的建设中，建立“‘市场+社会’—影响力—双赢”的良好局面。浙江省诸暨市作为我国东部一个较为发达的县级市，建立了基层公共服务平台，将基本公共服务下沉到村，成为县级政府积极履责，缩小城乡公共服务差距的“样本”。

案例：作为浙江省辖县级市，诸暨市自上而下整合政府层级，以民生需求为抓手整合各职能部门，做深做细做实基层公共服务平台建设，全面构建“上下联动、层级清晰、功能互补、服务高效”的市镇村三级便民服务体系，将基本公共服务下沉到村，形成全域覆盖的基本公共服务圈，如图 6–1 所示。

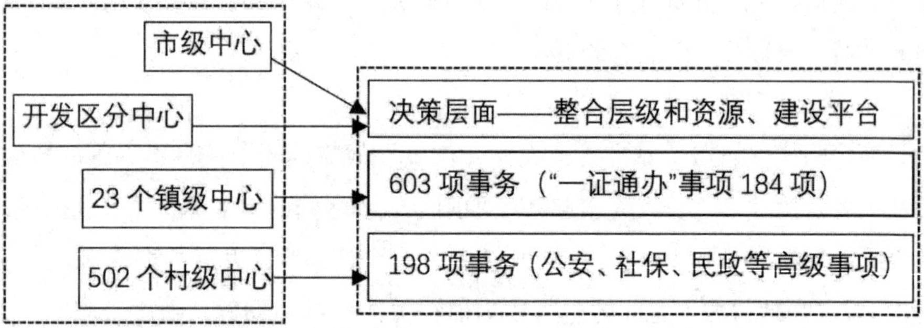


**图6-1　诸暨市基层便民服务体系**

相对于城市而言，农村相对薄弱的物质基础更容易造成“跑断腿、磨破嘴、交了钱、受了罪”的窘境，与我国政府为人民服务的初衷背道而驰。诸暨市将基本公共服务逐级下沉，不但以“一窗通办”的全科受理综合服务体系缩短了每一件事的时长，诸多便民服务点的建立更是大大缩短了民众“跑腿”的时间，大大推动了城乡公共服务均等化和公平化的进程。

*2. 以制度要素的流动提升弱势地方政府履责能力*

新制度主义学派的代表人物道格拉斯·C. 诺思认为：“制度是一个社会的游戏规则，更规范地说，它们是决定人们的相互关系的系列约束。制度是由非正式约束和正式的法规组成的。”① 诺思看来，正式制度包括法律、规章、政策、合约、协议等，非正式制度包括道德的约束、禁忌、习惯、传统和行为准则等。地方政府之间制度要素的流动主要体现在先进制度的学习借鉴，前沿思想的吸收采纳等。

本研究发现，东部地区相比于中西部地区、省市级地方政府相比于县级地方政府在基本公共服务大部分履责环节的质量和均衡性上都更胜一筹，总体来说，东部地区地方政府在基本公共服务均等化领域的履责能力要优于中西部地方政府，省市级地方政府在基本公共服务均等化领域的履责能力要优于县级政府。究其原因，除了经济发展程度高所带来的“粮草”充足，与地方政府的治理体系和治理能力也密不可分。促进制度要素的流动就是要积极借鉴履责质量和均衡性良好的地区在基本公共服务均等化领域的指导思想和治理方式，例如为了解决人民群众办事“跑断腿”难题，浙江省率先提出“最多跑一趟”改革，后被很多省份所借鉴和改进，目前已经进化到2.0版本，即以电子政务为

① 道格拉斯·C. 诺思：《经济史中的结构与变迁》，上海人民出版社，1994，第3页。

依托，从“最多跑一趟”升级为“一趟不用跑”。福建省龙岩市还率先出台了“一趟不用跑”政务服务标准。中西部地区和县级地方政府要正视制度要素流动带来的观念和行为准则的碰撞乃至冲击，积极分析先进的制度要素对本地区的借鉴意义，通过电子政务平台积极构建开放型政府。

## 四、多元治理，提升地方政府基本公共服务均等化履责的资源配置效率

美国学者尤金·巴达赫（Eugene Bardach）提出，在人类服务领域，来自不同机构的服务提供者可以利用生产互补性。向他们提供合作的培训有助于提升互补效果。密尔（John Stuart Mills）指出：“政府运作起来倾向于一刀切。志愿组织则相反，它们在不同的领域里活动，因而在各方面都具备丰富的经验。”① 组织要素的灵活性及其对基本公共服务的重要作用已经为学界所共知。从政府管理角度，履责质量和均衡性较弱的地区地方政府首先要转变管理理念，在多元互动共建共享方向上勇于创新，积极作为，促使政府—民众—社会三元模式的初步形成。

### （一）提升地方政府政策制定与民众政治参与的耦合度

提升基本公共服务均等化供给水平主要责任在政府，作为社会主义大国，任何区域和层级的地方政府履责最终定格的经纬与归宿都是满足民众的利益和诉求。民众的政治参与是民主制度的基础，也是推动社会发展的元动力。政策制定作为地方政府履责的前端环节，充分吸纳民众意见的程度折射出的是地区民主政治发展的程度。根据本书的研究发现，在政策制定环节整体履责质量尚可的前提下，“有效收集民众基本公共服务诉求的责任”在各省、各地区、各政府层级中的履责质量均衡性差异都比较大，说明这一层面上的“尚可”表现是不均衡的，对于政治民主程度不高的地区，还没有落到实处，是被平均的“尚可”。因此提升地方政府政策制定与民众政治参与的耦合度，是提升地方政府政策制定环节整体水平的关键。

#### 1. 赋予民众基本公共服务知情权

将民众纳入基本公共服务决策机制的过程就是从一端的单向信息传递到多元参与者共同对话的多元信息传递的变化过程，卢肯斯迈耶和托里斯（Lukens-

① 王绍光：《多元与统——第三部门国际比较研究》，浙江人民出版社，1999，第55页。

meyer and Torres，2006）提出“单纯的通知和咨询是‘微弱的’，通常只是形式上的参与办法，无法满足公众对参与的期望，更不能促进新知识的增长”。赋予民众基本公共服务的知情权是政府收集诉求的前提，是民众参与决策的必要的前置步骤。知情权在英文中翻译为“right to know”，表明公民享有的最基本权力，只有具备一定的知情权，才能了解地方政府在基本公共服务方面的各项制度、政策以及决议等动态，才能根据民众自己的专业优势、经验优势等提出相关的意见和建议，进一步参与到基本公共服务决策过程中。

（1）以法律的形式保障公民基本公共服务知情权

《世界人权宣言》第一次系统地提出“人有权享有通过任何媒介寻求、接受和传递消息和思想的自由”，继而《公民权利和政治权利国际公约》《德黑兰宣言》《关于新闻工具有助于加强和平与国际了解、促进人权、反对种族主义、种族隔离及战争煽动的基本原则宣言》等一系列国际人权法文件都强调了公民知情权是现代文明社会对人与信息关系的认可。我国目前对公民知情权的规定体现在不同领域的法律规章制度中，例如《消费者权益保护法》规定了消费者的知情权，《民法典》规定了集体成员对集体财产的知情权等等，但是目前国内对公民在基本公共服务方面的知情权的规定还属于空白状态，不仅没有具体的规定，而且国家的根本大法——《宪法》也没有提及公民知情权问题，目前来说，我国现行宪法没有直接规定公民的知情权，只是仅在《宪法》第四十一条规定：“中华人民共和国公民对于任何国家机关和国家工作人员，有提出批评和建议的权利，对于任何国家机关和国家工作人员的违法失职行为，有向有关国家机关提出申诉、控告或者检举的权利。”这就使得民众在基本公共服务的知情权方面没有直接法律的依据。因此，需要关注民众在地方政府在基本公共服务方面知情权的立法问题，以法律的形式制约地方政府从基本公共服务决策环节开始确保信息透明。

（2）保障知情权成为政府决策的必要流程

“仁圣之本，在乎制度而已。”当前，随着现代政府从管理型向服务型转变，纳税人理念已经深入人心，人民群众有权利表达对于关于民生的意见和建议，有权利了解地方政府对于这些意见和建议的采集程度和未来改善的方向。研究结果表明，我国地方政府在采集民意过程中尚未均衡的表现和人民群众对于民生强烈的表达意见之间存在矛盾，要解决这一突出问题，就必须着力加强政府决策透明度的长效机制建设，有效整合不同阶层、不同群众在基本公共服务中利益格局的变动，保证地方政府决策沿着规范化、制度化和常态透明化的轨道发展。

近年来，我国政府的信息公开程度有了显著提高，我国政府自 20 世纪 80 年代创设新闻发言人制度以来，政府对外发布信息的渠道愈加规范，在一些危害公共安全事件和应急事件中，新闻发言人制度很大程度上满足了公民的知情权。但是对于事关民生的基本公共服务而言，简单的通报与民众知情权的尊重和满足还相差甚远。要确保公民知情权的实现，就必须将地方政府的基本公共服务信息公开常态化，而不是作为政府部门的工作簿，必须将信息公开作为决策的前置步骤，没有充分的、明确的信息公开步骤，就无法进展到决策的下一步骤。规范的步骤带来的优势表现在，首先，加强了民众与政府之间的信任和沟通，强化了政府的公信力。其次，是对民众诉求的收集进行铺垫的过程，民众可以根据政府提供的信息，结合自己的经验、需求和优势配合政府接下来的意见征集，避免出现“政府提供的不是民众需要的”这样的资源浪费现象。

2. 搭建民众基本公共服务决策参与的平台

有效的平台建设不仅仅可以提升政府决策的效率，而且由民众构成的基本公共服务参与平台本身就是均等化的体现，可以促进民众参与意愿和参与技能的提高。平台搭建包括三个方面，一是要有参与的意识，二是有参与的技能和知识，三是本着互助精神在平台中提升参与能力。地方政府在进行诉求收集的过程中，如果着眼于平台提出可操作性强、科学合理的意见，不仅仅鼓舞了各类民众参与基本公共服务的热情，而且会减少决策的成本和阻力。本研究以浙江省温州市民间智库为案例，挖掘具有草根精神的民间智库平台对地方政府基本公共服务决策的巨大推动力量。

案例：温州民间智库于 2011 年 1 月初创，创立伊始有 50 多名成员，后来这一民间智囊团规模逐渐扩大，到 2012 年初，已经扩展到 100 多人。参与智库的成员职业呈现出多样化特点，涵盖律师、教师、文艺工作者、记者、基层公务员、商会管理者、中小企业家、青年创业者等，有温州本地人，也有新温州居民。

福州师范大学一名研一在读学生在贴吧上发表了《对于温州试点开通水上巴士的个人设想》，认真分析了在塘河上开通水上巴士的可行性，此外，还设计了 3 条水上巴士线路，制作了站点图表。这一提议受到温州民间智库的关注，不仅将这名研究生纳为智库成员，水上巴士的提议还以最快的速度收集建议，并送到市委书记的案头，最终成为温州市靓丽的一到民生风景线。这样的关于基本公共服务的创新案例还有很多，“欧阳委员”提出了通过建设机械立体停车库，解决温州市区停车难的问题，在这份提议中还列出了很多翔实具体的数据，对建设造价和停车管理都做出了细致的分析和规划。马军建提出了“公共交通信息一体化”构想，也提出了颇为完善的理论体系。

从智库的提议到政策的实施，从成员的笔头到领导的案头，其中的政策过程由温州市政研室和温州网整理收集后，递交市委市政府领导参阅，为地方政府领导层进行决策时提供有价值的参考。

3. 注重公民政治参与教育

法国思想家卢梭以自然法和社会契约论为基础，提出“在一个真正自由的国家里，一切都是公民亲手来做”①，亚里士多德在其著作《政治学》中的分析鞭辟入里，“一个城邦，一定要参与政事的公民具有善德，才能成为善邦。在我们这个城邦中，全体公民对政治人人有责……那么我们就得认真考虑每一公民怎样才能成为善人。”② 可见，公民政治参与对中国特色社会主义民主发展至关重要。

费孝通先生曾深刻指出：“我们与西方比，缺了‘文艺复兴’的一段，缺乏个人对理性的重视，这个方面，我们也需要补课，这决定着人的素质。”③ 李慎之先生更是一针见血地提出：“千差距、万差距，缺乏公民意识，是中国与先进国家最大的差距。”④ 与西方相比，我国长期以来以道德教化为基本取向的传统政治文化随着中华文明的发展和繁荣逐渐内化为中华民族的思维模式，外化为中国人民的具体行为方式，传统文化制约直接影响了我国以公民政治参与为代表的政治民主进程。正如费孝通先生所言，我国公民的政治素质需要提高，政治参与意识亟待增强。地方政府要注重公民的政治参与教育，具体来说，就是要从政治参与认同教育、政治参与意识教育、政治参与德性教育等多方面共同强化公民政治参与的能力和水平。第一，地方政府需以强化自身执政能力为基础，强化公民的政治认同感，提升公民政治信任程度。政治信任是现代国家的公民和社会组织对政府及其政治行为的认可程度，既是评价现代国家的政府

① 卢梭：《社会契约论》，何兆武译，商务印书馆，1982，第124页。

② 亚里士多德：《政治学》，吴寿彭译，商务印书馆，2009，第390页。

③ 费孝通：《三级两跳中的文化思考》，《读书》2001年第4期，第8页。

④ 李慎之：《修改宪法与公民教育》，《改革》1999年第3期，第5页。

或政党执政合法性的主要指标，也是理解其政治决策实效性的重要基础。[①] 地方政府提升公民的政治信任首先要增进与民众之间的政治互动，尤其是涉及民众切身利益的基本公共服务均等化领域，在互动中不搞形式主义，不走过场，除了要实质性的在互动中“在场”，更要在结果中“在场”，真正吸纳民众的意见，并以书面文字的形式呈现，增强民众参与政治实践的信心。第二，地方政府要加强民众政治参与的主体意识。费孝通先生指出的我们缺乏“个人对理性的重视”，就是受到传统文化中附庸意识和权力服从意识的影响，而现代社会公民主体意识的培养第一步就是对自身公民身份的认同和对公民主体意识的认同。正如卡罗尔·佩特曼所提出的：“公民政治参与的行为意识只能在追求公民的平等权利与自我发展的‘参与型社会’中才能实现。这种行为意识不仅有助于培植政治参与效率感，实现对集体或者公共问题的关心，也有助于形成一种有足够政治参与知识和能力的公民，保持他们对政治运行过程持久的兴趣”，由此可见，地方政府需要扩大政治参与，在政治参与进程中提升公民主体意识。第三，提升公民对政治参与的责任感。地方政府是基本公共服务均等化供给的责任主体，对基本公共服务均等化供给责无旁贷，民众在这项民生工程中与地方政府唇亡齿寒，地方政府需要培养公民政治参与的责任感，通过社会组织、学校、社区等不同层级的主体，根据受众的不同文化水平，逐层逐级渗入政治参与的责任感。综上，地方政府要通过培养公民政治认同感、主体意识和政治参与责任感，提升公民对地方政府基本公共服务均等化政策制定责任的参与度和参与水平。

（二）提升地方政府与社会组织的合作水平

随着多元参与、理性协商的执政理念逐渐深入，作为基本公共服务供给责任主体的地方政府有必要厘清哪些“服务机构”可以作为推动基本公共服务均等化工作，继而地方政府需要扮演不同机构之间推促者和黏合剂的角色。本研究从营利性组织和非营利性组织两个方面探讨基本公共服务均等化过程中多元参与机制对于地方政府资源筹划责任的影响。

1. 合理规范地方政府与营利性组织的合作

第一，在基本公共服务领域，政府与营利性组织的关系主要体现在政府向社会购买公共服务，地方政府承担基本公共服务供给主导性责任的经纬和归宿

① 王艳飞：《当代中国公民政治参与教育研究》，中共中央党校博士学位论文，2018，第 168 页。

就在于惠及人民群众，政府向市场购买基本公共服务就是实现这一目的的必要手段，是政府承担基本公共服务的新模式，通过发挥市场机制的作用提高供给效率，优化供给成本，推进政事、政社分离。2013年，国务院公布了《关于政府向社会力量购买服务的指导意见》，从顶层设计层面认可和鼓励社会和市场力量合理有序进入基本公共服务供给领域。相比于东部地区相对宽松的政策环境，中西部地方政府在实操层面。第一，要为市场营造理想的政策环境。民营化大师萨瓦斯提出，理想的政策环境的构成要素包含“不为竞争者设置市场准入障碍”“政府在提供贷款时公正而不徇私情”“政府在采购时不徇私情”“政治稳定”等等，可以看出，营造公平公正的市场环节是地方政府的必要责任。第二，要为相关营利性组织提供利好政策，资本的逐利性决定了其绝对灵敏的嗅觉，地方政府提供的利好政策就可以吸引营利性组织纷至沓来。中西部部分地方政府在政策引导下的市场购买行为还处于探索阶段，这一行为可以通过不同的技术和方式来实现，常用的购买方式包括合同承包、特许经营、补助或凭单制、法律授权等等，无论是哪种委托授权的方式，政府都必须在其中持续而有边界地介入，例如地方政府必须熟悉前述方式和理念，不能将责任“一推六二五”。第三，要对市场进行有效监管，资本的逐利性同时也决定了营利性组织必须接受政府的监管。作为地方政府，要尽快完善地方政府购买基本公共服务的法规和监管体系，失去监管的购买行为不仅仅会导致政府权力边界模糊，而且会破坏市场秩序，压缩非政府组织的生存空间，同时给腐败的滋生留下优质的土壤。密切关注和监督购买和服务的进程，有时需要以“打组合拳”的方式进行。其中建立完善的法规和监管体系势在必行且刻不容缓。

2. 构建地方政府与非营利组织的合作伙伴关系

非营利组织的流动可以为地方政府提供更多元化的资源筹备路径，其“利他精神”一定程度上可以弥补政府购买公共服务中市场主体的不足。构建地方政府与非营利组织新型的合作伙伴关系，根据基本公共服务项目的不同，以非营利组织各自优势为依托，与政府进行合理分工，甚至可以将部分基本公共服务职能下移到非营利组织中，借势推动政府职能转变；以非营利组织为载体，推动公民参与基本公共服务建设。与熟人社会不同，现代社会中公民面临着“原子化”生存的困境，即使有意愿和能力在基本公共服务领域贡献力量，也面临着“人微言轻”的窘境，因此非营利组织就为民众的政治参与提供了良好的平台。中西部地方政府需要有意识引导非营利组织成长，对优化政府职能，提升公信力有所裨益，例如目前政府决策中的“民众参与”环节已经成为普遍共识，但没有合理的机制，共识也只能沦为空谈或者走过场。故而地方政府要积极培育非营利组织生存和发展的制度土壤，吸引非营利组织参与地方政府基本公共服务均等化责任履行，拓展公民社会的制度空间，“公民社会”概念最早出自古希腊先哲亚里士多德的《政治学》中，指的是“城邦国家”或“自由和平等的公民在一个合法界定的法律体系之下结成的伦理——政治共同体”。时至今日，公民社会的发展情况已经成为衡量社会关系的重要标准之一。具体来说，地方政府可以与非营利组织合作共建民众的意见采纳机制，发挥非营利组织在政府与民众之间桥梁的作用，收集整理民众意见并及时地向政府部门传递；地方政府可以依托非营利组织的志愿性和公共性的独特优势，共建基本公共服务实施实现机制；可以依托非营利组织的独立性，共建对地方政府基本公共服务均等化履责的监督评估机制等。

# 第七章　结论与展望

## 第一节　研究结论

著名学者亨廷顿指出："人民不必为了更大的善做出牺牲；他们的苦难都应该昭告天下，而且国家及其官员造成这些苦难的责任必须得到澄清，权力的授予必然伴随着责任的规定。"① 可见责任原则是民主政治的核心，是现代政府合法性的来源。本研究站在政治学学科视角上，以政府责任为出发点，通过厘清我国现阶段地方政府基本公共服务均等化履责质量的现状，助力我国2035年基本实现基本公共服务均等化的宏伟目标。

本研究创新性地将地方政府履责过程按照科学的逻辑拆分为政策制定责任、筹划资源责任、实施与实现责任、评估责任、监督责任，在此基础上依据理论基础和实证筛选构建了一套地方政府基本公共服务均等化履责指标体系。本研究依次采用了德尔菲法（专家调查法）、隶属度筛选、公因子方差筛选、关联度筛选、变差系数筛选、信效度检验等方法，实现了指标体系的可行性分析，继而通过灰色关联法确定各项指标的权重，最终筛选出一套完整的地方政府基本公共服务均等化履责指标体系，该体系成为本研究开展后续测评的有力"抓手"。在地方政府基本公共服务均等化履责指标体系构建完成的基础上，本书选取了我国东中西部6省18市36县作为实证测评的对象，创新性地开发了地方政府基本公共服务均等化履责质量指数，并以此质量指数为研究工具，对东中西部6省18市36县进行了履责质量及其均衡度的测评，有效地检验了我国地方政府基本公共服务均等化履责的现状，继而分省、地区、政府层级等不同层面对我国地方政府现阶段履责质量的现状作出比较和判断。

① 亨廷顿：《第三波——20世纪后期民主化浪潮》，刘军宁译，三联书店出版社，1998，第267页。

通过实证测评比较分析发现，我国整体上各地区地方政府履责质量不均，从地区层面大致保持着东部—中部—西部的大致排序，以江浙为代表的东部省份在基本公共服务均等化每一个环节的履责质量几乎都位于前列。从履责质量的地区差距看，东部和中西部地区的差异，远比中西部之间的差异要大，而中部和西部地方政府整体表现水平相当，差距不大。从均衡度看，区域层面上我国地方政府履责质量总体均衡度良好；政府层级层面上，我国各层级政府在履责质量上整体表现良好，从大趋势上呈现出“市—省—县”的梯形态势：从履责质量的均衡性看，市一级政府表现较为突出，省级和县级政府略弱，尤其县级政府作为“操作性基层”出现的质量和均衡度“双低”的局面，值得在后续研究中保持关注。

针对上述测评发现，本研究运用了经典多元回归分析的方法对其影响因素进行了侦测，从地区发展因素和地区人口因素两个方面对其进行影响因素分析。以城镇化水平、地区经济发展水平、政府行政能力、对外开放程度、政府财政支出能力、人口的教育结构、人口规模结构、人口年龄结构等因素作为因变量，以地方政府基本公共服务均等化履责质量为自变量，研究发现，表征地区发展因素的五大变量中，城镇化水平、地区经济发展水平和对外开放程度对地方政府基本公共服务均等化履责质量产生了显著的正向影响；表征地区人口因素的变量中，人口规模结构对地方政府基本公共服务均等化履责质量产生了显著的正向影响。

最后针对实证测评结果和影响因素侦测的结果提出了有针对性的优化路径。未来我们需要提升地方政府政策制定与民众政治参与的耦合度，完善地方政府基本公共服务财政供给体制，优化地方政府基本公共服务资源组态，提升基层地方政府基本公共服务履责能力，继续巩固地方政府监督与评估的履责成效，切实整体上提升我国地方政府基本公共服务均等化履责质量。

## 第二节　研究展望

亚里士多德认为，没有一个人能全面把握真理，但“人只要全力以赴地钻研某个问题，就有可能最大限度地逼近它的真实”①，因此学术研究的旨趣在于

① 毕淑敏：《一个人就是一支骑兵》，湖南文艺出版社，2015，第19页。

深入挖掘问题的本质，从而不断接近真实，最终立足于学术，服务于实践，并在实践中不断得到检验和更迭。本研究在我国基本公共服务均等化持续获得良好发展空间的大环境下，以责任为切入点，构建了地方政府基本公共服务均等化履责测评的指标体系，以此为基点，对本研究样本所代表的我国各区域、各层级地方政府的履责质量及其均衡性进行了深入的审视，并对可能存在的影响因素进行了探索，但是必须承认本研究尚存在诸多亟待改进之处。地方政府的责任研究是一个复杂的系统性工程，需要在后续的研究中进一步探索，保持研究的生命力。

第一，地方政府基本公共服务均等化履责的测评指标更新要与时俱进。改革开放以来，为了适应经济社会的高速发展，我国政府的运行模式也逐渐由管理型政府向服务型政府转变，在这一转变历程中，人民群众对政府职责的要求也具有鲜明的时代特征。为了满足人民群众日益增长的物质文化需求，地方政府在基本公共服务均等化领域的责任指标必须适时更新，与时俱进。本研究目前所呈现出的基本公共服务均等化履责指标与当下人民对地方政府的诉求和期待基本契合，但在接下来的研究工作中，应该随着中央政府对基本公共服务均等化的决策演进和地方政府转型的整体趋势的变化，对指标体系实施更新和深层次的推演，以保持测评指标体系对地方政府基本公共服务均等化履责进行测量的可靠性和准确性。

第二，地方政府基本公共服务均等化履责的测评对象范围要逐步扩大。本研究以责任概念为基点，探索性地构建了地方政府基本公共服务均等化履责的测评指标，并以全国 6 省 18 市 36 县的调研数据为基准，对目前我国各区域各层级地方政府在基本公共服务均等化履责方面的质量和质量均衡程度进行了调研和测评。人财物等资源的局限性客观限制了本研究的样本调研范围。因此在接来下的研究工作中，指标体系的测评对象范围可以进一步扩大，在东中西部更多的省份中进行调研。马克思主义提出，“实践是检验真理的唯一标准”，对更多省份的地方政府进行调研，就是在实践中反复验证本指标体系的合理性，并反过来指导本指标体系的更迭换代。

第三，地方政府基本公共服务均等化履责的影响因素有待继续发掘。本研究在对地方政府基本公共服务均等化履责的质量及其均衡性进行了比对和分析后，运用多元回归法从地区发展因素和地区人口因素两个层面上探索了影响地方政府履责的基本要素。接下来的研究可以从扩展数量和细化层级两个方面继续深层推演地方政府基本公共服务均等化的影响因素。其一，可以从中外文献中继续深挖可能存在的直接影响因素或是中介、调节因素并进行验证，从而完善影响地方政府履责的因素体系。其二，本研究采用了经典的多元回归方法，侦测了影响地方政府履责的“通用”因素。下一阶段可以考虑将省、市、县等不同层级的地方政府进行分层侦测，旨在发现不同层级的地方政府所受到的影响因素是否存在差异。其三，延续第二点的思路，可以从不同区域的角度，对地方政府履责的影响因素进行局部回归，从地理的角度发现不同的地域、文化、社会环境对地方政府履责是否存在，以及存在何种异质性的影响。

# 附 件

## 附件 1

### 地方政府基本公共服务均等化责任评价指标池调查问卷

尊敬的老师：

您好！

目前我们正在推进教育部哲学社会科学研究重大课题攻关项目“基本公共服务均等化实施效度与实现程度研究”（编号：18JZD047）的工作，该研究的一项关键性内容是构建并筛选一套测量地方政府基本公共服务均等化责任的指标体系，在构建指标体系的过程中，想麻烦您帮助完成下列工作。之所以恳请您协助，是因为我们通过大数据检索，发现您属于本研究领域的领先者，您的帮助对本研究有着重要的意义。

下面是我们初步构建的指标草集，想麻烦您对该指标体系的隶属度进行判断。我们经过了两轮德尔菲法得到了目前问卷中的备选项，为了更加科学的辨识地方政府在基本公共服务均等化实现中应承担的责任，我们决定扩大源头，通过问卷调查的方式实现这一目的。如果您认为该指标可以用于衡量地方政府在基本公共服务均等化实现中的责任，也确实属于该维度的评估指标，请您在方框中填“√”。本问卷仅有 16 道题目。您的意见仅限于学术研究目的，并无它用。请您放心填答。

由衷感谢您的支持和参与！

“基本公共服务均等化实施效度与实现程度研究”课题组

2020 年 3 月

**第一部分测量内容：地方政府制定基本公共服务均等化政策的责任**

1. 在衡量“地方政府有效收集民众基本公共服务诉求的责任”的过程中，您认为下列指标哪些是合适的？

· 地方政府设置诉求表达平台的多样化 （ ）

· 地方政府收集诉求在人群上的代表性 （ ）

· 地方政府收集诉求在时间上的连续性 （ ）

· 地方政府收集诉求在地域上的广泛性 （ ）

· 地方政府收集诉求的真实性 （ ）

· 地方政府收集诉求的客观性 （ ）

· 地方政府处理诉求的时效性 （ ）

· 地方政府收集诉求的平台的现代化程度（有相关的专业公共数据库与数据服务平台） （ ）

· 其他：除以上列举的指标外，您认为还有＿＿＿＿＿＿＿＿＿＿＿＿＿＿

＿＿＿＿＿＿＿＿＿＿＿＿＿＿＿＿＿＿＿＿＿＿＿＿＿＿＿＿＿＿＿

2. 在衡量“地方政府制定基本公共服务总体规划的责任”的过程中，您认为下列指标哪些是合适的？

· 地方政府制定基本公共服务总体规划的周全性 （ ）

· 地方政府制定基本公共服务总体规划的科学性 （ ）

· 地方政府制定基本公共服务总体规划的优化性 （ ）

· 地方政府制定基本公共服务总体规划的易懂性 （ ）

· 地方政府制定基本公共服务总体规划的针对性 （ ）

· 地方政府制定基本公共服务总体规划的及时性 （ ）

· 地方政府制定基本公共服务总体规划的可操作性 （ ）

· 其他：除以上列举的指标外，您认为还有＿＿＿＿＿＿＿＿＿＿＿＿＿＿

＿＿＿＿＿＿＿＿＿＿＿＿＿＿＿＿＿＿＿＿＿＿＿＿＿＿＿＿＿＿＿

3. 在衡量“地方政府制定各项基本公共服务具体方案的责任”的过程中，您认为下列指标哪些是合适的？

· 地方政府各项基本公共服务均等化方案制定的周全性 （ ）

· 地方政府各项基本公共服务均等化方案的可操作性 （ ）

· 地方政府各项基本公共服务均等化方案环节的周全性 （ ）
· 地方政府各项基本公共服务均等化方案的优化性 （ ）
· 地方政府各项基本公共服务均等化方案的易懂性 （ ）
· 地方政府各项基本公共服务均等化方案的针对性 （ ）
· 地方政府各项基本公共服务均等化方案的实用性 （ ）
· 其他：除以上列举的指标外，您认为还有________________________

________________________________________________

**第二部分测量内容：地方政府为基本公共服务均等化实现筹划资源的责任**

4. 在衡量“地方政府为基本公共服务提供人力资源保障的责任”的过程中，您认为下列指标哪些是合适的？

· 地方政府职能部门人员配置的优化程度 （ ）
· 地方政府职能部门人员专业的互补程度 （ ）
· 地方政府职能部门人员匹配的足额程度 （ ）
· 地方政府职能部门人员专业能力发展程度 （ ）
· 地方政府新型技术人才储备充裕程度 （ ）
· 地方政府职能部门人员专业与岗位匹配程度 （ ）
· 地方政府工作人员工作胜任程度 （ ）
· 地方政府工作人员履行基本公共服务清单中职责的程度 （ ）
· 地方政府工作人员按照正式绩效考核要求完成工作任务的程度 （ ）
· 地方政府工作人员口头交流技能水平 （ ）
· 地方政府工作人员与基本公共服务相关的专业技能水平 （ ）
· 地方政府工作人员与基本公共服务相关的专业知识水平 （ ）
· 其他：除以上列举的指标外，您认为还有________________________

________________________________________________

5. 在衡量“地方政府为基本公共服务提供财政保障的责任”的过程中，您认为下列指标哪些是合适的？

· 地方政府公共财政总支出规模 （ ）
· 地方政府各类基本公共服务支出占公共财政总支出比重 （ ）
· 地方人均基本公共服务财政投入强度 （ ）
· 向下级政府划拨基本公共服务财政资金的及时性 （ ）

· 向下级政府划拨基本公共服务财政资金的充足性 （ ）

· 地方政府在本地区基本公共服务方面的资金投入及时性 （ ）

· 地方政府在本地区基本公共服务方面的资金投入充足性 （ ）

· 其他：除以上列举的指标外，您认为还有________________

________________________________

6. 在衡量“地方政府为基本公共服务提供物质保障的责任”的过程中，您认为下列指标哪些是合适的？

· 地方每万人口拥有的各类基本公共服务设施达标程度 （ ）

· 地方基本公共服务设施与民众需求的契合程度 （ ）

· 地方基本公共服务设施的完善程度 （ ）

· 地方基本公共服务设施为民众生活带来的便利程度 （ ）

· 地方基本公共服务陈旧设施的更新速度 （ ）

· 地方基本公共服务设施的可及性 （ ）

· 地方基本公共服务设施种类的齐全性 （ ）

· 其他：除以上列举的指标外，您认为还有________________

________________________________

**第三部分测量内容：地方政府基本公共服务均等化实施与实现的责任**

7. 在衡量“地方政府足量生产和提供各项基本公共服务的责任”的过程中，您认为下列指标哪些是合适的？

· 地方基本公共服务基础设施的充足程度 （ ）

· 地方基本公共服务辅助设备的充足程度 （ ）

· 地方基本公共服务用品的充足程度 （ ）

· 地方基本公共服务人员的充裕程度 （ ）

· 地方基本公共服务场地的充足程度 （ ）

· 地方基本公共服务窗口的充足程度 （ ）

· 地方基本公共服务智能平台的充足程度 （ ）

· 其他：除以上列举的指标外，您认为还有________________

________________________________

8. 在衡量“地方政府优质生产和提供各项基本公共服务的责任”的过程中，您认为下列指标哪些是合适的？

· 地方基本公共服务基础设施的可及性 （ ）
· 地方基本公共服务基础设施质量的可靠性 （ ）
· 地方基本公共服务生产的及时性 （ ）
· 地方基本公共服务提供的及时性 （ ）
· 地方基本公共服务人员的工作态度 （ ）
· 地方基本公共服务的场地利用率 （ ）
· 地方基本公共服务政务互动平台的回应率 （ ）
· 地方政府基本公共服务窗口的利用率 （ ）
· 地方基本公共服务智能平台运行的顺畅程度 （ ）
· 地方基本公共服务提供的便利程度 （ ）
· 其他：除以上列举的指标外，您认为还有______________

______________________________

9. 在衡量“地方政府保障基本公共服务实现满意水平的责任”的过程中，您认为下列指标哪些是合适的？

· 地方政府保障基本公共服务均等化覆盖内容的满意水平 （ ）
· 地方政府保障基本公共服务均等化覆盖人群的满意水平 （ ）
· 地方政府保障基本公共服务均等化强度的满意水平 （ ）
· 地方政府保障基本公共服务均等化进度的满意水平 （ ）
· 地方政府保障基本公共服务持续提升的满意水平 （ ）
· 地方政府保障基本公共服务持续创新的满意水平 （ ）
· 地方政府保障群众基本公共服务获得感提升的满意水平 （ ）
· 地方政府保障基本公共服务可及性的满意水平 （ ）
· 地方政府保障基本公共服务普惠性的满意水平 （ ）
· 地方政府保障基本公共服务兜底性的满意水平 （ ）
· 其他：除以上列举的指标外，您认为还有______________

______________________________

**第四部分测量内容：地方政府进行基本公共服务评估的责任**

10. 在衡量“地方政府为基本公共服务均等化设置评估导向的责任”的过程中，您认为下列指标哪些是合适的？

· 地方政府以机会均等为基本公共服务评估导向的程度 （ ）

· 地方政府以结果均等为基本公共服务评估导向的程度 ( )

· 地方政府以起点均等为基本公共服务评估导向的程度 ( )

· 地方政府以条件均等为基本公共服务评估导向的程度 ( )

· 地方政府以过程均等为基本公共服务评估导向的程度 ( )

· 地方政府以弱势群体优先收益为基本公共服务评估导向的程度 ( )

· 地方政府以社会整体满意度为基本公共服务评估导向的程度 ( )

· 地方政府以社会经济发展指标为基本公共服务评估导向的程度 ( )

· 地方政府以持续提升最低基本公共服务水平为评估导向的程度 ( )

· 其他：除以上列举的指标外，您认为还有____________________

________________________________________

11. 在衡量“地方政府为基本公共服务均等化确定评估指标的责任”的过程中，您认为下列指标哪些是合适的？

· 地方政府基本公共服务均等化评估指标的科学性 ( )

· 地方政府基本公共服务均等化评估指标的合理性 ( )

· 地方政府基本公共服务均等化评估指标的易懂性 ( )

· 地方政府基本公共服务均等化评估指标的全面性 ( )

· 地方政府基本公共服务均等化评估指标数据的可及性 ( )

· 地方政府基本公共服务均等化评估指标的针对性 ( )

· 地方政府基本公共服务均等化评估指标的实用性 ( )

· 地方政府基本公共服务均等化评估指标的适用性 ( )

· 其他：除以上列举的指标外，您认为还有____________________

________________________________________

12. 在衡量“地方政府客观评估基本公共服务均等化实现现状的责任”的过程中，您认为下列指标哪些是合适的？

· 地方政府实现基本公共服务均等化的广度（内容的广泛性） ( )

· 地方政府实现基本公共服务均等化的强度（人、财、物等投入的力度） ( )

· 地方政府实现基本公共服务均等化的深度（运行机制、供给方式等的科学合理性） ( )

· 地方政府实现基本公共服务均等化的可持续性 ( )

· 地方政府基本公共服务设施均等化的实现程度 ( )

·地方政府基本公共服务人群均等化的实现程度 ( )

·地方政府基本公共服务城区各区域均等化的实现程度 ( )

·地方政府基本公共服务城乡均等化的实现程度 ( )

·地方政府基本公共服务工作职责的实现程度 ( )

·其他：除以上列举的指标外，您认为还有______________________________

13. 在衡量“地方政府将评估结果应用于提升基本公共服务的责任”的过程中，您认为下列指标哪些是合适的？

·地方政府将评估结果应用于基本公共服务规划制定的程度 ( )

·地方政府将评估结果应用于基本公共服务实施举措改进的程度 ( )

·地方政府将评估结果应用于基本公共服务各部门考核的程度 ( )

·地方政府将评估结果应用于界定基本公共服务监督问责对象的程度 ( )

·地方政府将评估结果应用于规范基本公共服务监督问责内容的程度 ( )

·地方政府将评估结果应用于健全基本公共服务监督问责方式的程度 ( )

·其他：除以上列举的指标外，您认为还有______________________________

**第五部分：地方政府监督基本公共服务均等化工作的责任**

14. 在衡量“地方政府对基本公共服务进行行政监督的责任”的过程中，您认为下列指标哪些是合适的？

·地方政府对基本公共服务进行行政监督的及时性 ( )

·地方政府对基本公共服务进行行政监督的可操作性 ( )

·地方政府基本公共服务行政监督主体的多元性 ( )

·地方政府基本公共服务行政监督内容的周全性 ( )

·地方政府基本公共服务行政监督方式的规范性 ( )

·本级政府的行政监督对下级政府基本公共服务工作的约束力度 ( )

·地方政府基本公共服务的行政监督指标清晰程度 ( )

·地方政府基本公共服务行政监督政策法规的完善程度 ( )

·其他：除以上列举的指标外，您认为还有______________________________

15. 在衡量“地方政府对基本公共服务进行审计监督的责任”的过程中，

您认为下列指标哪些是合适的？

· 地方政府基本公共服务审计内容的完整程度 （ ）
· 地方政府基本公共服务审计指标的完整程度 （ ）
· 地方政府基本公共服务审计过程的科学化程度 （ ）
· 地方政府复合型、多学科审计队伍的建设程度 （ ）
· 地方政府基本公共服务审计纠错水平 （ ）
· 地方政府不同领域基本公共服务的协同审计水平 （ ）
· 地方政府基本公共服务审计技术的先进性 （ ）
· 地方政府基本公共服务全过程审计的完备性 （ ）
· 其他：除以上列举的指标外，您认为还有________________________

________________________________________

16. 在衡量“地方政府对基本公共服务进行问责监督的责任”的过程中，您认为下列指标哪些是合适的？

· 地方政府基本公共服务绩效问责对象的清晰程度 （ ）
· 地方政府基本公共服务问责指标的清晰程度 （ ）
· 地方政府基本公共服务全过程问责的规范程度 （ ）
· 地方政府基本公共服务不定期问责的规范程度 （ ）
· 地方政府基本公共服务定期规范性问责的规范程度 （ ）
· 地方政府基本公共服务问责程序的标准程度 （ ）
· 地方政府基本公共服务问责政策法规的完善程度 （ ）
· 地方政府基本公共服务问责方式的规范性 （ ）
· 地方政府基本公共服务问责内容的全面性 （ ）
· 地方政府基本公共服务问责实施的可操作性 （ ）
· 地方政府基本公共服务问责依据（资料和数据等）的真实性 （ ）
· 其他：除以上列举的指标外，您认为还有________________________

________________________________________

## 附件 2

### 地方政府基本公共服务均等化责任评价指标重要性赋分问卷

尊敬的老师：

您好！

目前我们正在推进教育部哲学社会科学研究重大课题攻关项目“基本公共服务均等化实施效度与实现程度研究”（编号：18JZD047）的工作，该研究的一项关键性内容是构建并筛选一套测量地方政府基本公共服务均等化责任的指标体系，在构建指标体系的过程中，想麻烦您帮助完成下列工作。之所以恳请您协助，是因为我们通过大数据检索，发现您属于本研究领域的领先者，您的帮助对本研究有着重要的意义。

下面是我们经过第一轮筛选后构建的指标池，想麻烦您对该指标体系的重要程度进行判断。在第一轮的筛选中，我们已经将隶属度较低的指标删去从而得到了目前的指标集，请您对各个指标从低重要程度（1 分）到高重要程度（7 分）进行打分。

本问卷在 16 个二级指标下有 121 个三级指标。您的意见仅限于学术研究目的，并无它用。请您放心填答。

由衷感谢您的支持和参与！

“基本公共服务均等化实施效度与实现程度研究”课题组

2020 年 3 月

**第一部分测量内容：地方政府制定基本公共服务均等化政策的责任**

1. 请您为“地方政府有效收集民众基本公共服务诉求的责任”指标的重要程度进行赋分

· 地方政府设置诉求表达平台的多样化

低重要程度　　　　　　　　　　　　　　　　　高重要程度

1 分（ ）　2 分（ ）　3 分（ ）　4 分（ ）　5 分（ ）　6 分（ ）　7 分（ ）

· 地方政府收集诉求在人群上的代表性

低重要程度　　　　　　　　　　　　　　　　　高重要程度

1 分（ ）　2 分（ ）　3 分（ ）　4 分（ ）　5 分（ ）　6 分（ ）　7 分（ ）

· 地方政府收集诉求在时间上的连续性

低重要程度　高重要程度

1分（ ）　2分（ ）　3分（ ）　4分（ ）　5分（ ）　6分（ ）　7分（ ）

· 地方政府收集诉求在地域上的广泛性

低重要程度　高重要程度

1分（ ）　2分（ ）　3分（ ）　4分（ ）　5分（ ）　6分（ ）　7分（ ）

· 地方政府收集诉求的真实性

低重要程度　高重要程度

1分（ ）　2分（ ）　3分（ ）　4分（ ）　5分（ ）　6分（ ）　7分（ ）

· 地方政府收集诉求的客观性

低重要程度　高重要程度

1分（ ）　2分（ ）　3分（ ）　4分（ ）　5分（ ）　6分（ ）　7分（ ）

· 地方政府处理诉求的时效性

低重要程度　高重要程度

1分（ ）　2分（ ）　3分（ ）　4分（ ）　5分（ ）　6分（ ）　7分（ ）

2. 请您为“地方政府制定基本公共服务总体规划的责任”指标的重要程度进行赋分

· 地方政府制定基本公共服务总体规划的周全性

低重要程度　高重要程度

1分（ ）　2分（ ）　3分（ ）　4分（ ）　5分（ ）　6分（ ）　7分（ ）

· 地方政府制定基本公共服务总体规划的科学性

低重要程度　高重要程度

1分（ ）　2分（ ）　3分（ ）　4分（ ）　5分（ ）　6分（ ）　7分（ ）

· 地方政府制定基本公共服务总体规划的优化性

低重要程度　高重要程度

1分（ ）　2分（ ）　3分（ ）　4分（ ）　5分（ ）　6分（ ）　7分（ ）

· 地方政府制定基本公共服务总体规划的易懂性

低重要程度　高重要程度

1分（ ）　2分（ ）　3分（ ）　4分（ ）　5分（ ）　6分（ ）　7分（ ）

· 地方政府制定基本公共服务总体规划的针对性

低重要程度　高重要程度

1分（ ）　2分（ ）　3分（ ）　4分（ ）　5分（ ）　6分（ ）　7分（ ）

·地方政府制定基本公共服务总体规划的及时性

低重要程度 高重要程度

1分（ ） 2分（ ） 3分（ ） 4分（ ） 5分（ ） 6分（ ） 7分（ ）

·地方政府制定基本公共服务总体规划的可操作性

低重要程度 高重要程度

1分（ ） 2分（ ） 3分（ ） 4分（ ） 5分（ ） 6分（ ） 7分（ ）

3. 请您为“地方政府制定各项基本公共服务具体方案的责任”指标的重要程度进行赋分

·地方政府各项基本公共服务均等化方案制定的周全性

低重要程度 高重要程度

1分（ ） 2分（ ） 3分（ ） 4分（ ） 5分（ ） 6分（ ） 7分（ ）

·地方政府各项基本公共服务均等化方案的可操作性

低重要程度 高重要程度

1分（ ） 2分（ ） 3分（ ） 4分（ ） 5分（ ） 6分（ ） 7分（ ）

·地方政府各项基本公共服务均等化方案环节的周全性

低重要程度 高重要程度

1分（ ） 2分（ ） 3分（ ） 4分（ ） 5分（ ） 6分（ ） 7分（ ）

·地方政府各项基本公共服务均等化方案的优化性

低重要程度 高重要程度

1分（ ） 2分（ ） 3分（ ） 4分（ ） 5分（ ） 6分（ ） 7分（ ）

·地方政府各项基本公共服务均等化方案的易懂性

低重要程度 高重要程度

1分（ ） 2分（ ） 3分（ ） 4分（ ） 5分（ ） 6分（ ） 7分（ ）

·地方政府各项基本公共服务均等化方案的针对性

低重要程度 高重要程度

1分（ ） 2分（ ） 3分（ ） 4分（ ） 5分（ ） 6分（ ） 7分（ ）

·地方政府各项基本公共服务均等化方案的实用性

低重要程度 高重要程度

1分（ ） 2分（ ） 3分（ ） 4分（ ） 5分（ ） 6分（ ） 7分（ ）

**第二部分测量内容：地方政府为基本公共服务均等化实现筹划资源的责任**

4. 请您为“地方政府为基本公共服务提供人力资源保障的责任”指标的重要程度进行赋分

· 地方政府职能部门人员配置的优化程度

低重要程度　　　　高重要程度

1分（ ）　2分（ ）　3分（ ）　4分（ ）　5分（ ）　6分（ ）　7分（ ）

· 地方政府职能部门人员专业的互补程度

低重要程度　　　　高重要程度

1分（ ）　2分（ ）　3分（ ）　4分（ ）　5分（ ）　6分（ ）　7分（ ）

· 地方政府职能部门人员匹配的足额程度

低重要程度　　　　高重要程度

1分（ ）　2分（ ）　3分（ ）　4分（ ）　5分（ ）　6分（ ）　7分（ ）

· 地方政府职能部门人员专业能力发展程度

低重要程度　　　　高重要程度

1分（ ）　2分（ ）　3分（ ）　4分（ ）　5分（ ）　6分（ ）　7分（ ）

· 地方政府职能部门人员专业与岗位匹配程度

低重要程度　　　　高重要程度

1分（ ）　2分（ ）　3分（ ）　4分（ ）　5分（ ）　6分（ ）　7分（ ）

· 地方政府工作人员工作胜任程度

低重要程度　　　　高重要程度

1分（ ）　2分（ ）　3分（ ）　4分（ ）　5分（ ）　6分（ ）　7分（ ）

· 地方政府工作人员履行基本公共服务清单中职责的程度

低重要程度　　　　高重要程度

1分（ ）　2分（ ）　3分（ ）　4分（ ）　5分（ ）　6分（ ）　7分（ ）

· 地方政府工作人员与基本公共服务相关的专业技能水平

低重要程度　　　　高重要程度

1分（ ）　2分（ ）　3分（ ）　4分（ ）　5分（ ）　6分（ ）　7分（ ）

· 地方政府工作人员与基本公共服务相关的专业知识水平

低重要程度　　　　高重要程度

1分（ ）　2分（ ）　3分（ ）　4分（ ）　5分（ ）　6分（ ）　7分（ ）

5. 请您为“地方政府为基本公共服务提供财政保障的责任”指标的重要程度进行赋分

· 地方政府公共财政总支出规模

低重要程度 高重要程度

1分（ ） 2分（ ） 3分（ ） 4分（ ） 5分（ ） 6分（ ） 7分（ ）

· 地方政府各类基本公共服务支出占公共财政总支出比重

低重要程度 高重要程度

1分（ ） 2分（ ） 3分（ ） 4分（ ） 5分（ ） 6分（ ） 7分（ ）

· 地方人均基本公共服务财政投入强度

低重要程度 高重要程度

1分（ ） 2分（ ） 3分（ ） 4分（ ） 5分（ ） 6分（ ） 7分（ ）

· 向下级政府划拨基本公共服务财政资金的及时性

低重要程度 高重要程度

1分（ ） 2分（ ） 3分（ ） 4分（ ） 5分（ ） 6分（ ） 7分（ ）

· 向下级政府划拨基本公共服务财政资金的充足性

低重要程度 高重要程度

1分（ ） 2分（ ） 3分（ ） 4分（ ） 5分（ ） 6分（ ） 7分（ ）

· 地方政府在本地区基本公共服务方面的资金投入及时性

低重要程度 高重要程度

1分（ ） 2分（ ） 3分（ ） 4分（ ） 5分（ ） 6分（ ） 7分（ ）

· 地方政府在本地区基本公共服务方面的资金投入充足性

低重要程度 高重要程度

1分（ ） 2分（ ） 3分（ ） 4分（ ） 5分（ ） 6分（ ） 7分（ ）

6. 请您为“地方政府为基本公共服务提供物质保障的责任”指标的重要程度进行赋分

· 地方每万人口拥有的各类基本公共服务设施达标程度

低重要程度 高重要程度

1分（ ） 2分（ ） 3分（ ） 4分（ ） 5分（ ） 6分（ ） 7分（ ）

· 地方基本公共服务设施与民众需求的契合程度

低重要程度 高重要程度

1分（ ） 2分（ ） 3分（ ） 4分（ ） 5分（ ） 6分（ ） 7分（ ）

· 地方基本公共服务设施与民众需求的契合程度

低重要程度 高重要程度

1分（ ） 2分（ ） 3分（ ） 4分（ ） 5分（ ） 6分（ ） 7分（ ）

·地方基本公共服务设施为民众生活带来的便利程度

低重要程度　　　　　　　　　　　　　　　　　　　　　　高重要程度

1分（ ）　2分（ ）　3分（ ）　4分（ ）　5分（ ）　6分（ ）　7分（ ）

·地方基本公共服务设施的可及性

低重要程度　　　　　　　　　　　　　　　　　　　　　　高重要程度

1分（ ）　2分（ ）　3分（ ）　4分（ ）　5分（ ）　6分（ ）　7分（ ）

**第三部分测量内容：地方政府基本公共服务均等化实施与实现的责任**

7. 请您为“地方政府足量生产和提供各项基本公共服务的责任”指标的重要程度进行赋分

·地方基本公共服务基础设施的充足程度

低重要程度　　　　　　　　　　　　　　　　　　　　　　高重要程度

1分（ ）　2分（ ）　3分（ ）　4分（ ）　5分（ ）　6分（ ）　7分（ ）

·地方基本公共服务辅助设备的充足程度

低重要程度　　　　　　　　　　　　　　　　　　　　　　高重要程度

1分（ ）　2分（ ）　3分（ ）　4分（ ）　5分（ ）　6分（ ）　7分（ ）

·地方基本公共服务用品的充足程度

低重要程度　　　　　　　　　　　　　　　　　　　　　　高重要程度

1分（ ）　2分（ ）　3分（ ）　4分（ ）　5分（ ）　6分（ ）　7分（ ）

·地方基本公共服务人员的充裕程度

低重要程度　　　　　　　　　　　　　　　　　　　　　　高重要程度

1分（ ）　2分（ ）　3分（ ）　4分（ ）　5分（ ）　6分（ ）　7分（ ）

·地方基本公共服务场地的充足程度

低重要程度　　　　　　　　　　　　　　　　　　　　　　高重要程度

1分（ ）　2分（ ）　3分（ ）　4分（ ）　5分（ ）　6分（ ）　7分（ ）

·地方基本公共服务窗口的充足程度

低重要程度　　　　　　　　　　　　　　　　　　　　　　高重要程度

1分（ ）　2分（ ）　3分（ ）　4分（ ）　5分（ ）　6分（ ）　7分（ ）

·地方基本公共服务智能平台的充足程度

低重要程度　　　　　　　　　　　　　　　　　　　　　　高重要程度

1分（ ）　2分（ ）　3分（ ）　4分（ ）　5分（ ）　6分（ ）　7分（ ）

8. 请您为“地方政府优质生产和提供各项基本公共服务的责任”指标的重要程度进行赋分

· 地方基本公共服务基础设施的可及性

低重要程度　　　　高重要程度

1分（ ）　2分（ ）　3分（ ）　4分（ ）　5分（ ）　6分（ ）　7分（ ）

· 地方基本公共服务基础设施质量的可靠性

低重要程度　　　　高重要程度

1分（ ）　2分（ ）　3分（ ）　4分（ ）　5分（ ）　6分（ ）　7分（ ）

· 地方基本公共服务生产的及时性

低重要程度　　　　高重要程度

1分（ ）　2分（ ）　3分（ ）　4分（ ）　5分（ ）　6分（ ）　7分（ ）

· 地方基本公共服务提供的及时性

低重要程度　　　　高重要程度

1分（ ）　2分（ ）　3分（ ）　4分（ ）　5分（ ）　6分（ ）　7分（ ）

· 地方基本公共服务人员的工作态度

低重要程度　　　　高重要程度

1分（ ）　2分（ ）　3分（ ）　4分（ ）　5分（ ）　6分（ ）　7分（ ）

· 地方基本公共服务的场地利用率

低重要程度　　　　高重要程度

1分（ ）　2分（ ）　3分（ ）　4分（ ）　5分（ ）　6分（ ）　7分（ ）

· 地方基本公共服务政务互动平台的回应率

低重要程度　　　　高重要程度

1分（ ）　2分（ ）　3分（ ）　4分（ ）　5分（ ）　6分（ ）　7分（ ）

· 地方基本公共服务智能平台运行的顺畅程度

低重要程度　　　　高重要程度

1分（ ）　2分（ ）　3分（ ）　4分（ ）　5分（ ）　6分（ ）　7分（ ）

· 地方基本公共服务提供的便利程度

低重要程度　　　　高重要程度

1分（ ）　2分（ ）　3分（ ）　4分（ ）　5分（ ）　6分（ ）　7分（ ）

9. 请您为“地方政府保障基本公共服务实现满意水平的责任”指标的重要程度进行赋分

· 地方政府保障基本公共服务均等化覆盖内容的满意水平

低重要程度　　　　高重要程度

1分（ ）　2分（ ）　3分（ ）　4分（ ）　5分（ ）　6分（ ）　7分（ ）

·地方政府保障基本公共服务均等化覆盖人群的满意水平

低重要程度 高重要程度

1分（ ） 2分（ ） 3分（ ） 4分（ ） 5分（ ） 6分（ ） 7分（ ）

·地方政府保障基本公共服务均等化强度的满意水平

低重要程度 高重要程度

1分（ ） 2分（ ） 3分（ ） 4分（ ） 5分（ ） 6分（ ） 7分（ ）

·地方政府保障基本公共服务均等化进度的满意水平

低重要程度 高重要程度

1分（ ） 2分（ ） 3分（ ） 4分（ ） 5分（ ） 6分（ ） 7分（ ）

·地方政府保障基本公共服务持续提升的满意水平

低重要程度 高重要程度

1分（ ） 2分（ ） 3分（ ） 4分（ ） 5分（ ） 6分（ ） 7分（ ）

·地方政府保障群众基本公共服务获得感提升的满意水平

低重要程度 高重要程度

1分（ ） 2分（ ） 3分（ ） 4分（ ） 5分（ ） 6分（ ） 7分（ ）

·地方政府保障基本公共服务可及性的满意水平

低重要程度 高重要程度

1分（ ） 2分（ ） 3分（ ） 4分（ ） 5分（ ） 6分（ ） 7分（ ）

·地方政府保障基本公共服务普惠性的满意水平

低重要程度 高重要程度

1分（ ） 2分（ ） 3分（ ） 4分（ ） 5分（ ） 6分（ ） 7分（ ）

·地方政府保障基本公共服务兜底性的满意水平

低重要程度 高重要程度

1分（ ） 2分（ ） 3分（ ） 4分（ ） 5分（ ） 6分（ ） 7分（ ）

**第四部分测量内容：地方政府进行基本公共服务评估的责任**

10. 请您为“地方政府为基本公共服务均等化设置评估导向的责任”指标的重要程度进行赋分

·地方政府以机会均等为基本公共服务评估导向的程度

低重要程度 高重要程度

1分（ ） 2分（ ） 3分（ ） 4分（ ） 5分（ ） 6分（ ） 7分（ ）

·地方政府以结果均等为基本公共服务评估导向的程度

低重要程度 高重要程度

1分（ ） 2分（ ） 3分（ ） 4分（ ） 5分（ ） 6分（ ） 7分（ ）

· 地方政府以起点均等为基本公共服务评估导向的程度

低重要程度　　高重要程度

1分（ ）　2分（ ）　3分（ ）　4分（ ）　5分（ ）　6分（ ）　7分（ ）

· 地方政府以条件均等为基本公共服务评估导向的程度

低重要程度　　高重要程度

1分（ ）　2分（ ）　3分（ ）　4分（ ）　5分（ ）　6分（ ）　7分（ ）

· 地方政府以过程均等为基本公共服务评估导向的程度

低重要程度　　高重要程度

1分（ ）　2分（ ）　3分（ ）　4分（ ）　5分（ ）　6分（ ）　7分（ ）

· 地方政府以弱势群体优先收益为基本公共服务评估导向的程度

低重要程度　　高重要程度

1分（ ）　2分（ ）　3分（ ）　4分（ ）　5分（ ）　6分（ ）　7分（ ）

· 地方政府以社会整体满意度为基本公共服务评估导向的程度

低重要程度　　高重要程度

1分（ ）　2分（ ）　3分（ ）　4分（ ）　5分（ ）　6分（ ）　7分（ ）

· 地方政府以持续提升最低基本公共服务水平为评估导向的程度

低重要程度　　高重要程度

1分（ ）　2分（ ）　3分（ ）　4分（ ）　5分（ ）　6分（ ）　7分（ ）

11. 请您为“地方政府为基本公共服务均等化确定评估指标的责任”指标的重要程度进行赋分

· 地方政府基本公共服务均等化评估指标的科学性

低重要程度　　高重要程度

1分（ ）　2分（ ）　3分（ ）　4分（ ）　5分（ ）　6分（ ）　7分（ ）

· 地方政府基本公共服务均等化评估指标的合理性

低重要程度　　高重要程度

1分（ ）　2分（ ）　3分（ ）　4分（ ）　5分（ ）　6分（ ）　7分（ ）

· 地方政府基本公共服务均等化评估指标的易懂性

低重要程度　　高重要程度

1分（ ）　2分（ ）　3分（ ）　4分（ ）　5分（ ）　6分（ ）　7分（ ）

· 地方政府基本公共服务均等化评估指标的全面性

低重要程度　　高重要程度

1分（ ）　2分（ ）　3分（ ）　4分（ ）　5分（ ）　6分（ ）　7分（ ）

· 地方政府基本公共服务均等化评估指标数据的可及性

低重要程度　　　　　　　　　　　　　　　　　　　　高重要程度

1分（ ）　2分（ ）　3分（ ）　4分（ ）　5分（ ）　6分（ ）　7分（ ）

· 地方政府基本公共服务均等化评估指标的针对性

低重要程度　　　　　　　　　　　　　　　　　　　　高重要程度

1分（ ）　2分（ ）　3分（ ）　4分（ ）　5分（ ）　6分（ ）　7分（ ）

· 地方政府基本公共服务均等化评估指标的实用性

低重要程度　　　　　　　　　　　　　　　　　　　　高重要程度

1分（ ）　2分（ ）　3分（ ）　4分（ ）　5分（ ）　6分（ ）　7分（ ）

· 地方政府基本公共服务均等化评估指标的适用性

低重要程度　　　　　　　　　　　　　　　　　　　　高重要程度

1分（ ）　2分（ ）　3分（ ）　4分（ ）　5分（ ）　6分（ ）　7分（ ）

12. 请您为"地方政府客观评估基本公共服务均等化实现现状的责任"指标的重要程度进行赋分

· 地方政府实现基本公共服务均等化的广度（内容的广泛性）

低重要程度　　　　　　　　　　　　　　　　　　　　高重要程度

1分（ ）　2分（ ）　3分（ ）　4分（ ）　5分（ ）　6分（ ）　7分（ ）

· 地方政府实现基本公共服务均等化的强度（人、财、物等投入的力度）

低重要程度　　　　　　　　　　　　　　　　　　　　高重要程度

1分（ ）　2分（ ）　3分（ ）　4分（ ）　5分（ ）　6分（ ）　7分（ ）

· 地方政府实现基本公共服务均等化的深度（运行机制、供给方式等的科学合理性）

低重要程度　　　　　　　　　　　　　　　　　　　　高重要程度

1分（ ）　2分（ ）　3分（ ）　4分（ ）　5分（ ）　6分（ ）　7分（ ）

· 地方政府实现基本公共服务均等化的可持续性

低重要程度　　　　　　　　　　　　　　　　　　　　高重要程度

1分（ ）　2分（ ）　3分（ ）　4分（ ）　5分（ ）　6分（ ）　7分（ ）

· 地方政府基本公共服务设施均等化的实现程度

低重要程度　　　　　　　　　　　　　　　　　　　　高重要程度

1分（ ）　2分（ ）　3分（ ）　4分（ ）　5分（ ）　6分（ ）　7分（ ）

· 地方政府基本公共服务人群均等化的实现程度

低重要程度　　　　　　　　　　　　　　　　　　　　高重要程度

1分（ ）　2分（ ）　3分（ ）　4分（ ）　5分（ ）　6分（ ）　7分（ ）

·地方政府基本公共服务城区各区域均等化的实现程度

低重要程度　　　　　　　　　　　　　　　　　　　　　　　　高重要程度

1分（ ）　2分（ ）　3分（ ）　4分（ ）　5分（ ）　6分（ ）　7分（ ）

·地方政府基本公共服务城乡均等化的实现程度

低重要程度　　　　　　　　　　　　　　　　　　　　　　　　高重要程度

1分（ ）　2分（ ）　3分（ ）　4分（ ）　5分（ ）　6分（ ）　7分（ ）

13. 请您为“地方政府将评估结果应用于提升基本公共服务的责任”指标的重要程度进行赋分

·地方政府将评估结果应用于基本公共服务规划制定的程度

低重要程度　　　　　　　　　　　　　　　　　　　　　　　　高重要程度

1分（ ）　2分（ ）　3分（ ）　4分（ ）　5分（ ）　6分（ ）　7分（ ）

·地方政府将评估结果应用于基本公共服务实施举措改进的程度

低重要程度　　　　　　　　　　　　　　　　　　　　　　　　高重要程度

1分（ ）　2分（ ）　3分（ ）　4分（ ）　5分（ ）　6分（ ）　7分（ ）

·地方政府将评估结果应用于基本公共服务各部门考核的程度

低重要程度　　　　　　　　　　　　　　　　　　　　　　　　高重要程度

1分（ ）　2分（ ）　3分（ ）　4分（ ）　5分（ ）　6分（ ）　7分（ ）

·地方政府将评估结果应用于界定基本公共服务监督问责对象的程度

低重要程度　　　　　　　　　　　　　　　　　　　　　　　　高重要程度

1分（ ）　2分（ ）　3分（ ）　4分（ ）　5分（ ）　6分（ ）　7分（ ）

·地方政府将评估结果应用于规范基本公共服务监督问责内容的程度

低重要程度　　　　　　　　　　　　　　　　　　　　　　　　高重要程度

1分（ ）　2分（ ）　3分（ ）　4分（ ）　5分（ ）　6分（ ）　7分（ ）

·地方政府将评估结果应用于健全基本公共服务监督问责方式的程度

低重要程度　　　　　　　　　　　　　　　　　　　　　　　　高重要程度

1分（ ）　2分（ ）　3分（ ）　4分（ ）　5分（ ）　6分（ ）　7分（ ）

**第五部分：地方政府监督基本公共服务均等化工作的责任**

14. 请您为“地方政府对基本公共服务进行行政监督的责任”指标的重要程度进行赋分

·地方政府对基本公共服务进行行政监督的及时性

低重要程度　　　　　　　　　　　　　　　　　　　　　　　　高重要程度

1分（ ）　2分（ ）　3分（ ）　4分（ ）　5分（ ）　6分（ ）　7分（ ）

·地方政府对基本公共服务进行行政监督的可操作性

低重要程度 高重要程度

1分（ ） 2分（ ） 3分（ ） 4分（ ） 5分（ ） 6分（ ） 7分（ ）

·地方政府基本公共服务行政监督主体的多元性

低重要程度 高重要程度

1分（ ） 2分（ ） 3分（ ） 4分（ ） 5分（ ） 6分（ ） 7分（ ）

·地方政府基本公共服务行政监督内容的周全性

低重要程度 高重要程度

1分（ ） 2分（ ） 3分（ ） 4分（ ） 5分（ ） 6分（ ） 7分（ ）

·地方政府基本公共服务行政监督方式的规范性

低重要程度 高重要程度

1分（ ） 2分（ ） 3分（ ） 4分（ ） 5分（ ） 6分（ ） 7分（ ）

·本级政府的行政监督对下级政府基本公共服务工作的约束力度

低重要程度 高重要程度

1分（ ） 2分（ ） 3分（ ） 4分（ ） 5分（ ） 6分（ ） 7分（ ）

·地方政府基本公共服务的行政监督指标清晰程度

低重要程度 高重要程度

1分（ ） 2分（ ） 3分（ ） 4分（ ） 5分（ ） 6分（ ） 7分（ ）

15. 请您为“地方政府对基本公共服务进行审计监督的责任”指标的重要程度进行赋分

·地方政府基本公共服务审计内容的完整程度

低重要程度 高重要程度

1分（ ） 2分（ ） 3分（ ） 4分（ ） 5分（ ） 6分（ ） 7分（ ）

·地方政府基本公共服务审计指标的完整程度

低重要程度 高重要程度

1分（ ） 2分（ ） 3分（ ） 4分（ ） 5分（ ） 6分（ ） 7分（ ）

·地方政府基本公共服务审计过程的科学化程度

低重要程度 高重要程度

1分（ ） 2分（ ） 3分（ ） 4分（ ） 5分（ ） 6分（ ） 7分（ ）

·地方政府复合型、多学科审计队伍的建设程度

低重要程度 高重要程度

1分（ ） 2分（ ） 3分（ ） 4分（ ） 5分（ ） 6分（ ） 7分（ ）

·地方政府基本公共服务审计纠错水平

低重要程度　　高重要程度

1分（ ）　2分（ ）　3分（ ）　4分（ ）　5分（ ）　6分（ ）　7分（ ）

·地方政府不同领域基本公共服务的协同审计水平

低重要程度　　高重要程度

1分（ ）　2分（ ）　3分（ ）　4分（ ）　5分（ ）　6分（ ）　7分（ ）

·地方政府基本公共服务全过程审计的完备性

低重要程度　　高重要程度

1分（ ）　2分（ ）　3分（ ）　4分（ ）　5分（ ）　6分（ ）　7分（ ）

16. 请您为“地方政府对基本公共服务进行问责监督的责任”指标的重要程度进行赋分

·地方政府基本公共服务绩效问责对象的清晰程度

低重要程度　　高重要程度

1分（ ）　2分（ ）　3分（ ）　4分（ ）　5分（ ）　6分（ ）　7分（ ）

·地方政府基本公共服务问责指标的清晰程度

低重要程度　　高重要程度

1分（ ）　2分（ ）　3分（ ）　4分（ ）　5分（ ）　6分（ ）　7分（ ）

·地方政府基本公共服务全过程问责的规范程度

低重要程度　　高重要程度

1分（ ）　2分（ ）　3分（ ）　4分（ ）　5分（ ）　6分（ ）　7分（ ）

·地方政府基本公共服务不定期问责的规范程度

低重要程度　　高重要程度

1分（ ）　2分（ ）　3分（ ）　4分（ ）　5分（ ）　6分（ ）　7分（ ）

·地方政府基本公共服务定期规范性问责的规范程度

低重要程度　　高重要程度

1分（ ）　2分（ ）　3分（ ）　4分（ ）　5分（ ）　6分（ ）　7分（ ）

·地方政府基本公共服务问责程序的标准程度

低重要程度　　高重要程度

1分（ ）　2分（ ）　3分（ ）　4分（ ）　5分（ ）　6分（ ）　7分（ ）

·地方政府基本公共服务问责政策法规的完善程度

低重要程度　　高重要程度

1分（ ）　2分（ ）　3分（ ）　4分（ ）　5分（ ）　6分（ ）　7分（ ）

·地方政府基本公共服务问责方式的规范性

低重要程度　　　　　　　　　　　　　　　　　　　　　　　　　　高重要程度

1分（ ）　2分（ ）　3分（ ）　4分（ ）　5分（ ）　6分（ ）　7分（ ）

·地方政府基本公共服务问责实施的可操作性

低重要程度　　　　　　　　　　　　　　　　　　　　　　　　　　高重要程度

1分（ ）　2分（ ）　3分（ ）　4分（ ）　5分（ ）　6分（ ）　7分（ ）

·地方政府基本公共服务问责依据（资料和数据等）的真实性

低重要程度　　　　　　　　　　　　　　　　　　　　　　　　　　高重要程度

1分（ ）　2分（ ）　3分（ ）　4分（ ）　5分（ ）　6分（ ）　7分（ ）

## 附件 3

# 地方政府基本公共服务均等化责任指标权重专家调查表

尊敬的各位领导、专家：

本次问卷旨在调查地方政府在基本公共服务均等化责任评价指标的权重，问卷采取无记名的方式填答，大致需要 5-6 分钟。第一页是问卷说明，第二页是正式填答。感谢各位领导、专家百忙之中抽出宝贵时间，参与和支持本次问卷调查！非常感谢!!

### 一、问卷说明

此问卷调查的目的在于确定地方政府在基本公共服务均等化工作中的各项责任指标间的相对权重。相对权重是指该指标在评价体系中的相对重要程度。在此过程中，我们要判断每个操作性指标在本二级指标中的相对重要性。调查问卷采用专家打分法进行，问卷采用 100 分制。我们定义 1—60 为一般重要，61—80 为重要，81—100 为更加重要，请您根据问卷中的三级指标的重要性，给出相应的分数。

举例：当您对三级指标 C1(地方政府设置诉求表达平台的多样化）进行赋权打分时，您需要与 C2、C3、C4 做出对比，衡量 C1 指标在二级指标 B1 下相对于其他指标的重要程度；当您对三级指标 C5(地方政府制定基本公共服务总体规划的科学性）进行赋权打分时，您需要与 C6、C7 做出对比，衡量 C5 指标在二级指标 B2 下相对于其他指标的重要程度。

## 二、正式填答

| 一级指标 | 二级指标 | 三级指标 | 赋权打分 |
| --- | --- | --- | --- |
| A1 地方政府制定基本公共服务均等化政策的责任 | B1 地方政府有效收集民众基本公共服务诉求的责任 | C1 地方政府设置基本公共服务诉求表达平台的多样化 | |
| | | C2 地方政府收集基本公共服务诉求在人群上的代表性 | |
| | | C3 地方政府收集基本公共服务诉求在时间上的连续性 | |
| | | C4 地方政府处理基本公共服务诉求的时效性 | |
| | B2 地方政府制定基本公共服务总体规划的责任 | C5 地方政府制定基本公共服务总体规划的科学性 | |
| | | C6 地方政府制定基本公共服务总体规划的及时性 | |
| | | C7 地方政府制定基本公共服务总体规划的针对性 | |
| | B3 地方政府制定各项基本公共服务具体方案的责任 | C8 地方政府各项基本公共服务均等化方案制定的周全性 | |
| | | C9 地方政府各项基本公共服务均等化方案的易懂性 | |
| A2 地方政府为基本公共服务均等化实现筹划资源的责任 | B4 地方政府为基本公共服务提供人力资源保障的责任 | C10 地方政府职能部门人员专业的互补程度 | |
| | | C11 地方政府职能部门人员专业与岗位匹配程度 | |
| | | C12 地方政府工作人员履行基本公共服务清单中职责的程度 | |
| | | C13 地方政府工作人员与基本公共服务相关的专业知识水平 | |
| | B5 地方政府为基本公共服务提供财政保障的责任 | C14 地方政府公共财政总支出规模 | |
| | | C15 地方人均基本公共服务财政投入强度 | |
| | | C16 地方政府在本地区基本公共服务方面的资金投入及时性 | |
| | | C17 地方每万人口拥有的各类基本公共服务设施达标程度 38 | |
| | B6 地方政府为基本公共服务提供物质保障的责任 | C18 地方基本公共服务设施为民众生活带来的便利程度 | |
| | | C19 地方基本公共服务设施的可及性 | |

续表

| 一级指标 | 二级指标 | 三级指标 | 赋权打分 |
| --- | --- | --- | --- |
| A3 地方政府基本公共服务均等化实施与实现的责任 | B7 地方政府足量生产和提供各项基本公共服务的责任 | C20 地方基本公共服务用品的充足程度 | |
| | | C21 地方基本公共服务智能平台的充足程度 | |
| | B8 地方政府优质生产和提供各项基本公共服务的责任 | C22 地方基本公共服务基础设施质量的可靠性 | |
| | | C23 地方基本公共服务人员的工作态度 | |
| | | C24 地方基本公共服务政务互动平台的回应率 | |
| | | C25 地方基本公共服务设施的利用率 | |
| | B9 地方政府保障基本公共服务实现满意水平的责任 | C26 地方政府保障基本公共服务均等化覆盖人群的满意水平 | |
| | | C27 地方政府保障基本公共服务均等化强度的满意水平 | |
| | | C28 地方政府保障基本公共服务均等化进度的满意水平 | |
| | | C29 地方政府保障群众基本公共服务获得感提升的满意水平 | |
| A4 地方政府进行基本公共服务评估的责任 | B10 地方政府为基本公共服务均等化设置评估导向的责任 | C30 地方政府以结果均等为基本公共服务评估导向的程度 | |
| | | C31 地方政府以条件均等为基本公共服务评估导向的程度 | |
| | | C32 地方政府以过程均等为基本公共服务评估导向的程度 | |
| | | C33 地方政府以弱势群体优先收益为基本公共服务评估导向的程度 | |
| | | C34 地方政府以社会整体满意度为基本公共服务评估导向的程度 | |
| | | C35 地方政府以持续提升最低基本公共服务水平为评估导向的程度 | |
| | B11 地方政府为基本公共服务均等化确定评估指标的责任 | C36 地方政府基本公共服务均等化评估指标的科学性 | |
| | | C37 地方政府基本公共服务均等化评估指标的合理性 | |
| | | C38 地方政府基本公共服务均等化评估指标的全面性 | |
| | | C39 地方政府基本公共服务均等化评估指标的适用性 | |

续表

| 一级指标 | 二级指标 | 三级指标 | 赋权打分 |
| --- | --- | --- | --- |
| A4 地方政府进行基本公共服务评估的责任 | B12 地方政府客观评估基本公共服务均等化实现现状的责任 | C40 地方政府实现基本公共服务均等化的广度(内容的广泛性) | |
| | | C41 地方政府实现基本公共服务均等化的强度(人、财、物等投入的力度) | |
| | | C42 地方政府实现基本公共服务均等化的深度(运行机制、供给方式等的科学合理性) | |
| | | C43 地方政府基本公共服务设施均等化的实现程度 | |
| | | C44 地方政府基本公共服务城区各区域均等化的实现程度 | |
| | B13 地方政府将评估结果应用于提升基本公共服务的责任 | C45 地方政府将评估结果应用于基本公共服务规划制定的程度 | |
| | | C46 地方政府将评估结果应用于基本公共服务实施举措改进的程度 | |
| | | C47 地方政府将评估结果应用于界定基本公共服务监督问责对象的程度 | |
| | | C48 地方政府将评估结果应用于规范基本公共服务监督问责内容的程度 | |
| A5 地方政府监督基本公共服务均等化工作的责任 | B14 地方政府对基本公共服务进行行政监督的责任 | C49 地方政府对基本公共服务进行行政监督的可操作性 | |
| | | C50 地方政府基本公共服务的行政监督指标清晰程度 | |
| | B15 地方政府对基本公共服务进行审计监督的责任 | C51 地方政府复合型、多学科审计队伍的建设程度 | |
| | | C52 地方政府不同领域基本公共服务的协同审计水平 | |
| | | C53 地方政府基本公共服务全过程审计的完备性 | |
| | B16 地方政府对基本公共服务进行问责监督的责任 | C54 地方政府基本公共服务绩效问责对象的清晰程度 | |
| | | C55 地方政府基本公共服务定期规范性问责的规范程度 | |
| | | C56 地方政府基本公共服务问责程序的标准程度 | |
| | | C57 地方政府基本公共服务问责政策法规的完善程度 | |

问卷至此全部结束，非常感谢您的参与和支持！

**附件 4**

## 基本公共服务均等化政府责任评估调查问卷

尊敬的居民：

您好！

目前我们正在推进教育部哲学社会科学研究重大课题攻关项目“基本公共服务均等化实施效度与实现程度研究”（编号：18JZD047）的研究工作，该研究的一项关键性工作是对地方政府在基本公共服务均等化工作中的责任进行实证测评。在实证测评的过程中，想麻烦您帮助完成下列问题。

您的意见对我们进行研究具有重要价值，希望您能够填写您的真实想法，以便我们获得较为科学的结论。本次调查为匿名填写，所获得的数据仅作为论文写作使用，在问卷调研的全过程中将严格遵守《中华人民共和国统计法》第9条保密规定，不会对您的工作、生活产生任何不良影响。

感谢您对本次调查的支持与帮助！

“基本公共服务均等化实施效度与实现程度研究”课题组

2020 年 5 月 5 日

---

问卷填答知识储备：根据国务院印发的“十三五”规划的规定，基本公共服务包含基本公共教育、基本劳动就业创业、基本社会保险、基本医疗卫生、基本社会服务、基本住房保障、基本公共文化体育、残疾人基本公共服务等内容。

---

**一、基本情况**

1. 性别（　　）

A. 男　　B. 女

2. 年龄（　　）

A. 25 岁及以下　　B. 26~35 岁　　C. 36-45 岁

D. 46~55 岁　　E. 56~65 岁　　F. 66 岁及以上

3. 文化程度（　　）

A. 小学及以下　　B. 初中　　C. 高中（中专等）

D. 专科（高职等）　　E. 本科　　F. 硕士及以上

4. 政治身份（　　）

A. 群众　　B. 共青团员　　C. 民主党派

D. 中共党员（含预备）　　　　E. 无党派人士

5. 如果您是党员，您的党龄（　　）

A. 0-5 年　　B. 6 到 10 年　　C. 11-15 年

D. 16-20 年　　E. 21 年及以上

6. 职业（　　）

A. 国家机关、党群组织、企业、事业单位负责人

B. 专业技术人员（含各类科研人员、技术人员、医护人员、教师、文体工作者、金融专业人员、律师、法官、检察官以及其他具有专业技术的人员）

C. 办事人员和有关人员

D. 商业、服务业人员

E. 农林牧渔、水利业生产人员

F. 生产、运输设备的操作人员及有关人员

G. 军人

H. 不便分类的其他从业人员

**二、问卷填答**

1. 我所在地有以下渠道可以向有关部门表达对基本公共服务的要求（　　）（多选题）

A. 网络问政平台　　B. 电视问政平台　　C. 报纸

D. 微博　　E. 微信　　F. 新闻客户端

G. 听证会　　H. 其他

2. 我所在地建立了(　　)的政策法规来规范基本公共服务工作

A. 非常不完善　　B. 不完善　　C. 一般完善

D. 完善　　E. 非常完善　　F. 我对此不了解

3. 我所在地有关部门(　　)会有意收集不同人群（如不同性别、不同年龄、不同收入等）在基本公共服务方面的差异化意见

A. 从不　　B. 极少　　C. 有时

D. 经常　　E. 总是

4. 我所在地基本公共服务有关部门的工作人员团队在专业上是(　　)的

A. 非常不互补　　B. 不互补　　C. 一般互补

D. 互补　　E. 非常互补　　F. 我对此不了解

5. 我所在地的有关部门(　　)会面向社会定期（如按月/季度/年等）收集群众在基本公共服务方面的意见

A. 从不　　B. 极少　　C. 有时

D. 经常　　E. 总是

6. 我所在地有关部门对于基本公共服务均等化评估指标是(　　)的

A. 非常不合理　　B. 不合理　　C. 一般合理

D. 合理　　E. 非常合理　　F. 我对此不了解

7. 我所在地有关部门对于基本公共服务均等化的评估指标与当前社会实际情况的契合度(　　)

A. 非常低　　B. 低　　C. 一般

D. 高　　E. 非常高　　F. 我对此不了解

8. 当我向所在地有关部门反应与基本公共服务相关的意见或建议时，从反映问题到得到答复或解决，有关部门的处理速度让我(　　)

A. 非常不满意　　B. 不满意　　C. 一般满意

D. 满意　　E. 非常满意

9. 我所在地有关部门基本公共服务各项工作问责的程序是(　　)的

A. 非常不标准　　B. 不标准　　C. 一般标准

D. 标准　　E. 非常标准　　F. 我对此不了解

10. 我所在地有关部门所制定的基本公共服务的总体规划对于我当地的实际情况是(　　)的

A. 非常没有针对性　　B. 没有针对性　　C. 一般有针对性

D. 有针对性　　E. 非常有针对性

11. 我所在地基本公共服务有关部门的工作人员其专业与岗位的匹配度(　　)

A. 非常低　　B. 比较低　　C. 一般

D. 比较高　　E. 非常高　　F. 我对此不了解

12. 当我办理与基本公共服务相关事宜时，我所在地有关部门的工作人员会(　　)的履行职责

A. 非常不尽责　　B. 比较不尽责　　C. 一般尽责

D. 比较尽责　　E. 非常尽责

13. 我所在地有关部门(　　)会对基本公共服务各项工作进行规范的问责

A. 从不　　B. 极少　　C. 有时

D. 经常　　E. 总是　　F. 我对此不了解

14. 评价基本公共服务工作做得好不好，要看当地有关部门是不是为群众创造了大致均等的客观条件，我所在当地有关部门(　　)以此为标准对工作进行衡量

A. 从不　　B. 极少　　C. 有时

D. 经常　　E. 总是　　F. 我对此不了解

15. 当我办理与基本公共服务相关事宜时，我所在地有关部门的工作人员具备(　　)的知识能够帮助我解决问题

A. 非常不专业　　B. 不专业　　C. 一般专业

D. 专业　　E. 非常专业

16. 我所在地有关部门在基本公共服务方面的资金投入(　　)

A. 非常不及时　　B. 不及时　　C. 一般及时

D. 及时　　E. 非常及时　　F. 我对此不了解

17. 我所在地的基本公共服务设施使民众感受到了(　　)

A. 非常不便利　　B. 不便利　　C. 一般便利

D. 便利　　E. 非常便利

18. 我所在地有关部门对基本公共服务均等化绩效问责的对象有(　　)的界定

A. 非常不明确　　B. 不明确　　C. 一般明确

D. 明确　　E. 非常明确　　F. 我对此不了解

19. 我所在地的基本公共服务设施(　　)民众的需求

A. 非常不符合　　B. 不符合　　C. 一般符合

D. 符合　　E. 非常符合

20. 评价基本公共服务工作做得好不好，要看群众最终享受到的基本公共服务是不是大致均等，我所在当地有关部门(　　)以此为标准对工作进行衡量

A. 从不　　B. 极少　　C. 有时

D. 经常　　E. 总是　　F. 我对此不了解

21. 我所在地的基本公共服务设施(　　)有不必要的浪费

A. 从不　　B. 极少　　C. 有时

D. 经常　　E. 总是

22. 我所在地有关部门在对基本公共服务均等化情况进行审计的过程中(　　)会同时联动各个部门进行协同审计

A. 从不　B. 极少　C. 有时
D. 经常　E. 总是　F. 我对此不了解

23. 我所在地的基本公共服务（硬件）设施是(　　)的
A. 非常不完善　B. 不完善　C. 一般完善
D. 完善　E. 非常完善

24. 我所在地有关部门建立了(　　)的学科审计队伍来对基本公共服务均等化情况进行审计
A. 非常单一　B. 比较单一　C. 一般
D. 比较多样化　E. 非常多样化　F. 我对此不了解

25. 我所在地有关部门为群众提供了种类(　　)的智能（数字化）平台来在线处理基本公共服务的相关事宜
A. 非常单一　B. 单一　C. 一般
D. 多样化　E. 非常多样化

26. 我所在地有关部门建立了(　　)的复合型审计队伍来对基本公共服务均等化情况进行审计
A. 程度非常低　B. 程度低　C. 程度一般
D. 程度高　E. 程度非常高　F. 我对此不了解

27. 我所在地有关部门为群众提供的基本公共服务基础设施质量是(　　)的
A. 非常不可靠　B. 不可靠　C. 一般可靠
D. 可靠　E. 非常可靠

28. 我所在地有关部门基本公共服务各个领域在上级对下级行使监督职责时，指标是(　　)的。
A. 非常不清晰　B. 不清晰　C. 一般清晰
D. 清晰　E. 非常清晰　F. 我对此不了解

29. 当我向有关部门表达基本公共服务方面的诉求时，我所在地工作人员工作态度(　　)
A. 非常不好　B. 不好　C. 一般
D. 好　E. 非常好

30. 我所在地有关部门(　　)会客观评估基本公共服务内容的实现程度
A. 从不　B. 极少　C. 有时
D. 经常　E. 总是　F. 我对此不了解

31. 我所在地有关部门(　　)将基本公共服务均等化各项评估结果应用于确定基本公共服务监督问责的对象的工作中

A. 从不　　B. 极少　　C. 有时

D. 经常　　E. 总是　　F. 我对此不了解

32. 当我在当地政务平台上反应与基本公共服务相关的问题，我所在地的相关部门对群众的诉求回应率(　　)

A. 非常低　　B. 低　　C. 一般

D. 高　　E. 非常高

33. 我所在地有关部门对于基本公共服务均等化评估体系的筛选是(　　)的

A. 非常不科学　　B. 不科学　　C. 一般科学

D. 科学　　E. 非常科学　　F. 我对此不了解

34. 我所在地有关部门(　　)将基本公共服务均等化各项评估结果应用于未来的措施改进中

A. 从不　　B. 极少　　C. 有时

D. 经常　　E. 总是　　F. 我对此不了解

35. 我所在地的基本公共服务设施的利用率(　　)

A. 非常低　　B. 低　　C. 一般

D. 高　　E. 非常高

36. 我所在地有关部门(　　)会客观评估当地基本公共服务工作的财政资金投入情况和使用情况

A. 从不　　B. 极少　　C. 有时

D. 经常　　E. 总是　　F. 我对此不了解

37. 我所在地有关部门(　　)将基本公共服务均等化各项评估结果应用于未来的规划制定

A. 从不　　B. 极少　　C. 有时

D. 经常　　E. 总是　　F. 我对此不了解

38. 基本公共服务要覆盖到各类人群，我所在地有关部门在这方面的工作做得(　　)

A. 非常不好　　B. 不好　　C. 一般

D. 好　　E. 非常好

39. 评价基本公共服务工作做得好不好，要看当地有关部门是不是将弱势群体

作为基本公共服务的优先受益群体，我所在当地有关部门(　　)以此为标准对工作进行衡量

A. 从不　B. 极少　C. 有时

D. 经常　E. 总是　F. 我对此不了解

40. 我所在地有关部门(　　)会客观评估当地基本公共服务工作的软硬件设备投入的数量和质量

A. 从不　B. 极少　C. 有时

D. 经常　E. 总是　F. 我对此不了解

41. 基本公共服务工作需要有足够数量和称职的人员投入，我所在地有关部门在这方面的工作让群众(　　)

A. 非常不满意　B. 不满意　C. 一般满意

D. 满意　E. 非常满意

42. 我所在地有关部门(　　)会客观评估当地区域之间、城乡之间的基本公共服务在设施上是否实现了大致的均等化

A. 从不　B. 极少　C. 有时

D. 经常　E. 总是　F. 我对此不了解

43. 我所在地有关部门对于基本公共服务均等化的评估指标涉及的内容是(　　)的

A. 非常不全面　B. 不全面　C. 一般全面

D. 全面　E. 非常全面　F. 我对此不了解

44. 我所在地有关部门(　　)将基本公共服务均等化各项评估结果应用于确定基本公共服务的监督问责内容中

A. 从不　B. 极少　C. 有时

D. 经常　E. 总是　F. 我对此不了解

45. 基本公共服务工作要有足量和及时的财政资金投入，我所在地有关部门在这方面的工作让群众(　　)

A. 非常不满意　B. 不满意　C. 一般满意

D. 满意　E. 非常满意

46. 评价基本公共服务工作做得好不好，要看当地有关部门是不是注重社会的整体满意度，我所在当地有关部门(　　)以此为标准对工作进行衡量

A. 从不　B. 极少　C. 有时

D. 经常　　E. 总是　　F. 我对此不了解

47. 基本公共服务工作要有足量和优质的软硬件设备投入，我所在地有关部门在这方面的工作让群众(　　)

A. 非常不满意　　B. 不满意　　C. 一般满意

D. 满意　　E. 非常满意

48. 我所在地有关部门在对基本公共服务均等化情况进行审计过程(　　)会对各个环节进行全过程审计

A. 从不　　B. 极少　　C. 有时

D. 经常　　E. 总是　　F. 我对此不了解

49. 我所在地有关部门(　　)会客观评估并积极提升当地基本公共服务工作的运作方式、提供方式

A. 从不　　B. 极少　　C. 有时

D. 经常　　E. 总是　　F. 我对此不了解

50. 城乡之间享受到的基本公共服务水平理应基本一致，我所在地有关部门在这方面的工作让群众(　　)

A. 非常不满意　　B. 不满意　　C. 一般满意

D. 满意　　E. 非常满意

51. 我所在地有关部门(　　)会客观评估当地基本公共服务工作的人员投入数量和质量

A. 从不　　B. 极少　　C. 有时

D. 经常　　E. 总是　　F. 我对此不了解

52. 我所在地有关部门(　　)会客观评估当地区域之间基本公共服务是否实现了大致的均等化

A. 从不　　B. 极少　　C. 有时

D. 经常　　E. 总是　　F. 我对此不了解

53. 我所在地的基本公共服务有关部门内部(　　)通过上级对下级的监督来规范自身及其工作人员

A. 从不　　B. 极少　　C. 有时

D. 经常　　E. 总是　　F. 我对此不了解

54. 群众所享受到的基本公共服务水平理应不断提升，群众对此(　　)

A. 非常不满意　　B. 不满意　　C. 一般满意

D. 满意　　　　E. 非常满意

55. 评价基本公共服务工作做得好不好，要看当地有关部门在各项基本公共服务的每一个环节上是不是大致均等，我所在当地有关部门(　　)以此为标准对工作进行衡量

A. 从不　　　　B. 极少　　　　C. 有时

D. 经常　　　　E. 总是　　　　F. 我对此不了解

56. 基本公共服务各项工作可以使得群众的获得感（幸福感）显著提升，群众对此(　　)

A. 非常不满意　　　　B. 不满意　　　　C. 一般满意

D. 满意　　　　E. 非常满意

57. 评价基本公共服务工作做得好不好，要看当地有关部门积极改善地区群众反响最大存在问题最多、发展最为薄弱的基本公共服务项目，我当地有关部门(　　)以此为标准对工作进行衡量

A. 从不　　　　B. 极少　　　　C. 有时

D. 经常　　　　E. 总是　　　　F. 我对此不了解

# 参考文献


## 一、经典著作

[1] 中央文献研究室. 建国以来毛泽东文稿（第八册）［M］. 北京：中央文献出版社，1993.

[2] 中央文献编辑委员会. 邓小平文选（第一卷）［M］. 北京：人民出版社，1994.

[3] 中央文献编辑委员会. 邓小平文选（第二卷）［M］. 北京：人民出版社，1994.

[4] 中央文献编辑委员会. 邓小平文选（第三卷）［M］. 北京：人民出版社，1994.

[5] 中央文献研究室，中国外文局. 习近平谈治国理政（第三卷）［M］. 北京：外文出版社，2020.

## 二、专著

[1] ［法］卢梭. 社会契约论［M］. 何兆武译. 北京：商务印书馆，2003.

[2] ［美］莱斯特·M. 萨拉蒙. 公共服务中的伙伴——现代福利国家中政府与非营利组织的关系［M］. 田凯译. 北京：商务印书馆，2008.

[3] ［美］G. 沙布尔·吉玛，丹尼斯·A. 荣迪内利. 分权化治理——新概念与新实践［M］. 上海：格致出版社，2013.

[4] ［美］珍妮特·V. 登哈特，罗伯特·B. 登哈特. 新公共服务——服务，而不是掌舵［M］. 丁煌译. 北京：中国人民大学出版社，2016.

[5] ［美］E. S. 萨瓦斯. 北京：民营化与公私部门的伙伴关系［M］. 周志忍，等译. 北京：中国人民大学出版社，2016.

[6] ［美］尤金·巴达赫. 跨部门合作——管理“巧匠”的理论与实践［M］. 周志忍，张弦译. 北京：北京大学出版社，2011.

[7] ［美］迈克尔·G. 罗斯金. 政治科学［M］. 林震，等译. 北京：中国人民大学出版社，2014.

[8] ［美］奥斯特拉姆·帕克斯·惠特克. 公共服务的制度构建［M］. 毛寿龙译. 上海：上海三联书店，2006.

[9] ［美］莱斯特·瑟罗. 资本主义的未来［M］. 北京：中国社会科学出版社，1998.

[10]［美］亨廷顿. 变革社会的政治秩序［M］. 北京：华夏出版社，1989.

[11]［美］奥斯特罗姆等. 公共服务的制度建构——都市警察服务的制度［M］. 毛寿龙译. 上海：上海三联书店，2000.

[12]［美］迈克尔·麦金尼斯. 多中心体制与地方公共经济［M］. 毛寿龙，等译. 上海：上海三联书店，2000.

[13]［澳］欧文·E. 休斯. 公共管理导论［M］. 张成福，马子博，等译. 北京：中国人民大学出版社，2015.

[14]［英］安东尼·吉登斯. 政治学、社会学与社会理论——经典理论与当代思潮的碰撞［M］. 何雪松，赵方杜译. 上海：格致出版社，2015.

[15]［英］梅因. 古代法［M］. 北京：商务印书馆，1996.

[16] 陈振明. 理解公共事务［M］. 北京：北京大学出版社，2007.

[17] 陈振明. 国家治理转型的逻辑——公共管理前沿探索［M］. 厦门：厦门大学出版社，2016.

[18] 陈毅. 责任政府的建设——理性化构建与民主化善治［M］. 北京：北京大学出版社，2012.

[19] 陈为雷. 社会服务项目制的建构及其影响研究［M］. 北京：中国社会科学出版社，2015.

[20] 陈思霞. 中国基本公共服务均等化评估及优化机制研究：基于县域数据的实证［M］. 北京：经济科学出版社，2015.

[21] 负杰. 政府绩效评估蓝皮书——中国地方政府绩效评估报告［M］. 北京：社会科学文献出版社，2017.

[22] 曹剑光. 公共服务的制度基础——走向公共服务法制化的思考［M］. 北京：社会科学文献出版社，2010.

[23] 樊丽明，石邵宾. 城乡基本公共服务均等化研究［M］. 北京：经济科学出版社，2010.

[24] 和立道. 中国城乡基本公共服务均等化问题研究［M］. 北京：社会科学文献出版社，2014.

[25] 胡肖华. 走向责任政府——行政责任问题研究［M］. 北京：法律出版社，2006.

[26] 姜海山，蒋俊杰，于洪生等. 中国政府架构与基本公共服务［M］. 北京：人民出版社，2016.

[27] 姜晓萍，田昭等. 基本公共服务均等化知识图谱与研究热点述评［M］. 北京：中国人民大学出版社，2016.

[28] 姜晓萍. 建设服务型政府与完善地方公共服务体系［M］. 北京：中央编译出版社，2014.

［29］基本公共服务均等化研究课题组. 让人人平等享受基本公共服务——我国基本公共服务均等化研究［M］. 北京：中国社会科学出版社，2011.
［30］刘杰. 政治学理论前沿［M］. 上海：上海社会科学出版社，2016.
［31］刘承礼. 分权与央地关系［M］. 北京：中央编译出版社，2015.
［32］李文钊. 中央与地方政府权力配置的制度分析［M］. 北京：人民日报出版社，2017.
［33］李燕凌，贺林波. 公共服务视野下的政府责任法治［M］. 北京：人民出版社，2015.
［34］李军鹏. 责任政府与政府问责制［M］. 北京：人民出版社，2009.
［35］卢洪友等. 中国基本公共服务均等化进程报告［M］. 北京：人民出版社，2012.
［36］蓝志勇. 现代公共管理的理性思考［M］. 北京：北京大学出版社，2014.
［37］世界银行. 1997 年世界发展报告：变革世界中的政府［M］. 蔡秋生，等译. 北京：中国财政经济出版社，1997.
［38］王浦劬，臧雷振. 治理理论与实践：经典议题研究新解［M］. 北京：中央编译出版社，2017.
［39］王爱君. 基本公共服务均等化的制度服务路径［M］. 北京：经济科学出版社，2017.
［40］王莹，武少芩. 上海市基本公共服务均等化：路径选择与制度框架［M］. 北京：中国财政经济出版社，2010.
［41］徐铜柱. 责任政府研究——从地方治理的视角［M］. 北京：中国社会科学出版社，2015.
［42］俞可平. 论国家治理现代化［M］. 北京：社会科学文献出版社，2014.
［43］燕继荣. 政治学十五讲［M］. 北京：北京大学出版社，2012.
［44］周志忍. 政府管理的行与知［M］. 北京：北京大学出版社，2008.
［45］周黎安. 转型中的地方政府［M］. 上海：格致出版社，2017.
［46］钟君等. 公共服务蓝皮书——中国城市基本公共服务力评价［M］. 北京：社会科学文献出版社，2017.
［47］中国（海南）改革发展研究院. 基本公共服务与中国人类发展［M］. 北京：中国经济出版社，2008.
［48］中国（海南）改革发展研究院. 民生之路——惠及 13 亿人的基本公共服务［M］. 北京：中国经济出版社，2008.
［49］张国庆. 典范与良政——构建中国新型政府公共管理制度［M］. 北京：北京大学出版社，2010.
［50］张为杰. 分权治理、地方政府偏好与公共政策执行机制研究［M］. 北京：中国社会科学出版社，2016.

## 三、期刊论文


[1] 卜广庆，韩璞庚. 责任政府：基于四维命题的重新审视 [J]. 贵州社会科学，2020 (5)：10-17.

[2] 陈婧. 公共服务可以外包，政府责任不能缺失 [J]. 人民论坛，2017 (7)：48-49.

[3] 储节旺，杨雪. 公共数据开放的政府主体责任研究 [J]. 现代情报，2019 (10)：127-135.

[4] 陈朝兵，简婷婷. 政府数据开放中的责任四题：依据、定位、反思与改进 [J]. 情报理论与实践，2019 (11)：34-40.

[5] 丁琼，孙美霖. 概率权数功效系数评价模型改进及实证 [J]. 统计与决策，2015 (4)：93-95.

[6] 邓搴. 论政府在购买公共服务中的角色定位及其法律责任——以法律关系基本构造为分析框架 [J]. 行政法学研究，2018 (6)，43-54.

[7] 高小平，政府责任法治：管理效率与服务公平的统一——评李燕凌的新作《公共服务视野下的政府责任法治》[J]. 中国行政管理，2016 (2)：159.

[8] 郭小聪，代凯. 国内近五年基本公共服务均等化研究：综述与评估 [J]. 中国人民大学学报，2013，27 (1)：145-154.

[9] 胡鞍钢，王洪川，周绍杰. 国家"十一五"时期公共服务发展评估 [J]. 中国行政管理，2013 (4)：20-24.

[10] 胡敏洁. 论政府购买公共服务合同中的公法责任 [J]. 中国法学，2016 (4)：143-158.

[11] 胡税根，李倩. 我国公共文化服务政策发展研究 [J]. 华中师范大学学报（人文社会科学版)，2015，54 (2)：43-53.

[12] 金太军. 中国城镇化推进中的公共性不足及其培育 [J]. 社会科学战线，2015 (1)：170-177.

[13] 金太军，袁建军. 和谐社会视角下的政府能力考量 [J]. 社会科学战线，2006 (7)：239-243.

[14] 金太军，沈承诚. 长效社会稳定、政治话语权均衡及型构路径 [J]. 社会科学，2014 (9)：74-79.

[15] 姜晓萍，田昭. 基本公共服务均等化：知识图谱与研究热点述评 [M]. 北京：中国人民大学出版社，2016.

[16] 姜晓萍，陈朝兵. 我国基本公共服务体系的共同趋势与地区差异——基于国家和地方基本公共服务十二五规划的比较 [J]. 上海行政学院学报，2013，14 (6)：4-16.

[17] 贾康. 基于政府变革的国强民富的未来展望——评《政府支出责任转型的研究——基于基本公共服务均等化的背景》[J]. 税收经济研究，2018（2）：93-95.

[18] 李斌，李拓，朱业. 公共服务均等化、民生财政支出与城市化——基于中国 286 个城市面板数据的动态空间计量检验 [J]. 中国软科学，2015（6）：79-90.

[19] 李天舒. 完善基本公共服务监督问责机制 [J]. 党政干部学刊，2015（10）：77-80.

[20] 李红霞. 基本公共服务供给不足的原因分析与强化政府财政责任的对策 [J]. 财政研究，2014（2）：58-61.

[21] 李洪佳. 政府购买公共服务的公共责任流失及其治理 [J]. 理论导刊，2015（12）：87-91.

[22] 李青藜. 论创伤事件报道的社会责任与呈现方式——以 2015 年普利策公共服务奖为例 [J]. 新世界，2015（22）：33-36.

[23] 李蕊. 公共服务供给权责配置研究 [J]. 中国法学，2019（4）：129-144.

[24] 鲁敏. 变迁与失衡——转型期地方政府的权责配置研究 [J]. 云南社会科学，2012（1）：64-78.

[25] 刘中一. 国家责任与政府角色——儿童照顾的变迁与政策调整 [J]. 学术论坛，2018（5）：111-116.

[26] 吕丹，叶萌，杨琼. 新型城镇化质量评价指标体系综述与重构 [J]. 财经问题研究，2014（9）：72-78.

[27] 娄兆锋，曹冬英. 公共服务导向中基本公共服务与非基本公共服务之研究 [J]. 中国行政管理，2015（3）：102-106.

[28] 刘琼莲. 后工业化规划治理中的社会管理创新与基本公共服务均等化研究 [J]. 学海，2014（3）：123-129.

[29] 梁远. 让权责清单在落地运用中结出制度硕果 [J]. 中国行政管理，2018（8）：13-17.

[30] 马旭红. 公共服务市场化中的政府责任缺失及完善 [J]. 人民论坛，2015（6）：73-75.

[31] 彭婧. 公共服务购买中的政府责任研究——一个分析框架 [J]. 甘肃行政学院学报，2017（3）：28-38.

[32] 潘小娟. 中央与地方关系的若干思考 [J]. 政治学研究，1997（3）：16-21.

[33] 庞伟，孙玉栋. 如何激励地方政府改善公共服务——基于合理划分中央与地方事权与支出责任的视角 [J]. 经济问题探索，2017（11）：27-34.

[34] 皮灿，杨青山，明立波等. 马赛克式聚落景观下的广州市基本公共服务均等化研究 [J]. 经济地理，2014，34（3）：51-57.

[35] 乔耀章，巩建青. 城乡一体化进程中的城乡社会协同治理 [J]. 行政论坛，2016 (3)：62-68.
[36] 乔耀章. 问政：新行政观的逻辑起点 [J]. 行政论坛，2013 (1)：8-11.
[37] 乔耀章，巩建青. 国城乡二元结构的生成、固化与缓解——以城市、乡村、市场与政府互动为视角 [J]. 上海行政学院学报，2014 (7)：84-93.
[38] 乔耀章. 从“治理社会”到社会治理的历史新穿越——中国特色社会治理要论：融国家治理政府治理于社会治理之中 [J]. 学术界，2014 (10)：5-20.
[39] 钱振明. 促进政府决策机制优化的制度安排 [J]. 政治学研究，2007 (6)：141-146.
[40] 芮国强. 江苏建设服务型政府的探索与实践 [J]. 苏州大学学报 (哲学社会科学版)，2008 (11)：14-17.
[41] 芮国强，宋典. 政府服务质量影响政府信任的实证研究 [J]. 学术界，2012 (9)：192-202.
[42] 任晓辉，朱为群. 新型城镇化基本公共服务支出责任的界定 [J]. 财政研究，2015 (10)：2-8.
[43] 任广浩，解建立. 改革开放 40 年我国政府间权力纵向配置变革及其法治化探索 [J]. 河北法学，2018 (12)：2-10.
[44] 容志. 公共服务监督体系的逻辑建构：决策、过程与绩效 [J]. 中国行政管理，2014 (9)：37-40.
[45] 孙旭宁. 基本公共服务均等化法治体系建构与民生底线保障 [J]. 中国行政管理，2014 (8)：101-104.
[46] 孙红军，陆敏菊. 向公民负责：西方“责任政府”的历史变迁 [J]. 学术界，2016 (4)：237-245.
[47] 孙美红. 改革开放 40 年我国农村学前教育的变迁与政府责任 [J]. 学前教育研究，2019 (1)：33-44.
[48] 尚虎平. “整体主义”难解政府服务绩效之困——国内外“政府服务绩效评价”研究差异的文献解释 [J]. 经济管理，2013 (2)：186-198.
[49] 苏丽亚，曹海青. 政府购买公共服务违约责任归责原则探析 [J]. 人民论坛，2015 (7)：122-124.
[50] 田发，梁思婧，周琛影. 地方政府支出责任划分与基本公共服务发展水平——来自上海的经验证据 [J]. 华东经济管理，2020 (2)：24-29.
[51] 魏福成，胡洪曙. 我国基本公共服务均等化：评价指标与实证研究 [J]. 中南财经政法大学学报，2015 (5)：26-36.
[52] 汪利锬. 地方政府公共服务支出均等化测度与改革路径——来自 1995—2012 年省级面

板数据的估计［J］. 公共管理学报，2014，11（4）：29-37.
［53］王玉红，刘淑芳. 基于功效系数法的 H 光伏公司绩效评价［J］. 财务与会计，2015（8）：25-28.
［54］王晓燕. 我国中央与地方关系的研究范式与评估［J］. 山东社会科学，2015（8）：145-149.
［55］王雁红. 公共服务合同外包中的政府责任机制：解构与重塑［J］. 天津社会科学，2016（6）：87-92.
［56］王应春，董小龙. 公共服务均等化视域下的政府伦理责任［J］. 中国行政管理，2014（1），32-34.
［57］吴楠. 推动智能公共服务发展的政府责任［J］. 福建论坛·人文社会科学版，2017（12）：184-189.
［58］武力超，林子辰，关悦. 我国地区公共服务均等化的测度及影响因素研究［J］. 数量经济技术经济研究，2014，31（8）：72-86.
［59］魏娜，刘昌乾. 政府购买公共服务的边界及实现机制研究［J］. 中国行政管理，2015（1）：73-76.
［60］吴磊，徐家良. 政府购买公共服务中社会组织责任的实现机制研究——一个利益相关者理论的视角［J］. 理论月刊，2017（9）：130-136.
［61］习亚哲. 基于政府间责任划分的公共服务有效提供研究［J］. 理论导刊，2015（12）：8-11.
［62］邢伟. “十三五”时期健全基本公共服务体系的总体思路［J］. 宏观经济管理，2015（2）：25-27.
［63］叶继红. 农民工文化需求与城市公共文化服务体系构建——来自江苏的调查与思考［J］. 中州学刊，2015（6）：66-71.
［64］叶继红，汪宇. 新时代背景下公共服务供给侧改革路径探析——以苏州市为例［J］. 行政论坛，2018，25（03）：56-61.
［65］叶托，薛琬烨. 政府购买公共服务的责任风险与问责模式［J］. 地方财政研究，2018（4）：17-22.
［66］岳红举，王雪蕊. 中央与地方政府间事权与支出责任划分的制度化路径［J］. 财经科学，2019（7）：54-66.
［67］岳军. 公共服务均等化、财政分权与地方政府行为［J］. 财政研究，2009（3）：37-39.
［68］杨鸣杰. 社会管理中地方责任政府建设［J］. 人民论坛，2015（7）：30-32.
［69］颜昌武. 新中国成立 70 年来医疗卫生政策的变迁及其内在逻辑［J］. 行政论坛，2019

（5）：31-37.

［70］赵文，江艳．公共行政责任伦理的理论逻辑与实践路径［J］．领导科学，2019（4）：46-50.

［71］张敏．政府购买公共服务后的行政担保责任［J］．行政论坛，2015（5）：64-68.

［72］张劲松．去中心化：政府生态治理能力的现代化［J］．甘肃社会科学，2016（1）：12-17.

［73］张劲松．论长三角生态型区域建设中的政府责任［J］．社会科学，2009（3）：11-19.

［74］张立荣，姜庆志．国内外服务型政府和公共服务体系建设研究述评［J］．政治学研究，2013（1）：104-115.

［75］邹焕聪．政府购买公共服务的责任分配与行政实体规制——基于公私协力视角的探究［J］．行政论坛，2017（6）：30-34.

［76］曾盛聪．地利共享、分配正义与政府责任：一个分析框架［J］．人文杂志，2018（10）：111-119.

［77］周莹．中国基本公共服务均等化现状及其发展［J］．毛泽东邓小平理论研究，2015（6）：53-57.

［78］周志忍．为政府绩效评估中的“结果导向”原则正名［J］．学海，2017（2）：15-25.

［79］周义程，段哲哲．公共政策制定中的公民有效参与——基于参与工具应用策略维度的考量［J］．江苏师范大学学报（哲学社会科学版），2018（11）：121-127.

［80］周义程，朱茂莹．全面把握“互联网+政务服务”的推进措施［J］．中国行政管理，2016（11）：140-141.

［81］周义程．公共服务供给中公民参与有效性的提升路径——基于目标——因素匹配模型构建维度的考量［J］．公共管理与政策评论，2016（5）：26-35.

［82］曾明，华磊，刘耀彬．地方财政自给与转移支付的公共服务均等化效应——基于中国31个省级行政区的面板门槛分析［J］．财贸研究，2014（3）：82-91.

［83］赵宇．中国各省区农村基层医疗服务水平综合评价——基于因子分析方法［J］．财政研究，2013（4）：28-33.

［84］Awasthi A，Chauhan S S，Omrani H，et al. A hybrid approach based on SERVQUAL and fuzzy TOPSIS for evaluating transportation service quality［J］. Computers & Industrial Engineering，2011，61（3）：637-646.

［85］Andersen S C. The impact of public management reforms on student performance in Danish schools［J］. Public Administration，2008，86（2）：541-558.

［86］Awasthi A，Chauhan S S，Omrani H，et al. A hybrid approach based on SERVQUAL and fuzzy TOPSIS for evaluating transportation service quality［J］. Computers& Industrial Engineering, 2011, 61 (3): 637-646.

[87] Buettner T. The incentive effect of fiscal equalization transfers on tax policy [J]. Journal of Public Economics, 2006, 90 (3): 477-497.

[88] Franke T, Bagdasaryan S, Furman W. A multivariate analysis of training, education, and readiness for public child welfare practice [J]. Children and Youth Services Review, 2009, 31 (12): 1330-1336.

[89] Galera A N, Rodríguez D O, López Hernández A M. Identifying barrie rs to the application of standardized performance indicators in local government [J]. Public management review, 2008, 10 (2): 241-262.

[90] Halkos G E, Tzeremes N G. A conditional nonparametric analysis for measuring the efficiency of regional public healthcare delivery: An application to Greek prefectures [J]. Health policy, 2011, 103 (1): 73-82.

[91] Holland B A. Factors and strategies that influence faculty involvement in public service [J]. Journal of Higher Education Outreach and Engagement, 2016, 20 (1): 63-72.

[92] HuiQiang M A, Han Z L, Jiang H X. The Characteristics and Spatial Difference of Basic Public Services of Cities at Prefecture Level and Above in China [J]. Economic Geography, 2011 (2): 007-013.

[93] Holland B A. Factors and strategies that influence faculty involvement in public service [J]. Journal of Higher Education Outreach and Engagement, 2016, 20 (1): 63-72.

[94] HuiQiang M A, Han Z L, Jiang H X. The Characteristics and Spatial Difference of Basic Public Services of Cities at Prefecture Level and Above in China [J]. Economic Geography, 2011 (2): 007-013.

[95] Juliani F, de Oliveira O J. State of research on public service management: Identifying scientific gaps from a bibliometric study [J]. International Journal of Information Management, 2016, 36 (6): 1033-1041.

[96] Jacob Meerman. Public services for basic needs in Malaysia [J]. World Development, 1979, 7 (6): 615-634.

[97] Kettner P M, Moroney R M, Martin L L. Designing and managing programs: An effectiveness-based approach [M]. Sage Publications, 2012.

[98] Kettner P M, Moroney R M, Martin L L. Designing and managing programs: An effectiveness-based approach [M]. Sage Publications, 2012.

[99] Lee J K, Bharosa N, Yang J, et al. Group value and intention to use—A study of multi-agency disaster management information systems for public safety [J]. Decision Support Sys-

tems, 2011, 50 (2): 404-414.

[100] Lao Y, Liu L. Performance evaluation of bus lines with data envelopment analysis and geographic information systems [J]. Computers, Environment and Urban Systems, 2009, 33 (4): 247-255.

[101] Liu F H F, Teng Y H, Lai C H. The disaster response performance of hospitals in Taiwan: evaluation and classification [J]. Quality & Quantity, 2011, 45 (3): 495-511.

[102] Li X, Cochran C, Lu J, et al. Understanding the shortage of village doctors in China and solutions under the policy of basic public health service equalization: evidence from Changzhou [J]. The International journal of health planning and management, 2015, 30 (1).

[103] Lee J K, Bharosa N, Yang J, et al. Group value and intention to use—A study of multi-agency disaster management information systems for public safety [J]. Decision Support Systems, 2011, 50 (2): 404-414.

[104] Li X, Cochran C, Lu J, et al. Understanding the shortage of village doctors in China and solutions under the policy of basic public health service equalization: evidence from Changzhou [J]. The International journal of health planning and management, 2015, 30 (1).

[105] Liu F H F, Teng Y H, Lai C H. The disaster response performance of hospitals in Taiwan: evaluation and classification [J]. Quality & Quantity, 2011, 45 (3): 495-511.

[106] Monier B, Araújo V, Oliveira F, et al. Student Evaluation of Distance Learning for Health Care Professionals [J]. Telemedicine and e-Health, 2019, 25 (06): 485-491.

[107] Osborne S P, Radnor Z, Kinder T, et al. The SERVICE Framework: A Public-service-dominant Approach to Sustainable Public Services [J]. British Journal of Management, 2015, 26 (3): 424-438.

[108] Pollitt C. Structural change and public service performance: international lessons? [J]. Public Money & Management, 2009, 29 (5): 285-291.

[109] Revelli F. Performance competition in local media markets [J]. Journal of Public Economics, 2008, 92 (7): 1585-1594.

[110] Rogers J W, Louis G E. A standard efficiency metric for evaluating the performance of community water systems [J]. Journal, 2005, 97 (10): 76-86.

[111] Roch C H, Poister T H. Citizens, accountability, and service satisfaction: The influence of expectations [J]. Urban Affairs Review, 2006, 41 (3): 292-308.

[112] Richard. The Politics of public Service: A Service Characteristics Approach [J]. World Developement, 2015 (5), 425-437.

[113] Wu J C T, Tsai H T, Shih M H, et al. Government performance evaluation using a bal-

anced scorecard with a fuzzy linguistic scale [J]. The Service Industries Journal, 2010, 30 (3): 449-462.

[114] Yang Y. Adjusting for Perception Bias in Citizens´ Subjective Evaluations: A Production Function Perspective [J]. Public Performance & Management Review, 2010, 34 (01): 38-55.

[115] Zenglin H, Bin L, Kunling Z. Evaluation and spatial analysis of the equalization of basic public service in urban and rural areas in China [J]. Geographical Research, 2015, 34 (11): 2035-2048. [92] Zafra-Gómez J L, López-Hernández A M, Hernández-Bastida A. Evaluating financial performance in local government: maximizing the benchmarking value [J]. International Review of Administrative Sciences, 2009, 75 (1): 151-167.

[103] Zenglin H, Bin L, Kunling Z. Evaluation and spatial analysis of the equalization of basic public service in urban and rural areas in China [J]. Geographical Research, 2015, 34 (11): 2035-2048.

## 四、学位论文

[1] 卜晓军. 我国城乡公共服务均等化的制度分析 [D]. 西安：西北大学，2010.

[2] 曹小华. 地方政府绩效管理制度化与法律化研究——基于佛山市的实践探索 [D]. 广州：华南理工大学，2016.

[3] 邓集文. 当代中国政府公共信息服务研究 [D]. 武汉：武汉大学，2006.

[4] 费军. 责任导向的政府领导干部控制系统研究 [D]. 武汉：华中科技大学，2006.

[5] 郭厚禄. 我国基本公共服务均等化研究 [D]. 北京：中共中央党校，2006.

[6] 黄华. 马克思主义公平理论视域下京津冀基本公共服务均等化研究 [D]. 石家庄：河北师范大学，2020.

[7] 何文盛. 政府绩效评估中的责任问题研究 [D]. 兰州：兰州大学，2010.

[8] 孔薇. 中国基本公共服务供给区域差异研究 [D]. 长春：吉林大学，2019.

[9] 柯学民. 地方政府层级体制改革研究——从“省直管县”为例 [D]. 武汉：武汉大学，2015.

[10] 刘志昌. 基本公共服务均等化：过程与逻辑——基于社会保障的研究 [D]. 武汉：华中师范大学，2009.

[11] 刘秋明. 基于公共受托责任理论的政府绩效审计研究 [D]. 厦门：厦门大学，2006.

[12] 苗雨. 论我国政府责任实现的法制困境与出路 [D]. 济南：山东大学，2012.

[13] 孙建军. 我国基本公共服务均等化供给政策研究 [D]. 杭州：浙江大学，2010.

[14] 邵薪运. 善治式政府责任研究 [D]. 长春：吉林大学，2012.

[15] 王青平. 基层政府民生为本理念养成研究 [D]. 南京：南京理工大学，2017.
[16] 王峥嵘. 基于公众感知的在线政民互动效能研究 [D]. 兰州：兰州大学，2019.
[17] 文政. 基于中央与地方政府间关系的财政支出事权划分模式研究 [D]. 重庆：重庆大学，2008.
[18] 王谦. 城乡公共服务均等化问题研究 [D]. 济南：山东大学，2008.
[19] 温立洲. 政府间事权与支出责任制度研究 [D]. 天津：天津财经大学，2018.
[20] 辛璐璐. 国家治理现代化进程中的政府责任问题研究 [D]. 长春：吉林大学，2017.
[21] 夏义堃. 公共信息资源的多元化管理体制研究 [D]. 武汉：武汉大学，2005.
[22] 于海燕. 新居民公共服务供给机制研究——基于浙江省的实证调查 [D]. 长春：吉林大学，2016.
[23] 赵讯. 弱势群体保护的社会契约基础 [D]. 长沙：湖南大学，2008.
[24] 周建东. "公共性" 视野下的政府信息公开研究 [D]. 济南：山东大学，2007.
[25] 张国栋. 社会保障政府责任分置研究 [D]. 北京：中国农业大学，2016.
[26] 张华. 中国城镇化进程中城乡基本公共服务均等化研究 [D]. 沈阳：辽宁大学，2018.